Fast eine Milliarde Menschen leiden weltweit an Unterernährung. Viele von ihnen verhungern, während die Bevölkerung weiterhin dramatisch wächst, Umwelt und Klima weltweit bedroht sind und die landwirtschaftliche Produktivität stagniert. Vor allem die noch reichlich gesättigte Bevölkerung in den Industrieländern ist – auch um ihre eigene Zukunft zu sichern – zu raschem Handeln aufgerufen. Klaus Hahlbrock wirbt für einen bewußteren und verantwortungsvolleren Umgang mit der Natur und mit uns selbst und stellt sich der entscheidenden Frage: Wie bewahren wir eine lebensfähige und lebenswerte Vielfalt der Geschöpfe – uns eingeschlossen?

Klaus Hahlbrock, Professor für Biochemie, war Direktor am Max-Planck-Institut für Züchtungsforschung in Köln sowie Vizepräsident der Max-Planck-Gesellschaft.

Unsere Adressen im Internet: www.fischerverlage.de
www.hochschule.fischerverlage.de

Klaus Hahlbrock

KANN UNSERE ERDE DIE MENSCHEN NOCH ERNÄHREN?

Bevölkerungsexplosion – Umwelt – Gentechnik

Herausgegeben von
Klaus Wiegandt

Fischer Taschenbuch Verlag

FSC

Mix
Produktgruppe aus vorbildlich
bewirtschafteten Wäldern und
anderen kontrollierten Herkünften

Zert.-Nr. GFA-COC-001223
www.fsc.org
© 1996 Forest Stewardship Council

4. Auflage: Dezember 2009

Originalausgabe
Veröffentlicht im Fischer Taschenbuch Verlag,
einem Unternehmen der S. Fischer Verlag GmbH,
Frankfurt am Main, Januar 2007

© 2007 Fischer Taschenbuch Verlag in der
S. Fischer Verlag GmbH, Frankfurt am Main
Gesamtherstellung: CPI – Clausen & Bosse, Leck
Printed in Germany
ISBN 978-3-596-17272-6

Gewidmet
dem Andenken
meines Vaters

Hans Hahlbrock
(1911 – 1943)

Inhalt

Handeln – aus Einsicht und Verantwortung

»Wir waren im Begriff, Götter zu werden, mächtige Wesen, die eine zweite Welt erschaffen konnten, wobei uns die Natur nur die Bausteine für unsere neue Schöpfung zu liefern brauchte.«

Dieser mahnende Satz des Psychoanalytikers und Sozialphilosophen Erich Fromm findet sich in *Haben oder Sein – die seelischen Grundlagen einer neuen Gesellschaft* (1976). Das Zitat drückt treffend aus, in welches Dilemma wir durch unsere wissenschaftlich-technische Orientierung geraten sind.

Aus dem ursprünglichen Vorhaben, sich *der* Natur zu unterwerfen, um sie nutzen zu können (»Wissen ist Macht«), erwuchs die Möglichkeit, *die* Natur zu unterwerfen, um sie auszubeuten. Wir sind vom frühen Weg des Erfolges mit vielen Fortschritten abgekommen und befinden uns auf einem Irrweg der Gefährdung mit unübersehbaren Risiken. Die größte Gefahr geht dabei von dem unerschütterlichen Glauben der überwiegenden Mehrheit der Politiker und Wirtschaftsführer an ein unbegrenztes Wirtschaftswachstum aus, das im Zusammenspiel mit grenzenlosen technologischen Innovationen Antworten auf alle Herausforderungen der Gegenwart und Zukunft geben werde.

Schon seit Jahrzehnten werden die Menschen aus Kreisen der Wissenschaft vor diesem Kollisionskurs mit der Natur gewarnt. Bereits 1983 gründeten die Vereinten Nationen eine Weltkommission für Umwelt und Entwicklung, die sich 1987 mit dem so genannten Brundtland-Bericht zu Wort meldete. Unter dem Titel »Our Common Future« wurde ein Konzept vorgestellt, das die Menschen vor Katastrophen bewahren will und zu einem verantwortbaren Leben zurückfinden lassen soll. Gemeint ist das Konzept einer »langfristig umweltverträglichen Ressourcennutzung« – in der deutschen Sprache als Nachhaltigkeit bezeichnet. Nachhaltigkeit meint – im Sinne des Brundtland-Berichts – »eine Entwicklung, die den Bedürfnissen der heutigen Generation entspricht, ohne die Möglichkeiten künftiger Generationen zu gefährden, ihre eigenen Bedürfnisse zu befriedigen und ihren Lebensstandard zu wählen«.

Leider ist dieses Leitbild für ökologisch, ökonomisch und sozial nachhaltiges Handeln trotz zahlreicher Bemühungen noch nicht zu der Realität geworden, zu der es werden kann, ja werden muss. Dies liegt meines Erachtens darin begründet, dass die Zivilgesellschaften bisher nicht ausreichend informiert und mobilisiert wurden.

Forum für Verantwortung

Vor diesem Hintergrund und mit Blick auf zunehmend warnende Stimmen und wissenschaftliche Ergebnisse habe ich mich entschlossen, mit meiner Stiftung gesellschaftliche Verantwortung zu übernehmen. Ich möchte zur Verbreitung und Vertiefung des öffentlichen Diskurses über die unabdingbar notwendige nachhaltige Entwicklung beitragen. Mein Anliegen ist es, mit dieser Initiative einer großen Zahl von Menschen Sach- und Orientierungswissen zum Thema Nachhaltigkeit zu vermitteln sowie alternative Handlungsmöglichkeiten aufzuzeigen.

Denn das Leitbild »nachhaltige Entwicklung« allein reicht nicht aus, um die derzeitigen Lebens- und Wirtschaftsweisen zu verändern. Es bietet zwar eine Orientierungshilfe, muss jedoch in der Gesellschaft konkret ausgehandelt und dann in Handlungsmuster umgesetzt werden. Eine demokratische Gesellschaft, die sich ernsthaft in Richtung Zukunftsfähigkeit umorientieren will, ist auf kritische, kreative, diskussions- und handlungsfähige Individuen als gesellschaftliche Akteure angewiesen. Daher ist lebenslanges Lernen, vom Kindesalter bis ins hohe Alter, an unterschiedlichen Lernorten und unter Einbezug verschiedener Lernformen (formelles und informelles Lernen), eine unerlässliche Voraussetzung für die Realisierung einer nachhaltigen gesellschaftlichen Entwicklung. Die praktische Umsetzung ökologischer, ökonomischer und sozialer Ziele einer wirtschaftspolitischen Nachhaltigkeitsstrategie verlangt nach reflexions- und innovationsfähigen Menschen, die in der Lage sind, im Strukturwandel Potenziale zu erkennen und diese für die Gesellschaft nutzen zu lernen.

Es reicht für den Einzelnen nicht aus, lediglich »betroffen« zu sein. Vielmehr ist es notwendig, die wissenschaftlichen Hintergründe und Zusammenhänge zu verstehen, um sie für sich verfügbar zu machen und mit anderen in einer zielführenden Diskussion vertiefen zu können. Nur so entsteht Urteilsfähigkeit, und Urteilsfähigkeit ist die Voraussetzung für verantwortungsvolles Handeln.

Die unablässige Bedingung hierfür ist eine zugleich sachgerechte und verständliche Aufbereitung sowohl der Fakten als auch der Denkmodelle, in deren Rahmen sich mögliche Handlungsalternativen aufzeigen lassen und an denen sich jeder orientieren und sein persönliches Verhalten ausrichten kann.

Um diesem Ziel näher zu kommen, habe ich ausgewiesene Wissenschaftlerinnen und Wissenschaftler gebeten, in der

Reihe »Forum für Verantwortung« zu zwölf wichtigen Themen aus dem Bereich der nachhaltigen Entwicklung den Stand der Forschung und die möglichen Optionen allgemeinverständlich darzustellen. Die ersten vier Bände zu folgenden Themen sind erschienen:

- *Was verträgt unsere Erde noch? Wege in die Nachhaltigkeit* (Jill Jäger)
- *Kann unsere Erde die Menschen noch ernähren? Bevölkerungsexplosion – Umwelt – Gentechnik* (Klaus Hahlbrock)
- *Nutzen wir die Erde richtig? Die Leistungen der Natur und die Arbeit des Menschen* (Friedrich Schmidt-Bleek)
- *Bringen wir das Klima aus dem Takt? Hintergründe und Prognosen* (Mojib Latif)

Vier Folgebände sind in Vorbereitung und werden Mitte 2007 erscheinen. Sie behandeln die Themen »Ressource Wasser« (Wolfram Mauser), »Energien des 21. Jahrhunderts« (Hermann-Josef Wagner), »Entwicklung der Weltbevölkerung« (Rainer Münz und Albert F. Reiterer) und »Die Bedeutung der Ozeane für das Leben« (Katherine Richardson und Stefan Rahmstorf).

Die letzten vier Bände der Reihe werden Ende 2007 erscheinen. Sie stellen Fragen nach dem möglichen Umbau der Wirtschaft (Bernd Meyer), nach der Bedrohung durch Infektionskrankheiten (Stefan H. E. Kaufmann), nach der Gefährdung der Artenvielfalt (Josef H. Reichholf) und nach einem möglichen Weg zu einer neuen Weltordnung im Zeichen der Nachhaltigkeit (Harald Müller).

Zwölf Bände – es wird niemanden überraschen, wenn im Hinblick auf die Bedeutung von wissenschaftlichen Methoden oder die Interpretationsbreite aktueller Messdaten unterschiedliche Auffassungen vertreten werden. Unabhängig davon sind sich aber alle an diesem Projekt Beteiligten darüber einig, dass es keine Alternative zu einem Weg aller Gesellschaften in die Nachhaltigkeit gibt.

Öffentlicher Diskurs

Was verleiht mir den Mut zu diesem Projekt und was die Zuversicht, mit ihm die deutschsprachigen Zivilgesellschaften zu erreichen und vielleicht einen Anstoß zu bewirken?

Zum einen sehe ich, dass die Menschen durch die Häufung und das Ausmaß der Naturkatastrophen der letzten Jahre sensibler für Fragen unseres Umgangs mit der Erde geworden sind. Zum anderen gibt es im deutschsprachigen Raum bisher nur wenige allgemeinverständliche Veröffentlichungen wie *Die neuen Grenzen des Wachstums* (Donella und Dennis Meadows), *Erdpolitik* (Ernst-Ulrich von Weizsäcker), *Balance oder Zerstörung* (Franz Josef Radermacher), *Fair Future* (Wuppertal Institut) und *Kollaps* (Jared Diamond). Insbesondere liegen keine Schriften vor, die zusammenhängend das breite Spektrum einer umfassend nachhaltigen Entwicklung abdecken.

Das vierte Kolloquium meiner Stiftung, das im März 2005 in der Europäischen Akademie Otzenhausen (Saarland) zu dem Thema »Die Zukunft der Erde – was verträgt unser Planet noch?« stattfand, zeigte deutlich, wie nachdenklich eine sachgerechte und allgemeinverständliche Darstellung der Thematik die große Mehrheit der Teilnehmer machte.

Darüber hinaus stimmt mich persönlich zuversichtlich, dass die mir eng verbundene ASKO EUROPA-STIFTUNG alle zwölf Bände vom Wuppertal Institut für Klima, Umwelt,

Energie didaktisieren lässt, um qualifizierten Lehrstoff für langfristige Bildungsprogramme zum Thema Nachhaltigkeit sowohl im Rahmen der Stiftungsarbeit als auch im Rahmen der Bildungsangebote der Europäischen Akademie Otzenhausen zu erhalten. Das Thema Nachhaltigkeit wird in den nächsten Jahren zu dem zentralen Thema der ASKO EUROPA-STIFTUNG und der Europäischen Akademie Otzenhausen.

Schließlich gibt es ermutigende Zeichen in unserer Zivilgesellschaft, dass die Bedeutung der Nachhaltigkeit erkannt und auf breiter Basis diskutiert wird. So zum Beispiel auf dem 96. Deutschen Katholikentag 2006 in Saarbrücken unter dem Motto »Gerechtigkeit vor Gottes Angesicht«. Die Bedeutung einer zukunftsfähigen Entwicklung wird inzwischen durch mehrere Institutionen der Wirtschaft und der Politik auch in Deutschland anerkannt und gefordert, beispielsweise durch den Rat für Nachhaltige Entwicklung, die Bund-Länder-Kommission, durch Stiftungen, Nicht-Regierungs-Organisationen und Kirchen.

Auf globaler Ebene mehren sich die Aktivitäten, die den Menschen die Bedeutung und die Notwendigkeit einer nachhaltigen Entwicklung ins Bewusstsein rufen wollen: Ich möchte an dieser Stelle unter anderem auf den »Marrakesch-Prozess« (eine Initiative der UN zur Förderung nachhaltigen Produzierens und Konsumierens), auf die UN-Weltdekade »Bildung für nachhaltige Entwicklung« 2005–2014 sowie auf den Film des ehemaligen US Vizepräsidenten Al Gore *An Inconvenient Truth* (2006) verweisen.

Wege in die Nachhaltigkeit

Eine wesentliche Aufgabe unserer auf zwölf Bände angelegten Reihe bestand für die Autorinnen und Autoren darin, in dem jeweils beschriebenen Bereich die geeigneten Schritte zu benennen, die in eine nachhaltige Entwicklung führen können. Dabei müssen wir uns immer vergegenwärtigen, dass der erfolgreiche Übergang zu einer derartigen ökonomischen, ökologischen und sozialen Entwicklung auf unserem Planeten nicht sofort gelingen kann, sondern viele Jahrzehnte dauern wird. Es gibt heute noch keine Patentrezepte für den langfristig erfolgreichsten Weg. Sehr viele Wissenschaftlerinnen und Wissenschaftler und noch mehr innovationsfreudige Unternehmerinnen und Unternehmer sowie Managerinnen und Manager werden weltweit ihre Kreativität und Dynamik zur Lösung der großen Herausforderungen aufbieten müssen. Dennoch sind bereits heute erste klare Ziele erkennbar, die wir erreichen müssen, um eine sich abzeichnende Katastrophe abzuwenden. Dabei können weltweit Milliarden Konsumenten mit ihren täglichen Entscheidungen beim Einkauf helfen, der Wirtschaft den Übergang in eine nachhaltige Entwicklung zu erleichtern und ganz erheblich zu beschleunigen – wenn die politischen Rahmenbedingungen dafür geschaffen sind. Global gesehen haben zudem Milliarden von Bürgern die Möglichkeit, in demokratischer Art und Weise über ihre Parlamente die politischen »Leitplanken« zu setzen.

Die wichtigste Erkenntnis, die von Wissenschaft, Politik und Wirtschaft gegenwärtig geteilt wird, lautet, dass unser ressourcenschweres westliches Wohlstandsmodell (heute gültig für eine Milliarde Menschen) nicht auf weitere fünf oder bis zum Jahr 2050 sogar auf acht Milliarden Menschen übertragbar ist. Das würde alle biophysikalischen Grenzen unseres

Systems Erde sprengen. Diese Erkenntnis ist unbestritten. Strittig sind jedoch die Konsequenzen, die daraus zu ziehen sind.

Wenn wir ernsthafte Konflikte zwischen den Völkern vermeiden wollen, müssen die Industrieländer ihren Ressourcenverbrauch stärker reduzieren als die Entwicklungs- und Schwellenländer ihren Verbrauch erhöhen. In Zukunft müssen sich alle Länder auf gleichem Ressourcenverbrauchsniveau treffen. Nur so lässt sich der notwendige ökologische Spielraum schaffen, um den Entwicklungs- und Schwellenländern einen angemessenen Wohlstand zu sichern.

Um in diesem langfristigen Anpassungsprozess einen dramatischen Wohlstandsverlust des Westens zu vermeiden, muss der Übergang von einer ressourcenschweren zu einer ressourcenleichten und ökologischen Marktwirtschaft zügig in Angriff genommen werden.

Die Europäische Union als stärkste Wirtschaftskraft der Welt bringt alle Voraussetzungen mit, in diesem Innovationsprozess die Führungsrolle zu übernehmen. Sie kann einen entscheidenden Beitrag leisten, Entwicklungsspielräume für die Schwellen- und Entwicklungsländer im Sinn der Nachhaltigkeit zu schaffen. Gleichzeitig bieten sich der europäischen Wirtschaft auf Jahrzehnte Felder für qualitatives Wachstum mit zusätzlichen Arbeitsplätzen. Wichtig wäre in diesem Zusammenhang auch die Rückgewinnung von Tausenden von begabten Wissenschaftlerinnen und Wissenschaftlern, die Europa nicht nur aus materiellen Gründen, sondern oft auch wegen fehlender Arbeitsmöglichkeiten oder unsicheren -bedingungen verlassen haben.

Auf der anderen Seite müssen die Schwellen- und Entwicklungsländer sich verpflichten, ihre Bevölkerungsentwicklung in überschaubarer Zeit in den Griff zu bekommen. Mit stär-

kerer Unterstützung der Industrienationen muss das von der
Weltbevölkerungskonferenz der UNO 1994 in Kairo verab-
schiedete 20-Jahres-Aktionsprogramm umgesetzt werden.

Wenn es der Menschheit nicht gelingt, die Ressourcen- und
Energieeffizienz drastisch zu steigern und die Bevölkerungsentwicklung nachhaltig einzudämmen – man denke nur an die
Prognose der UNO, nach der die Bevölkerungsentwicklung
erst bei elf bis zwölf Milliarden Menschen am Ende dieses
Jahrhunderts zum Stillstand kommt –, dann laufen wir ganz
konkret Gefahr, Ökodiktaturen auszubilden. In den Worten
von Ernst Ulrich von Weizsäcker: »Die Versuchung für den
Staat wird groß sein, die begrenzten Ressourcen zu rationie-
ren, das Wirtschaftsgeschehen im Detail zu lenken und von
oben festzulegen, was Bürger um der Umwelt willen tun und
lassen müssen. Experten für ›Lebensqualität‹ könnten von
oben definieren, was für Bedürfnisse befriedigt werden dürften« (*Erdpolitik*, 1989).

Es ist an der Zeit

Es ist an der Zeit, dass wir zu einer grundsätzlichen, kritischen
Bestandsaufnahme in unseren Köpfen bereit sind. Wir – die
Zivilgesellschaften – müssen entscheiden, welche Zukunft wir
wollen. Fortschritt und Lebensqualität sind nicht allein abhängig vom jährlichen Zuwachs des Prokopfeinkommens. Zur
Befriedigung unserer Bedürfnisse brauchen wir auch keineswegs unaufhaltsam wachsende Gütermengen. Die kurzfri-
stigen Zielsetzungen in unserer Wirtschaft wie Gewinnmaxi-
mierung und Kapitalakkumulierung sind eines der Haupthin-
dernisse für eine nachhaltige Entwicklung. Wir sollten unsere
Wirtschaft wieder stärker dezentralisieren und den Welthan-

del im Hinblick auf die mit ihm verbundene Energiever-
schwendung gezielt zurückfahren. Wenn Ressourcen und
Energie die »wahren« Preise widerspiegeln, wird der weltweite Prozess der Rationalisierung und Freisetzung von Ar-
beitskräften sich umkehren, weil der Kostendruck sich auf die
Bereiche Material und Energie verlagert.

Der Weg in die Nachhaltigkeit erfordert gewaltige techno-
logische Innovationen. Aber nicht alles, was technologisch
machbar ist, muss auch verwirklicht werden. Die totale Öko-
nomisierung unserer gesamten Lebensbereiche ist nicht er-
strebenswert. Die Verwirklichung von Gerechtigkeit und
Fairness für alle Menschen auf unserer Erde ist nicht nur aus
moralisch-ethischen Prinzipien erforderlich, sondern auch
der wichtigste Beitrag zur langfristigen Friedenssicherung.
Daher ist es auch unvermeidlich, das politische Verhältnis
zwischen Staaten und Völkern der Erde auf eine neue Basis zu
stellen, in der sich alle, nicht nur die Mächtigsten, wieder finden können. Ohne einvernehmliche Grundsätze »globalen
Regierens« lässt sich Nachhaltigkeit in keinem einzigen der in
dieser Reihe diskutierten Themenbereiche verwirklichen.

Und letztendlich müssen wir die Frage stellen, ob wir Menschen das Recht haben, uns so stark zu vermehren, dass wir
zum Ende dieses Jahrhunderts womöglich eine Bevölkerung
von 11 bis 12 Milliarden Menschen erreichen, jeden Quadrat-
zentimeter unserer Erde in Beschlag nehmen und den Lebensraum und die Lebensmöglichkeiten aller übrigen Arten immer mehr einengen und zerstören.

Unsere Zukunft ist nicht determiniert. Wir selbst gestalten
sie durch unser Handeln und Tun: Wir können so weiter-
machen wie bisher, doch dann begeben wir uns schon Mitte
dieses Jahrhunderts in die biophysikalische Zwangsjacke der
Natur mit möglicherweise katastrophalen politischen Ver-

wicklungen. Wir haben aber auch die Chance, eine gerechtere und lebenswerte Zukunft für uns und die zukünftigen Generationen zu gestalten. Dies erfordert das Engagement aller Menschen auf unserem Planeten.

Danksagung

Mein ganz besonderer Dank gilt den Autorinnen und Autoren dieser zwölfbändigen Reihe, die sich neben ihrer hauptberuflichen Tätigkeit der Mühe unterzogen haben, nicht für wissenschaftliche Kreise, sondern für eine interessierte Zivilgesellschaft das Thema Nachhaltigkeit allgemeinverständlich aufzubereiten. Für meine Hartnäckigkeit, an dieser Vorgabe weitestgehend festzuhalten, bitte ich an dieser Stelle nochmals um Nachsicht. Dankbar bin ich für die vielfältigen und anregenden Diskussionen über Wege in die Nachhaltigkeit.

Bei der umfangreichen Koordinationsarbeit hat mich von Anfang an ganz maßgeblich Ernst Peter Fischer unterstützt – dafür meinen ganz herzlichen Dank, ebenso Wolfram Huncke, der mich in Sachen Öffentlichkeitsarbeit beraten hat. Für die umfangreichen organisatorischen Arbeiten möchte ich mich ganz herzlich bei Annette Maas bedanken, ebenso bei Ulrike Holler vom S. Fischer Verlag für die nicht einfache Lektoratsarbeit.

Auch den finanziellen Förderern dieses Großprojektes gebührt mein Dank: allen voran der ASKO EUROPA-STIFTUNG (Saarbrücken) und meiner Familie sowie der Stiftung Europrofession (Saarbrücken), Erwin V. Conradi, Wolfgang Hirsch, Wolf-Dietrich und Sabine Loose.

Seeheim-Jugenheim   Stiftung Forum für Verantwortung
Sommer 2006   Klaus Wiegandt

Vorwort

Dieser Beitrag zur Reihe »Forum für Verantwortung« ist die vollständig überarbeitete, in wesentlichen Teilen veränderte und ergänzte Fassung eines Buches, das vor 15 Jahren unter demselben Titel erschienen war. Seitdem hat die Frage, wie die menschliche Ernährung trotz anhaltenden Bevölkerungswachstums und zunehmender Umweltzerstörung langfristig gesichert werden kann, an Dramatik eher noch zugenommen. Das Ungleichgewicht zwischen Hunger und Überfluß, Armut und Reichtum, Ressourcenübernutzung und ökologischer Stabilität wird immer größer.

Vor 15 Jahren bewegte uns noch die Frage, ob die damals aufkommende »Grüne Gentechnik« einen Beitrag zur Lösung der anstehenden Probleme leisten könnte und ob ihre Anwendung ethisch und biologisch zu rechtfertigen sei. Inzwischen werden gentechnisch veränderte Pflanzen in mehr als einem Dutzend außereuropäischer Industrie- und Entwicklungsländer auf einer Fläche von ca. 100 Millionen Hektar angebaut. Der wirtschaftliche Gewinn kommt nach ersten Analysen vor allem den Kleinbauern in den Entwicklungsländern zugute, der ökologische Gewinn durch den verringerten Einsatz umweltschädigender Pflanzenschutzmittel ist erheblich.

Diese Entwicklung wird in Europa kaum zur Kenntnis genommen. Sie bildet deshalb auch in der vorliegenden Fassung des Buches einen der thematischen Schwerpunkte. Ausführlicher als in der ursprünglichen Version werden die rapide zunehmenden globalen Bedrohungen der landwirtschaftlichen Produktivität behandelt. Neue Schwerpunktthemen sind die Umwelt-, Hunger- und Armutsprobleme im Zusammenhang mit dem unverminderten Bevölkerungsanstieg in den Entwicklungsländern.

Wiederum haben mich Kolleginnen und Kollegen aus angrenzenden Fachgebieten mit wertvollen Hinweisen, Ratschlägen und Bildmaterial unterstützt. Viel Dank dafür schulde ich Dorothea Bartels, Peter Beyer, Hartwig Geiger, Dennis Gonsalves, Jorge Mayer, Matin Qaim, Wolfgang Schuchert, Walter Schug und Günther Strittmatter. Mein herzlicher Dank gilt außerdem Klaus Wiegandt und seiner Stiftung »Forum für Verantwortung« für die Konzeption, kritische Begleitung und großzügige Förderung dieser Buchreihe sowie Ernst Peter Fischer als engagiertem Mitherausgeber und Ulrike Holler als hilfreicher Lektorin.

Einleitung

»Unsere Welt ist klein geworden« in einer Zeit schneller und häufiger Flugverbindungen und sekundenschneller Kommunikation zwischen den Kontinenten. In der neuen technischen Bildersprache haben wir uns angewöhnt, vom »Raumschiff Erde« zu sprechen. Wir sind uns bewußt geworden, wie sehr wir alle »in einem Boot sitzen«.

Es wird eng in diesem Boot oder Raumschiff. Die Zahl der Passagiere steigt, obwohl die Lebensmittel knapp werden und der Abfall bedrohlich zunimmt. Nicht einmal vom Überfluß der ersten Klasse würde die große Zahl der übrigen lange satt werden. Wir brauchen einen grundsätzlichen Kurswechsel, der die Zahl der Passagiere begrenzt und langfristig gesunde Lebensbedingungen garantiert. Doch wir befinden uns in voller Fahrt, und ein Kurswechsel ist selten eine scharfe Kurve. Je schneller die Fahrt, um so weiter schwingt die Kurve – trotz aller notwendigen Ungeduld.

Ich sehe keine andere Lösung, als das Wachstum der menschlichen Erdbevölkerung sehr bald in einer möglichst scharfen Kurve zu beenden. Das gleiche gilt für die Übernutzung unserer Biosphäre sowie für die sozialen und wirtschaftlichen Ungleichgewichte innerhalb der Staaten und zwischen ihnen. Unser Problembewußtsein sollte ausreichend geschärft sein, um diesen neuen Kurs unnachgiebig zu steuern.

Jeder muß auf seine Weise dazu beitragen. Auch die Landwirtschaft muß äußerste Anstrengungen unternehmen, um ihren Beitrag zum neuen Kurs zu leisten. Vorrangig muß es jedoch darum gehen, das Bevölkerungswachstum zu begrenzen und damit für das System Erde und für alle Menschen erträglich zu machen.

Damit habe ich eine wichtige Voraussetzung gemacht: Jeder Mensch hat jetzt und in Zukunft die gleiche Existenzberechtigung, also auch den gleichen grundsätzlichen Anspruch auf Ernährung. Mir ist bewußt, daß diese Forderung in der Praxis eine harte Konsequenz hat. Sie bedeutet nicht nur ein mitmenschliches Gebot der Fürsorge und des Teilens; sie besagt auch, daß bei ungleicher Verteilung diejenigen, die unter dem Existenzminimum leben, versuchen werden, ihren Anspruch durchzusetzen – kriegerische Mittel nicht ausgeschlossen. Wir sitzen tatsächlich alle in einem Boot und haben allen Grund, den Kurs mit Bedacht zu wählen.

Die genaue Kursbestimmung muß sich in erster Linie an unseren bedrohten existentiellen Grundbedürfnissen orientieren, auch planend für die Zukunft. Das verlangt zunächst eine Positionsbestimmung. Sodann gilt es, die verfügbaren Mittel auf ihre Tauglichkeit zur Lösung der anstehenden Probleme zu überprüfen. Geeignete technische Mittel sollen einen Kurs ermöglichen, ihn aber nicht a priori bestimmen. Auf dem Gebiet der menschlichen Ernährung betrifft das in jüngster Zeit vor allem den Einsatz von Gentechnik.

Soweit Gentechnik als neuartiges Hilfsmittel in der Pflanzenzüchtung in Betracht kommt, ergibt sich die schwierige Aufgabe, sie ethisch zu werten. Die Technik als solche ist innerhalb weniger Jahrzehnte entstanden. Ihre ethische Bewertung ist jedoch nur vor dem Hintergrund einer langen und vielschichtigen Wechselbeziehung von Mensch und Umwelt möglich.

Entsprechend sind die Kapitel dieses Buches angelegt. Eine

Positionsbestimmung des heutigen Menschen und seiner Beziehung zu der ihn tragenden Biosphäre wird eingeleitet durch einige grundsätzliche Fakten und Voraussetzungen sowie durch einen kurzen geschichtlichen Abriß über die Entwicklung von Landwirtschaft und menschlicher Lebensweise.

Im zentralen Teil des Buches werden dann die Züchtung landwirtschaftlicher Nutzpflanzen, der gegenwärtige Stand und das absehbare Innovationspotential der Gentechnik sowie die eigentliche Kernfrage, unter welchen Voraussetzungen unsere Erde die Menschen noch ernähren kann, jeweils in gesonderten Kapiteln behandelt. Damit möchte ich einerseits zur notwendigen Sachinformation beitragen, soweit es dieser Rahmen zuläßt, andererseits die ethische Wertung und die praktischen Schlußfolgerungen auf eine möglichst breite Grundlage stellen. Um sachliche Darstellung und persönliches Urteil erkennbar zu trennen, endet das Buch mit einem persönlichen Nachwort. Es soll daran erinnern, daß jeder einzelne zur Stellungnahme und zum eigenen Handeln aufgerufen ist, ganz gleich, wo er steht.

Um die Thematik des Buches im überschaubaren Rahmen zu halten, beschränke ich mich weitgehend auf landwirtschaftliche Nutzpflanzen als die primäre Nahrungsgrundlage von Mensch und Tier. Soweit nicht eigens betont, hat diese Beschränkung jedoch keinen Einfluß auf die Erörterung grundsätzlicher Fragen.

Auf die Verwendung von Tabellen und statistischem Zahlenwerk habe ich weitgehend verzichtet. Erfahrungsgemäß verstellen sie den Blick für das Wesentliche. Wo Zahlen überhaupt verwendet werden, sollen sie eher eine Tendenz unterstreichen als Absolutwerte angeben. Vor allem den komplexen Themen Umweltschutz und Nahrungssicherheit hat Streit um Zahlen, Statistiken, Prognosen und ungenügend abgesicherte Hypothesen eher geschadet als genützt.

Wesentlicher als die Exaktheit von *absoluten Zahlen* sollte der *absolute Wille* sein, eine artenreiche, langfristig überlebensfähige Biosphäre, saubere Böden und Gewässer sowie ein gesundes Klima als sichere Lebensgrundlage soweit wie möglich zu erhalten oder wiederherzustellen. Dieses gemeinsame Ziel setze ich im folgenden als selbstverständlich voraus, ohne es im einzelnen zu begründen. Es bestimmt den neuen Kurs.

1. Menschliche Bevölkerung und ökologische Folgen

Die Menschheitsgeschichte steht an einem Wendepunkt. Wir, die jetzt Lebenden, müssen darüber entscheiden, wie wir das explosionsartige Anwachsen der menschlichen Bevölkerung und die gleichzeitige Bedrohung oder Auslöschung anderer Arten beenden wollen. Beides, Bevölkerungszunahme und Artenschwund, ist von der uns tragenden Biosphäre nicht mehr lange zu verkraften und verlangt rasches und durchgreifendes Handeln.

Da wir Bestandteil dieser Biosphäre sind, wäre ihr Zusammenbruch auch das Ende unserer eigenen Existenz.

Frühphase und Neolithische Revolution

Sehen wir uns zunächst die dramatische Entwicklung der menschlichen Erdbevölkerung etwas näher an. Ihre jüngste und entscheidende Phase ist in Abb. 1 wiedergegeben. Über frühere Phasen lassen sich Bevölkerungszahlen nur sehr ungenau abschätzen. In jedem Fall waren sie niedrig im Vergleich zur ersten aus dem Dunkel der Vorgeschichte heraustretenden Epoche der Jüngeren Steinzeit, des Neolithikums. Zwar lebten auch zu diesem Zeitpunkt nach heutigen Maßstäben noch »paradiesisch« wenig Menschen auf der Erde. Doch begannen sie im Neolithikum, Ackerbau und Viehwirtschaft zu betreiben, also seßhaft zu werden und damit die entschei-

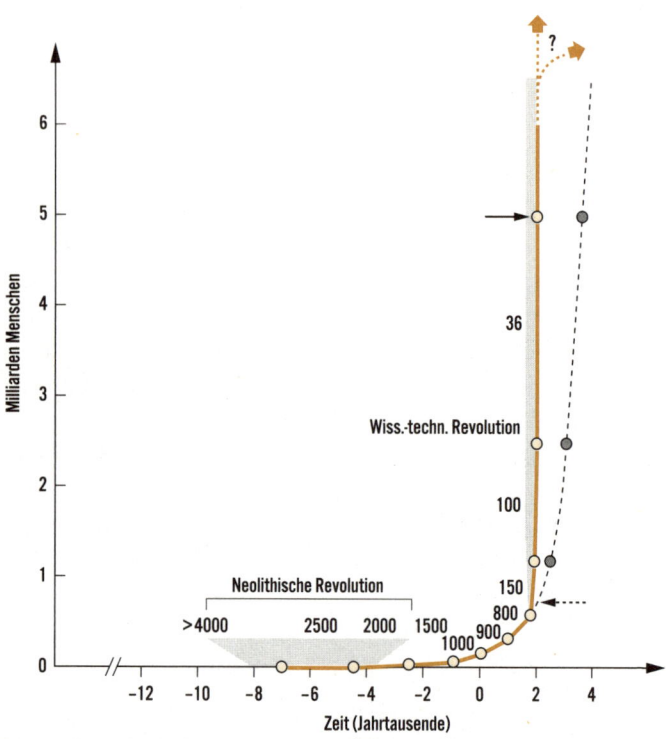

Abb. 1 Wachstumssprünge der menschlichen Erdbevölkerung als Folgen der Neolithischen und der Wissenschaftlich-technischen Revolution (schraffierte Felder). Die Zahlen zwischen den offenen Kreisen geben die Zeiträume an, in denen die Bevölkerung sich jeweils verdoppelt hat. Die gestrichelte Kurve bezeichnet den hypothetischen Kurvenverlauf ohne Wissenschaftlich-technische Revolution: der heutige Bevölkerungsstand wäre erst in ca. 1500 Jahren erreicht worden; der gestrichelte Pfeil gibt an, wo er jetzt läge. Der ausgezogene Pfeil markiert das Ende der »Grünen Revolution«, einer kurzen Phase außergewöhnlicher Steigerungen der landwirtschaftlichen Produktivität in zahlreichen Entwicklungsländern (Seite 255).

dende Grundlage für eine völlig neuartige Bevölkerungs-
struktur und -entwicklung zu legen.

Bis dahin war unser Vorfahr Jäger und Sammler gewesen
und hatte ein entsprechend großes Areal für kleine Stammes-
gruppen benötigt. Ohnehin waren die Lebensbedingungen so
hart gewesen, daß seit Beginn der Entstehung erster men-
schenähnlicher Primatenarten vor mehreren Jahrmillionen
fast alle von ihnen im Lauf der Zeit wieder ausgestorben waren. Übrig blieb nur die eine Entwicklungslinie, die schließlich
zum heutigen Menschen, dem *Homo sapiens* führte. Auch er
verbrachte den weitaus größten Teil seiner Entstehungsge-
schichte als Mitglied von umherziehenden, nahrungsuchen-
den Gruppen. Die entscheidende Entwicklungsphase vom Urmenschen im sogenannten Tier-Mensch-Übergangsfeld bis
zum seßhaften Ackerbauern dauerte mehrere Millionen
Jahre.

Die lange, traditionsreiche Lebensweise der Jäger und
Sammler änderte sich nachhaltig mit den revolutionären
Neuerungen im Neolithikum vor etwa 5000 – 10000 Jahren.
Allerdings trat diese Änderung keineswegs schlagartig und
überall gleichzeitig ein. Unterschiedliche und häufig wechselnde Umweltbedingungen sorgten dafür, daß über lange
Zeiträume die alte und die neue Lebensweise in verschiedenen
Kulturkreisen gleichzeitig nebeneinander existierten. Vor allem in der Anfangsphase traten sie ohnehin noch weitgehend
miteinander vermischt auf – allein schon deshalb, weil Ackerbau und Viehwirtschaft in ihren mühsamen Anfängen ein
seßhaftes Leben und die Produktion von Brot, Gemüse,
Milch, Käse und Fleisch wohl kaum wesentlich leichter gemacht haben als das Umherziehen auf der Suche nach Wild,
Früchten, Wurzeln und Honig.

Noch heute ist der Fluch, mit dem Adam und Eva aus dem

Paradies vertrieben wurden, für viele von denen bittere Wahrheit, die auf kargem Boden Landwirtschaft betreiben und sich davon ernähren müssen: »Unter Mühsal sollst du dich vom Erdboden ernähren alle Tage deines Lebens.« Nur die wenigsten Bewohner unseres nördlichen »Speckgürtels« der Erde wissen das noch aus eigener Anschauung, seitdem der überwiegende Teil der Bevölkerung in großen Städten lebt und Nahrungsmittel hauptsächlich in industriell verarbeiteter Form, oft von weither, aus Dosen, Flaschen und Kunststoffbehältern kennt.

Die für unsere heutige Lebensweise charakteristischen Merkmale – dichtgedrängtes Wohnen, automatisierte Technik, in Konzernen organisierte Industrie, weltweiter Handel und Verkehr – wären ohne die Seßhaftigkeit, die damals auf der Grundlage der Domestikation von Pflanzen und Tieren begann, nicht denkbar. Viele Historiker haben deshalb diese tiefgreifende Umwälzung in der menschlichen Kulturgeschichte treffend als »Neolithische Revolution« bezeichnet.

Abb. 1 zeigt deutlich die zunächst langsam und stetig verlaufende, schließlich aber seit etwa 200–300 Jahren explosionsartige Zunahme der menschlichen Bevölkerung. Hungersnöte, Seuchen und andere Naturkatastrophen sowie Kriege haben immer wieder zu regional begrenzten oder sogar weltweiten Einbrüchen in dieser Entwicklung geführt. Sie sind jedoch kaum wahrnehmbar in einem Kurvenverlauf, der innerhalb eines äußerst kurzen Zeitraums so steil nach oben führt, wie dies seit wenigen Jahrhunderten der Fall ist.

Wissenschaftlich-technische Revolution

Bezeichnenderweise enthält der Kurvenverlauf zwei Sprünge. Der erste Sprung folgte auf die Neolithische Revolution, die buchstäblich den Boden bereitet hat für eine immer raschere Verdoppelung der Weltbevölkerung. In einem zweiten Sprung verkürzte sich dann die Verdoppelungszeit zu Beginn des 18. Jahrhunderts noch einmal rapide und betrug in der zweiten Hälfte des 20. Jahrhunderts nur noch ca. 36 Jahre.

Welch eine dramatische Änderung dieser zweite Sprung zusätzlich bewirkt hat, veranschaulicht die gestrichelte Kurve in Abb. 1. Sie geht von der hypothetischen Annahme aus, daß sich die Verdoppelungszeit auch über das 17. Jahrhundert hinaus jeweils nur um etwa 100 Jahre gegenüber dem vorhergehenden Zeitraum verkürzt hätte. Dann lebten heute statt über sechs Milliarden weniger als eine Milliarde Menschen auf dieser Erde. Bis zum Erreichen der Sechsmilliardengrenze wären noch weitere 1500 Jahre vergangen. Wieviel Zeit hätten wir und die uns nachfolgenden Generationen zur Lösung all der Probleme, die uns jetzt innerhalb weniger Jahre grundlegend neuartiges, globales Denken und Handeln abverlangen!

Die bisher letzte Phase der Menschheitsentwicklung, in der die eigentliche Bevölkerungsexplosion stattfand, steht in Abb. 1 der Neolithischen, agrarischen Revolution als Wissenschaftlich-technische Revolution gegenüber. Diese beiden Epochen haben wohl die nachhaltigsten Auswirkungen in dem von uns überschaubaren Zeitraum der menschlichen Kulturgeschichte gehabt. Sie waren unvergleichlich folgenreicher als die zahllosen gescheiterten oder erfolgreichen Umsturzversuche im Sinne politisch-sozialer Revolutionen. Obwohl sie zunächst kaum merklich einsetzten, waren sie langfristig,

tiefgreifend und weltweit wirksame, nicht rückgängig zu machende Umwälzungen der gesamten menschlichen Lebensweise. Sie beruhten weder auf einem politischen Programm,
wie die Französische oder Bolschewistische Revolution, noch
auf einer gezielten Erfindung, wie etwa der Glühbirne oder
des Flugzeugs. Sie beruhten im Gegensatz dazu auf indirekten, unbeabsichtigten Entdeckungen grundsätzlich neuer
Möglichkeiten, zum Beispiel einer hohen Wohndichte in städtischen Siedlungen, die durch die Ergebnisse einer bodenstän-
digen Landwirtschaft ermöglicht wurde, oder einer hohen
durchschnittlichen Lebenserwartung, die sich aus der medizinischen Versorgung auf der Grundlage von Wissenschaft und
Technik ergab.

Auch die Wissenschaftlich-technische Revolution unserer
Epoche ist ein so komplexes Ereignis und in ihrer Auswirkung
auf den Gegenstand dieses Buches von so entscheidender Bedeutung, daß ich auf ihre historische Entwicklung und ihren
inneren Zusammenhang mit der Neolithischen Revolution im
folgenden Kapitel ausführlicher zurückkommen werde. Wichtig ist an dieser Stelle zweierlei: Die Wissenschaftlich-technische Revolution hat die jüngste Bevölkerungsexplosion in
ihrem vollen Umfang erst ermöglicht, und sie ist keineswegs
abgeschlossen. Zur Lösung der bisher verursachten Folgepro-
bleme wird sie sogar unabdingbar gebraucht.

Das macht ein Blick auf das obere, offene Ende der Bevölkerungskurve in Abb. 1 deutlich. Das derzeitige Bevölkerungswachstum muß so rasch wie möglich beendet werden.
Doch niemand kann heute sicher voraussagen, wann und auf
welcher Höhe, aber auch unter welchen Begleitumständen es
tatsächlich zum Stillstand kommt, zumal es sich längst von
Europa und Nordamerika vor allem auf Afrika, Asien und
Südamerika verlagert hat. Damit unterliegt es nicht einmal

mehr unserem direkten Einfluß. Entsprechend unsicher ist – als eines der brennendsten Probleme – die Entwicklung des Nahrungsmittelbedarfs.

Reduzierte Artenvielfalt

Sicher können wir davon ausgehen, daß die landwirtschaftliche Nutzung der Erdoberfläche, wenn nicht schon jetzt, so doch spätestens in sehr naher Zukunft die Belastungsgrenze für den verbleibenden Rest der Biosphäre erreicht haben wird. Und eine nennenswerte Reserve durch unsere gegenwärtige, allerdings regional begrenzte Überschußproduktion, besonders in Europa und Nordamerika, haben wir nicht. Denn trotz seiner absoluten Höhe ist dieser Überschuß prozentual nicht sehr hoch, und er kann zudem nach einer einzigen Mißernte, zum Beispiel in einem Dürrejahr, jederzeit schnell verbraucht sein.

Hier wird also unser derzeitiges Dilemma besonders deutlich. Einerseits prognostizieren die meisten Demoskopen vorerst ein weiteres rasches Ansteigen der Weltbevölkerung, allerdings ohne hinzuzufügen, wo die dann benötigten Nahrungsmittel herkommen sollen. Andererseits tragen wir schon jetzt durch die weltweite Nutzung des größten Teils des verfügbaren Acker- und Weidelandes – für eine an vielen Orten nicht einmal ausreichende Nahrungsmittelproduktion – erheblich zu einer drohenden ökologischen Katastrophe bei.

Wir sind in dieser Hinsicht sogar doppelt wirksam. Wir unterhalten auf riesigen Flächen ehemals äußerst artenreicher Wald-, Busch- und Savannenlandschaften wenige domestizierte Arten, überwiegend in pflanzlichen und tierischen Monokulturen, und nehmen damit vielen natürlichen Arten die Lebensgrundlage. Das zeigen unsere heutigen Satelliten- oder Flugzeugaufnahmen aus der Distanz besonders deutlich (Abb. 2, Farbseite I).

Derart unnatürliche, nur unter massiver menschlicher Pflege gedeihende Monokulturen (Abb. 3) verlangen darüber hinaus den dauernden Einsatz von Dünger und Pflanzenschutzmitteln (bei Tieren Kraftfutter und Antibiotika zum Schutz vor Infektionskrankheiten) und sind damit eine zusätzliche, existentielle Bedrohung der übrigen Biosphäre. Auch die vielerorts bedrohten, häufig übernutzten und nun versiegenden Wasservorräte weiten sich zu einem immer ernsthafteren Problem aus.

Abb. 3 Weizenfeld als Beispiel für den Ersatz von natürlicher Artenvielfalt durch intensive Landwirtschaft.

Ambivalenz des Fortschritts

Finden wir überhaupt einen Ausweg aus diesem Dilemma?
Zumindest sollten wir wohl jeden denkbaren Versuch dazu
unternehmen. Da es sich um ein vielschichtiges Problem handelt, soll der erste Versuch darin bestehen, es in leichter überschaubare Bestandteile zu zerlegen. Dabei mache ich einige
Voraussetzungen, die zum Teil später noch eingehender kom-
mentiert werden:

● *Resignation ist keine Lösung*
Resignation bedeutet, sich in das scheinbar Unabwendbare
zu fügen; wer resigniert, wendet also nichts ab. Es ist verständlich, wenn der einzelne lediglich Ohnmacht empfindet
angesichts des fortgeschrittenen Zustands, der Komplexität
der Ursachen und der weltweiten Dimension von Artenschwund, Luft-, Boden- und Gewässerverschmutzung sowie der Rücksichtslosigkeit, mit der natürliche Ressourcen
ausgebeutet und verschwendet werden.

   Jeder einzelne hat nur einen sehr begrenzten Wirkungs-
kreis. Aber ist nicht die Summe dieser Wirkungskreise gerade die gemeinsame öffentliche Meinung, über die der einzelne auch bei großen politischen Entscheidungen um so
mehr Einfluß ausübt, je intensiver er in seinem eigenen
Kreis wirkt?

● *Wissenschaft allein ist machtlos*
Eine Lösung der anstehenden Probleme verlangt das Zusammenwirken aller tätigen Kräfte, von Politik, Wirtschaft
und Wissenschaft bis zu den Religionsgemeinschaften. Das
bedeutet umgekehrt, auf das Thema dieses Buches bezogen,
daß Wissenschaft und Technik allein immer nur Lösungs-

möglichkeiten anbieten können, die tatsächliche Realisierung aber offenlassen müssen. Wissenschaftliche Erkenntnisse, für sich genommen, sind wertfrei. Erst durch die Art unseres Umgangs mit ihren Möglichkeiten erhalten sie ihren relativen praktischen Wert. Um so wichtiger ist deshalb folgende Feststellung:

• *Mit dem wissenschaftlich-technischen Fortschritt wächst auch die Verantwortung*
Fort*schritt* bedeutet, einen Schritt vor den anderen zu setzen. Wenn ein ausgewogener Fort*gang* daraus werden soll, müssen jeweils annähernd gleichwertige Schritte aufeinander folgen. Wir haben in der jüngsten Epoche der Menschheitsgeschichte einen großen wissenschaftlich-technischen Schritt nach vorn getan.

Das gegenwärtig weitverbreitete Unbehagen beim Gedanken an weiteren Fortschritt scheint die Ungeduld anzuzeigen, mit der nun der ausgleichende Schritt des verantwortungsvollen Umgangs mit den Ergebnissen erwartet wird. Zu diesem zweiten, ergänzenden Schritt der Wissenschaftlich-technischen Revolution gibt es keine Alternative.

• *Kultureller Fortschritt – und damit auch wissenschaftliche Forschung – ist Teil der menschlichen Evolution*
Wir befinden uns in einem Stadium ungewöhnlich tiefwurzelnder Fortschrittsfeindlichkeit, die zum Teil (siehe oben) sehr offensichtliche Gründe hat. Einer davon dürfte ein bewußter oder unbewußter Kompensationsversuch sein, der eine weitverbreitete, unkritische Fortschrittsgläubigkeit in der ersten Hälfte des 20. Jahrhunderts auszugleichen sucht. Allerdings wird dabei oft Fortschritt mit fortgeschrittenem

Zustand und dessen Fortsetzung verwechselt, und es wird übersehen, daß es zu Fortschritt grundsätzlich keine Alternative gibt. Fortschritt ist die zwangsläufige Folge eines Naturgesetzes:

- *Evolution, kulturelle ebenso wie biologische, ist ein nicht umkehrbarer Prozeß*
  So wenig wie die Zeit selbst kann irgendein zeitabhängiger Prozeß (= *Vor*gang) in umgekehrter Richtung ablaufen. Einen Weg zurück zum vorhergehenden Zustand kann es nicht geben. Mit jedem Zustand ändern sich auch die Rahmenbedingungen, und damit ist die Ausgangslage unwiederbringlich verloren. »Zurück zur Natur« (wie sie einmal war) ist schon deshalb nicht möglich, weil alle Arten sich in natürlicher Evolution laufend an ihre Umgebung anzupassen versuchen und dadurch verändern, viele aber auch scheitern und aussterben – oder ausgerottet werden.
  Auch die Korrektur von Fehlentwicklungen wie der menschlichen Übervölkerung und der sonstigen vielfältigen existentiellen Bedrohungen der irdischen Biosphäre ist nicht durch Rückkehr zu einem früheren Zustand, sondern nur durch Fortschritt mit neuen, qualitativ verbesserten und somit zeitgemäßen Mitteln möglich.

- *Unsere fortgeschrittene Wissenschaft ist nicht allmächtig*
  Das Rätsel des Lebens ist nicht gelöst. Ein weitverbreitetes Mißverständnis geht davon aus, naturwissenschaftliche Forschung habe inzwischen alle wesentlichen Erkenntnisse ans Licht gebracht und für praktische Zwecke verfügbar gemacht. Leider haben überhebliche Wissenschaftler sehr wirkungsvoll dazu beigetragen. So ist vielfach der falsche Eindruck entstanden, nach den spektakulären Erkenntnis-

sen der Physik und Chemie in der ersten Hälfte des vergangenen Jahrhunderts habe nun die Biologie die Grundlagen des Lebens aufgeklärt und schicke sich an, die Schöpfung – oder genauer und wissenschaftlicher: die vom Menschen unabhängige, also »natürliche« Evolution der Arten – durch gentechnische Manipulation zu ersetzen.

Wohl hat die moderne Molekularbiologie in den wenigen Jahrzehnten ihres Bestehens detaillierte Kenntnisse von Lebensvorgängen, einschließlich der Vererbungsmechanismen und der Wirkungsweise der Gene, in einer Fülle und Exaktheit zutage gefördert, wie es noch bis vor kurzem undenkbar schien. Aber wie auch anderswo in der Wissenschaft, so ist auch hier vertiefte Erkenntnis vor allem ein Schlüssel zur präziseren Formulierung der nächsten offenen Fragen. Davon gibt es vermutlich unendlich viele – ganz besonders im Zusammenhang mit der Grundlage des Lebens.

Priorität der existentiellen Grundbedürfnisse

Sicher besteht über diese Voraussetzungen im Prinzip Einigkeit, auch wenn sie in Grenzen modifizierbar sind. Völlig zweifelsfrei dürfte die Prioritätsbewertung unserer existentiellen Grundbedürfnisse sein:

Unsere bloße Existenz erfordert mit höchster Priorität eine (über)lebensfähige Biosphäre, die uns und ihren übrigen Bestandteilen ausreichende Mengen und ausreichende Qualität der vier Lebensgrundlagen Luft, Wasser, Nahrung und Siedlungsraum zur Verfügung hält.

Unsere Lage ist deshalb so bedrohlich, weil zwei gleichrangige existentielle Grundbedürfnisse – Erhaltung einer tragfähigen Biosphäre und Bezug aller Lebensmittel daraus – einander um so stärker entgegenwirken, je höher unsere Populationsdichte wird:

• Einerseits ist *Naturschutz* unerläßlich, im kleinen wie im großen. Naturschutz bedeutet nicht in erster Linie Sentimentalität gegenüber schönen und seltenen Blumen oder Schmetterlingen. Er ist auch Schutz unserer eigenen Art, also Selbstschutz. Das bedeutet in der Praxis: Schutz sowohl einzelner Individuen von bedrohten Arten als auch lebens- und überlebensfähiger Populationen so vieler Arten wie noch irgend möglich; und deshalb vor allem Schutz ausreichend großer, zahlreicher und vielfältiger Biotope sowie der darin ablaufenden natürlichen ökologischen Prozesse. Naturschutz erstreckt sich auf den gesamten Bereich der Biosphäre: Luft, Wasser und Boden.

• Dem steht entgegen, daß wir unseren *Nahrungsbedarf* zunehmend auf Kosten der Überlebensfähigkeit anderer Arten decken und decken müssen. Eine ausreichende Ernährung von mehreren Milliarden Menschen ist nur noch durch großflächigen Anbau von Hochleistungssorten einiger weniger Getreidearten und anderer nährstoff- und ertragreicher Feldfrüchte möglich. Diese werden jährlich weltweit in riesigen Mengen angebaut, verzehrt und als Exkremente wieder ausgeschieden. Entsprechend groß ist der Anteil an fruchtbarer Erdoberfläche, der einer ursprünglichen, natürlichen Artenvielfalt und Individuenzahl nicht mehr zur Verfügung steht und somit auch für einen Naturschutz im eigentlichen Sinne nicht in Frage kommt.

Die Landwirtschaft ist nur eine von vielen Bedrohungen der irdischen Biosphäre. Da sie aber neben Atemluft und Trinkwasser eine unserer wichtigsten Existenzgrundlagen ist, haben wir gar keine andere Wahl, als den verbliebenen Rest natürlicher oder naturnaher Ökosysteme durch eine qualitative Verbesserung der Landwirtschaft zu erhalten. Jeden anderen Wirtschaftszweig können wir, und sei es noch so schwierig, im Fall unserer Existenzbedrohung einschränken oder gar aufgeben. Die Landwirtschaft dagegen kann nicht zur Disposition stehen.

Praktische Konsequenzen

Einiges an ökologisch wertvollen Verbesserungen können wir bereits jetzt auf der Grundlage vorhandener Kenntnisse und Möglichkeiten erreichen. Wo immer die wirtschaftlichen und sozialen Verhältnisse sowie Klima und Böden es zulassen, kann eine extensive (»naturnahe«) anstelle einer intensiven Landwirtschaft betrieben werden. Wir können in Gebieten wie Bergregionen, Wassereinzugsgebieten oder Gebieten mit besonders schützenswerten Arten weitgehend auf den intensiven Einsatz von Kunstdünger und chemischem Pflanzenschutz sowie auf großflächige maschinelle Bearbeitung verzichten.

Doch so notwendig und wertvoll jeder Beitrag dieser Art auch sein wird, vor allem in Bereichen mit einzigartigen, besonders gefährdeten Biotopen – der weltweit wachsende Nahrungsmittelbedarf wird ohne intensive Landwirtschaft nicht gedeckt werden können.

Jeder Ausweg aus diesem Dilemma wird also im Sinne eines wirkungsvollen Naturschutzes berücksichtigen müssen, daß weder der intensiv landwirtschaftlich genutzte Teil der Erdoberfläche wesentlich ausgeweitet noch die Umweltbelastungen im bisherigen Ausmaß fortgesetzt werden dürfen. Grundsätzlich sind mehrere Wege denkbar, auf denen – in Ergänzung zu jeder möglichen Extensivierung der Landwirtschaft – Problemlösungen in nennenswertem Umfang erreicht werden könnten. Auch hier gilt, daß jeder sinnvolle Beitrag zählen wird.

Ein besonders offensichtlicher Beitrag ist theoretisch sehr einfach und dennoch praktisch schwer realisierbar. Er verlangt, jede Art von Verschwendung zu beenden und alle produzierten Nahrungsmittel weltweit bedarfsgerecht zu verteilen, soweit dies aus sozialer, wirtschaftlicher und umweltpolitischer Sicht sinnvoll und vertretbar ist. Da es sich hierbei jedoch um eine Frage unseres eigenen Verhaltens handelt, die nur indirekten Bezug zu den hier angesprochenen Problemen hat, beschränke ich mich auf diesen Hinweis und werde noch einmal genauer darauf zurückzukommen (Seite 228 f.).

Vermutlich wäre der unmittelbare Gewinn an zusätzlichen Nahrungsmitteln nicht einmal sehr groß im Vergleich zum Gesamtbedarf. Andererseits kann die Bedeutung eines jeden derartigen Beitrags, aus ökologischer ebenso wie aus psychologischer Sicht, gar nicht hoch genug veranschlagt werden.

Kaum leichter realisierbar dürfte wohl ein zweiter Weg sein, der ebenfalls theoretisch einfacher erscheint, als er in der Praxis sein wird. Er besteht in einer erheblich verringerten Fleischproduktion zugunsten der Produktion pflanzlicher Nahrungsmittel oder zugunsten des Naturschutzes. Überall, wo es die Umstände zulassen, bedeutet das: Umwandlung von viehwirtschaftlich genutzter Fläche in Anbaufläche für die unmittelbare menschliche Ernährung; oder, soweit sinnvoll möglich, Aufgabe von Viehweiden und Futteranbau zugunsten eines erweiterten Naturschutzes.

Da nicht jede Viehweide einen fruchtbaren Acker hergibt und viele Weiden selbst schon schützenswerte Biotope sind, kann das Ergebnis nicht die völlige Abschaffung der Viehwirtschaft sein. Dennoch wäre der Gewinn beachtlich angesichts der einfachen Rechnung, daß jedes Rindersteak nur wenig mehr als 10 % des Nährwertes der zu seiner Produktion eingesetzten pflanzlichen Nahrung besitzt. Bei Hühner- und Schweinefleisch liegt der entsprechende Wert zwar höher, aber eben auch nur bei etwa 20 %. Auch dazu werde ich noch ausführlicher Stellung nehmen (Seite 280).

Die Herausforderung

Alle bisher genannten Wege würden im Erfolgsfall in begrenztem Umfang zusätzliche Nahrungsquellen erschließen. Das Hauptproblem bliebe jedoch der Konflikt zwischen unserem wachsenden Nahrungsmittelbedarf und einer nicht mehr zu tolerierenden Schädigung der Umwelt. Unabhängig von allen übrigen Bemühungen werden wir deshalb einen wirkungsvollen Weg suchen müssen, um die Umweltbelastung durch die Landwirtschaft drastisch zu reduzieren.

Was müßte ein solcher Weg leisten, damit wir eines der größten und drängendsten Probleme unserer Zeit tatsächlich in den Griff bekommen?

Machen wir uns noch einmal klar, daß keine unserer wichtigsten landwirtschaftlichen Nutzpflanzen ohne intensive menschliche Pflege in der freien Natur konkurrenz- und überlebensfähig ist. Jede von ihnen ist in ihrer hohen, über viele Jahre hinweg geforderten Produktionsleistung abhängig von intensiver Düngung und ausreichendem Schutz gegen natürliche Konkurrenten (Unkräuter) und Feinde (vor allem

Insekten und Krankheitserreger). Das verlangt – vielfach auch bei extensiv betriebener Mehrfelderwirtschaft – den dauernden Einsatz großer Mengen von synthetischen Düngemitteln, Herbiziden, Insektiziden, Fungiziden und weiteren derartigen Substanzen, die in der Anwendung oder in der Herstellung Luft, Böden und Gewässer stark belasten – es sei denn, wir suchen und finden grundsätzlich neue Wege.

Wir haben allen Grund, diese Entwicklung mit ihren vielfältigen Konsequenzen zu bedauern, rückgängig machen wir sie dadurch nicht. Die meisten der inzwischen mehr als sechs Milliarden Menschen sind auf eine derartige Hochleistungslandwirtschaft angewiesen, und wahrscheinlich werden es in Kürze noch wesentlich mehr sein. In dieser Situation lautet die beinahe utopische Forderung:

Wir müssen mehr qualitativ hochwertige Nahrungsmittel produzieren, ohne die dafür genutzte Fläche wesentlich auszuweiten, und müssen gleichzeitig die Umweltbelastung innerhalb möglichst kurzer Zeit erheblich verringern.

Das ist eine gewaltige, aber unabdingbare Herausforderung. Sie läuft im wesentlichen auf eine beschleunigte Züchtung von neuen Hochleistungssorten landwirtschaftlicher Nutzpflanzen hinaus, die bei geringerem Aufwand an Dünger, Pflanzenschutz und Bewässerung höhere Erträge bringen.

Im 4. Kapitel werden wir sehen, welch hohe Hürde allein der Zeitfaktor in der Pflanzenzüchtung ist. Hier nur ein Vergleich zur Verdeutlichung: In dem Zeitraum von mindestens fünf bis zehn Jahren, den die Züchtung einer einzigen modernen Getreide- oder Kartoffelsorte durchschnittlich beansprucht, hat die menschliche Bevölkerung soeben noch um eine halbe Milliarde zugenommen. Damit kann auch die beste

Pflanzenzüchtung nicht Schritt halten, schon gar nicht, solange sie auf mehrfaches Kreuzen und Rückkreuzen bei einer
meist einjährigen Generationszeit jeder Zwischenstufe angewiesen ist.

Diese Einschränkung entfällt zumindest teilweise bei der
Gentechnik, die eine direkte Übertragung von Erbinformation
(Genen) mit erheblich verringertem Züchtungsaufwand
möglich macht. Sie eröffnet damit eine neue Dimension in der
Pflanzenzüchtung, gleichzeitig aber auch eine neue Dimen-
sion in der Ethik.

Bereits innerhalb von zehn Jahren nach der ersten kommerziellen Nutzung von gentechnisch veränderten Pflanzen
im Jahr 1994 war die Anbaufläche in den acht wichtigsten An-
baustaaten (USA, Argentinien, Kanada, Brasilien, China, Pa-
raguay, Indien und Südafrika) auf 81 Millionen Hektar, also
mehr als das Doppelte der Gesamtfläche Deutschlands, angestiegen. Insgesamt bauen derzeit rund 8 Millionen Bauern in
17 Ländern gentechnisch veränderte Pflanzen an.

Die Herausforderung ist dadurch noch größer geworden.
Sie besteht aus zwei aufeinander bezogenen Teilfragen. Erstens: Kann Gentechnik so eingesetzt werden, daß sie *beiden*
existentiellen Grundbedürfnissen, der Nahrungsmittelversorgung *und* dem Umweltschutz, zugute kommt? Und zweitens: Wo liegen die ethischen Grenzen bei der praktischen
Nutzanwendung von Gentechnik? Beide Fragen lassen sich
einigermaßen eindeutig wohl nur vor ihrem historischen
Hintergrund und aus dem daraus resultierenden Status quo
beantworten.

Beginnen wir mit einer kurzen Übersicht über die historische Entwicklung dort, wo Landwirtschaft ihren Ursprung hat
und wo die Anfänge unserer heutigen Lebensweise liegen: in
der Jüngeren Steinzeit vor ca. 10 000 Jahren.

Zusammenfassung

Eine bedrohliche Zunahme der menschlichen Bevölkerung hat durch ihren immensen Bedarf an landwirtschaftlicher Nutzfläche sowie durch weltweit zunehmende Umweltschäden die irdische Biosphäre an die Grenze der Belastbarkeit gebracht. Qualitative Fortschritte müssen sehr rasch zu einer Landwirtschaft führen, die hohe Produktivität mit verringerter Umweltbelastung und nachhaltigem Arten-, Gewässer-, Böden- und Klimaschutz vereinigt. Eine Analyse der realistischen Möglichkeiten konzentriert sich auf die doppelte Frage, ob dieses Ziel durch Fortentwicklung der Pflanzenzüchtung mit Hilfe von Gentechnik besser erreichbar ist als ohne deren Anwendung und unter welchen Umständen die Nutzung von Gentechnik verantwortet werden kann.

2. Historische Entwicklung von Naturverständnis, Landwirtschaft und urbaner Lebensweise

Es gibt gewichtige Gründe dafür, die anstehenden Entscheidungen über zukünftige Entwicklungen in Landwirtschaft und Pflanzenzüchtung in ihren historischen Bezug einzuordnen. Wir müssen in Erfahrung bringen, wie unsere gegenwärtige Situation entstanden ist und wieviel Entscheidungsfreiheit wir überhaupt noch besitzen. Wie hat sich unsere Beziehung zur Natur – besonders im Hinblick auf Landwirtschaft und Technik – entwickelt? In welcher Beziehung stehen die neuartigen Möglichkeiten der Grünen Gentechnik zu den übrigen wissenschaftlichen und technischen Entwicklungen? Und welche Art von ethisch motivierten Fragen können wir stellen und möglichst auch beantworten?

Im hier vorgegebenen Rahmen ist ein solcher Überblick nur durch Andeutungen einer jahrtausendelangen kulturellen Entwicklung in wenigen weiten Sprüngen zu gewinnen. Dabei mag die gewohnte fachliche Gliederung der historischen Ereignisse auf den ersten Blick hilfreich erscheinen. Ebenso wie die Naturwissenschaft und jeder andere Wissenschaftszweig, unterteilt auch die Geschichtswissenschaft ihr Fachgebiet in überschaubare Abschnitte (Epochen). Das erleichtert zwar die Übersicht, erschwert aber oft das Verständnis für die Vielfalt der fließenden Übergänge.

Das berühmte »Alles fließt« des griechischen Philosophen Heraklit drückt ja nicht nur die unaufhaltsame Veränderlichkeit aller Dinge in der Zeit aus (mit seinen Worten: »Niemand kann zweimal in denselben Fluß steigen«), sondern auch die wechselseitigen Einflüsse paralleler Ereignisse. Beide Aspekte, die Dynamik der Abfolge und die gegenseitige Beeinflussung zeitgleicher Entwicklungen, werden wir bei der folgenden Betrachtung einzelner Epochen der menschlichen Kulturgeschichte besonders berücksichtigen müssen.

Anfänge der kulturellen Evolution

Die Abstammungs- und Entwicklungsgeschichte des heutigen *Homo sapiens* vom Urmenschen im noch sehr unklar definierten Tier-Mensch-Übergangsfeld ist weitgehend unbekannt. Sein neuartiges und für eine spezifisch menschliche Entwicklung entscheidendes Artmerkmal war die aufrechte Körperhaltung. Sie war Voraussetzung für eine »Umfunktionierung« der Hände. Parallel dazu verlief eine stetige Vergrößerung des Gehirns. Direkt und indirekt bot damit die neue Körperhaltung die einander ergänzenden anatomischen und geistigen Voraussetzungen für die Entwicklung von Intelligenz, Sprache und Technik. Mit ihrer Hilfe konnte individuell erworbene Information gesammelt und tradiert werden.

Seit Beginn der Steinzeit vor ca. 2 bis 5 Millionen Jahren haben die biologische und die kulturelle Evolution einander wechselseitig gefördert. Zum ersten Mal in der Erdgeschichte entstand eine nicht mehr genetisch verankerte, nicht mehr an vererbbare Instinkte gebundene Tradition. Schon der Frühmensch *Homo erectus* (= aufrecht) benutzte vor etwa 500 000 Jahren neben einfachen Steinwerkzeugen auch das Feuer und gab diese erworbenen Fähigkeiten durch neue Formen der Kommunikation an seine Nachkommen weiter. Er war bereits beides, *homo intellegens* und *homo technicus* – ein Wesen, das dachte, selbstgefertigte technische Hilfsmittel verwendete und beide Errungenschaften weiter »kultivierte«.

Der kombinierte Gebrauch und die dadurch beschleunigte Weiterentwicklung von Gehirn und Händen waren einmalige artspezifische Besonderheiten. Sie verliehen schon dem Steinzeitmenschen durch rasch zunehmenden – wenn auch unbewußten – Einfluß auf seine eigene Evolution seine herausragende Stellung unter allen Lebewesen.

Die genetische Information zur Umbildung der Hände und zur Vergrößerung des Gehirns als Voraussetzung für die Schaffung und Weitergabe kultureller Information war grundsätzlich vorhanden. Entscheidend war nunmehr die Nutzung und Verstärkung dieses Potentials durch unbewußte Auslese nach neuen Kriterien. Nicht mehr günstige körperliche Merkmale und vorteilhaftes Instinktverhalten allein waren das Maß für Überlebensfähigkeit, sondern mehr und mehr auch die geistige Befähigung.

Positive Rückkopplung zwischen diesen so verschiedenartigen Kriterien beschleunigte zunehmend den neuen Evolutionsprozeß. Der Mensch begann, durch geistige und handwerkliche Fortentwicklung enorm erweiterte Handlungsfähigkeiten zu erwerben und sich, wenn auch vergleichsweise langsam und unvollkommen, von der Dominanz der Instinkte zu befreien. Wie stark wir dennoch bei allem kulturellen Fortschritt nach wie vor von übermächtigen Instinkten beherrscht werden, zeigen wohl am deutlichsten die bis heute immer wieder ungezügelt ausbrechenden Aggressionen in ihren verschiedenen historisch, religiös oder sozial motivierten Erscheinungsformen.

Bis zum Übergang von der Mittleren zur Jüngeren Steinzeit, vom Mesolithikum zum Neolithikum, hatte der Mensch als einziges höheres Lebewesen alle bewohnbaren Klimazonen und Kontinente besiedelt. Schon aus dieser Zeit hat er uns vielfältige Zeugnisse seiner kulturellen Errungenschaften hinterlassen. Doch was diesem neuartigen Ergebnis der biologischen Evolution, dem denkenden Menschen, einerseits als Intellekt das Überleben und die Fortentwicklung sicherte, barg andererseits als Entscheidungsfreiheit, als Erkenntnis von Gut und Böse, bereits die Ambivalenz in sich, die seitdem die menschliche Existenz unausweichlich begleitet. Ob Faustkeil, Lanzenspitze oder Feuer: Nahrungsbereitung und gegenseitige Vernichtung lagen von Anfang an nahe beieinander.

Vermutlich sind aufgrund dieser Ambivalenz ethische Wertvorstellungen schon frühzeitig zusammen mit den technischen Errungenschaften als Teil der menschlichen Kultur entstanden.

Zu den bewundernswerten kulturellen Leistungen des älteren Steinzeitmenschen gehören seine künstlerischen Äußerungen. Zahllose Felsbilder – im Europa der letzten großen Eiszeit (ca. 30000–10000 v. Chr.) fast ausschließlich als Höhlenmalerei erhalten – geben in beeindruckender Expressivität einen Einblick in die Vorstellungswelt und Lebensumstände von Menschen, die sich noch ganz und gar einer übermächtigen Natur ausgeliefert sahen: magische Beschwörung von Jagderfolg, Dämonen, Fruchtbarkeit, Kampfesmut. Abb. 4 zeigt ein typisches Beispiel.

Die Bedrohung kleiner und isolierter Gruppen von Jägern und Sammlern durch Hunger, Krankheit, wilde Tiere und andere Naturgewalten war allgegenwärtig. Die Welt schien voll dunkler und widriger Mächte. Alle anderen Entwicklungslinien, die als Vor- und Urmenschen begonnen hatten, waren längst wieder ausgestorben.

Die Vermutung liegt nahe, daß der Mensch im beginnen-

Abb. 4 Höhlenbild aus der Mittleren Steinzeit. Schreitender Bogenschütze (Valtorta-Schlucht, Spanien).

den Spannungsfeld zwischen seelischem Empfinden des Ausgeliefertseins und geistig-technischer Ausdrucksfähigkeit
seine Hoffnung auf Überleben bereits aus drei sehr unterschiedlichen Quellen schöpfte: aus der Fähigkeit zu Kommunikation und Empathie, aus dem Glauben an die Wirkung magischer Künste und aus seiner Anpassung durch raschen technischen Fortschritt auf dem einmal eingeschlagenen Weg.

   Nicht nur die künstlerischen Darstellungen, sondern
ebenso die technischen Errungenschaften des älteren Steinzeitmenschen sind durch archäologische Funde vielfach belegt. Aus der gleichen Zeit wie die Felsbilder stammt eine
Fülle von bearbeiteten Faustkeilen, Lanzen und Pfeilspitzen,
Schabern und anderen Steinwerkzeugen verschiedenster Art.
Sie bezeugen einen Stand der Herstellungs- und Gebrauchstechnik, der den Menschen nunmehr befähigte, in eine neue
Epoche seiner Kulturentwicklung einzutreten. Der Steinzeit-

mensch hatte einen geistigen und technischen Entwicklungs-
stand erreicht, der ihm mit der Nahrungsproduktion durch
Ackerbau und Viehwirtschaft eine völlig veränderte Lebensweise eröffnete.

Der Fruchtbare Halbmond

Die neue Entwicklungsstufe bedeutete den Anfang der Neolithischen Revolution. Zwar war das eigentlich revolutionierende Ereignis mit allen langfristigen Folgen die Domestikation von Tieren und Pflanzen, doch kamen noch weitere
Faktoren hinzu. Besonders einschneidend waren globale Klimaveränderungen. Sie verursachten das Ende der letzten großen Eiszeit und damit eine tiefgreifende Umgestaltung der
Vegetationszonen, denen der Mensch sich durch weiträumige
Wanderungsbewegungen oder durch veränderte Lebensweise
anpassen mußte.

Besonders stark änderten sich nach dem Rückzug des Eises
die Lebensbedingungen in Mittel- und Nordeuropa. Zunächst
entstand eine offene Tundra, die mit vielen großen und kleinen Seen tierische Nahrung durch Hochwildjagd sowie Vogel-
und Fischfang bot. Mit zunehmender Erwärmung breiteten
sich Birken-, Kiefern- und schließlich Eichenmischwälder aus,
die eine entsprechende Veränderung der Fauna verursachten.
Jagdbares Wild waren nun statt Rentier und Wisent vor allem
Wildschwein, Reh, Hirsch, Bär, Elch und Auerochse. Anstatt
wandernden Herden über weite Strecken zu folgen, konnte
der Mensch längere Zeiträume an festen Siedlungsplätzen zu-
bringen.

Obwohl sich die nacheiszeitliche Erwärmung in den verschiedenen Klimazonen unterschiedlich auf Flora und Fauna

und damit auf die menschlichen Lebensbedingungen aus-
wirkte, hatte die kulturelle Entwicklung des Menschen unabhängig in mehreren Erdregionen eine ähnliche Stufe erreicht.
Mit dem Gebrauch von Steinwerkzeugen und Feuer hatte der
Steinzeitmensch die beiden ersten großen Entdeckungen als
homo faber, als handwerklich tätiges Wesen, gemacht. Stein-
werkzeuge ermöglichten die Herstellung weiterer Geräte aus
Holz und Knochen. Der Stein als Material war für die frühe
menschliche Kulturentwicklung von so entscheidender Bedeutung, daß er der ersten und längsten Epoche, der Steinzeit,
ihren Namen gab.

Eine dritte große Errungenschaft auf dem Weg zur Neolithischen Revolution – nach dem Gebrauch von Stein und
Feuer – war die erste technische Neuschöpfung des menschlichen Geistes: die Herstellung von Keramik. Zum ersten Mal
in seiner Geschichte schuf der Mensch Gegenstände durch gezielte Umformung eines natürlich vorkommenden Ausgangs-
materials. Feuchter Ton wurde als plastische Masse in die gewünschte Form gebracht, im Ofen »gebrannt« und dabei in
steinhartes Material umgewandelt. Das Ergebnis war ein völlig verändertes, für einen neuen Zweck verwendbares Produkt, das – anders als alle bisher verwendeten Materialien –
nicht wieder in seinen ursprünglichen Zustand zurückversetzt
werden konnte. Schon in den Lagerstätten altsteinzeitlicher
Mammutjäger in Südmähren (Dolni Věstonice, ca. 23 000 v.
Chr.) fand man Kultfiguren aus gebranntem Ton.

Das Schöpferische bei der Herstellung gebrannter Tonfiguren muß den Menschen des Keramikzeitalters tief beeindruckt
haben. In den beiden großen Schöpfungsgeschichten des Gilgamesch-Epos und des Alten Testaments werden Enkidu bzw.
Adam aus Lehm oder einem »Erdenkloß« geformt. Heute be-
wundern wir die schöpferische Kraft und das Abstraktions-

vermögen der Menschen, die schon vor ca. 8000 Jahren so aus-
drucksvolle Keramikplastiken schufen wie die in Abb. 5 ge-
zeigte »Venus von Tepe Sarab«.

Die praktische Nutzanwendung dieser neuen Technik war
die Herstellung von Keramikgefäßen. Sie fällt zeitlich nicht
überall mit der Domestikation von Tieren und Pflanzen zusammen, ist aber eine weitere wichtige Voraussetzung für
eine seßhafte Lebensweise mit entsprechender Vorratshal-
tung und somit ein weiteres Charakteristikum der Neolithischen Revolution.

Die fließenden Übergänge mit ihren jeweils unterschiedlichen Ausgangsbedingungen machen es sehr wahrscheinlich,
daß der Wandel von der nomadisch-aneignenden zur seßhaft-
produzierenden Wirtschaftsform nicht nur auf den verschiedenen Kontinenten, sondern auch in geographisch näher
benachbarten Gebieten vielfach und unabhängig erfolgte. Vermutlich war die Urform der festen Siedlung ein mehrmals
aufgesuchter Lagerplatz, von dem aus das weite Umherziehen
allmählich immer seltener wurde, wenn Nahrungsversorgung und Schutz vor Witterung sowie vor tierischen und
menschlichen Feinden dies zuließen.

Die ältesten archäologischen Funde größerer städtisch or-

Abb. 5 »Venus von Tepe Sarab«.
Fruchtbarkeitsidol aus gebranntem Ton, ca. 6000 v. Chr.

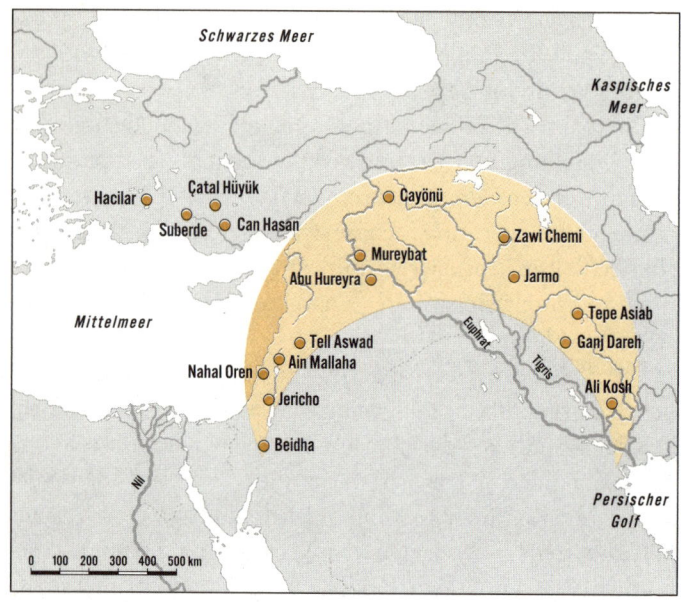

Abb. 6 Fruchtbarer Halbmond mit archäologischen Grabungs- und Fundstätten aus der Frühzeit der Neolithischen Revolution.

ganisierter Siedlungen liegen in Kleinasien und im Vorderen Orient im Bereich des Fruchtbaren Halbmonds (Abb. 6). Unter den bekanntesten dieser frühen Städte sind Jericho, Jarmo und Çatal Hüyük, wo mit modernen Grabungs- und Datierungsmethoden Hausbau, Vieh- und Landwirtschaft bereits für das 7. Jahrtausend v. Chr. nachgewiesen wurden. Beispielsweise waren in Çatal Hüyük schon zu dieser Zeit Gerste, Einkorn, Emmer, Weizen, Erbsen, Linsen und Wicken sowie Hunde, Schafe und Rinder domestiziert. Mit Seemuscheln und Obsidian wurde offenbar ausgedehnter Handel getrieben, und auch die Kenntnisse über Pflanzenbau und Viehwirtschaft sowie deren Produkte müssen schon damals weiträumig verbreitet worden sein. Nicht alle wilden Vorfahren der domestizierten Pflanzen und Tiere konnten aus der Gegend der Fundorte stammen.

Vieles spricht dafür, daß einer der ersten Ursprünge der Neolithischen Revolution im Bereich des Fruchtbaren Halbmonds zwischen dem Mittelmeer und den Ausläufern des Himalajas lag. Zahlreiche unabhängige Ausgangszentren für menschliche Siedlungen sind inzwischen weltweit durch archäologische Forschung belegt. Ein interessantes Beispiel ist das Tehuacán-Tal im heutigen Mexiko, in dem domestizierte Kürbis- und Paprikasorten schon für die Zeit um 7000 v. Chr. nachgewiesen wurden.

Beide Zentren, in Zentralamerika ebenso wie in Kleinasien, sind jedoch gleichzeitig eindrucksvolle Beispiele für frühe vom Menschen verursachte Umweltkatastrophen. Viele ehemals fruchtbare und waldreiche Gebiete im östlichen Mittelmeerraum sind durch großflächige Abholzung und Beweidung ihrer Bodendecke beraubt und unfruchtbar geworden; eine ähnlich rücksichtslose landwirtschaftliche Übernutzung könnte zum Untergang der einst blühenden Mayakulturen beigetragen haben.

Außer Resten von Gebäuden, Werkzeugen und Gebrauchsgegenständen sowie von domestizierten oder gesammelten Pflanzen und domestizierten oder auf der Jagd erlegten Tieren haben Ausgrabungen früher Siedlungen eine Fülle von Kultobjekten aus der Zeit der Neolithischen Revolution zutage gefördert. Besonders zahlreich sind sitzende weibliche Tonfiguren, von denen Abb. 5 ein aufschlußreiches Beispiel zeigt. In kaum zu überbietender symbolischer Deutlichkeit betonen sie die Einheit von Fruchtbarkeit und Erdverbundenheit, die dem seßhaft werdenden Menschen als Grundlage seines Lebens und Überlebens bewußt wurde. In der kultischen Verehrung

solcher Fruchtbarkeitsidole (ebenso wie in einem schon damals ausgeprägten Totenkult) äußerte sich das zunehmende
Bewußtsein einer Abhängigkeit vom natürlichen Kreislauf
des Werdens und Vergehens sowie vom Gelingen der eigenen
– handwerklichen und rituellen – Kultivierung der Nahrungsgrundlage.

Frühe Hochkulturen der Bronzezeit

Der nächste große Durchbruch führte vom Stein zum Metall
als Ausgangsmaterial für Werkzeuge und Gebrauchsgegen-
stände. Wieder war es ein sehr allmählicher Übergang, wie es
schon die Bezeichnung »Chalkolithikum« (Kupfersteinzeit)
für die nun folgende Periode zwischen Neolithikum und Bronzezeit andeutet. Auch dieser Übergang war so fließend, daß feste Zeitangaben für einzelne Epochen nicht möglich sind.

Das wohl überzeugendste Beispiel für das gleichzeitige Bestehen verschiedener Stufen des Werkzeuggebrauchs sind
Kulturen in Afrika, Australien und Ozeanien, die mit Steinwerkzeugen arbeiten, während die meisten übrigen Kulturen
nach mehr oder weniger stark ausgeprägten Bronze- und
Eisenzeiten inzwischen neuartige Leichtmetall-Legierungen,
Silizium-Halbleiter und synthetische Kunststoffe mit einer
rapide zunehmenden Vielfalt von Eigenschaften verwenden.

Neben den technischen Fortschritten der Metallverarbei-
tung war auf geistigem Gebiet die Erfindung der Schrift eine
der bedeutendsten kulturellen Leistungen des seßhaft gewor-
denen Menschen, der schon wenige Jahrtausende nach Jericho, Jarmo und Çatal Hüyük mächtige Stadtstaaten gegründet
hatte. Die bisher ältesten Funde von bildartigen Vorläufern
einer späteren Keilschrift stammen aus dem sumerischen

Uruk, dem biblischen Erech (heute Warka) am unteren Euphrat. Dort wurde bei Ausgrabungen im Tempelbezirk der
Fruchtbarkeitsgöttin Inanna (Ischtar) unter anderem eine
künstlerisch eindrucksvolle Kultvase mit bemerkenswerten
Darstellungsmotiven aus der Mitte des 4. Jahrtausends v. Chr.
gefunden (Abb. 7).

Diese Kultvase aus Alabaster verdeutlicht in künstlerisch
verdichteter Form die Existenzgrundlagen des damaligen Lebens: Wasser, Ackerbau, Viehhaltung und kultische Hand-
lung. Unten symbolisieren Wellenlinien das Wasser als
Grundbedingung für das Wachstum von kultivierten Pflanzen (Kornähren und junge Palmen), die wiederum domestizierten Tieren (Schafen) als Nahrung dienen. Beides ernährt
die Menschen, die in der mittleren Darstellung Teile dieser
Nahrung als Opfergaben vor sich hertragen. Oben wird das
Opfer durch einen Priester einem göttlichen Wesen darge-
bracht – vermutlich der Inanna, der Göttin der Fruchtbarkeit,
der Liebe und des Kampfes, die an ihrem Attribut, dem Schilf-
bündel, zu erkennen ist (Fruchtbarkeit und Kampf um fruchtbare Gebiete gehörten wohl schon frühzeitig wesensmäßig
und somit auch in kultischer Verehrung zusammen).

Aus derselben Grabungsstätte stammt ein eindrucksvoller,
nur wenig später entstandener Frauenkopf, ebenfalls aus Alabaster (Abb. 8), der im Vergleich mit Abb. 5 den großen
Sprung in der Kulturentwicklung während dieser frühen
Phase urbaner (städtischer) Lebensweise bezeugt.

In der Sozialstruktur spielte zu dieser Zeit offenbar die
Priesterschaft, vor allem in Verbindung mit dem Fruchtbar-
keitskult, eine dominierende Rolle. Bei Ausgrabungen fand
man neben Tempeln und Häusern noch keine Paläste welt-
licher Herrscher. Allmählich übernahm ein Vatergott (vorübergehend auch ein Gottkönig) die beherrschende Stellung

Abb. 7 Kultvase aus Uruk (ca. 3500 v. Chr.) mit frühen Zeugnissen seßhafter Lebensweise, die im Text näher erläutert werden.

Abb. 8 Frauenkopf (»Göttin« oder »Lady«) aus Uruk, ca. 3200 v. Chr.

von der Muttergöttin (Erdmutter). Viele Götter der nun folgenden Epoche waren Mischwesen aus Mensch und Tier, Sonne oder Mond.

Die abnehmende Übermacht der fruchtbaren Erd- und Allmutter bezeugt den Übergang von der magischen zur mythischen Betrachtungsweise der Natur. Ein eindrucksvolles Beispiel für die Einbeziehung des Überirdischen in die bisher von irdischer Fruchtbarkeit und irdischen Göttern und Dämonen geprägte Vorstellungswelt ist eine ägyptische Darstellung des Himmelsgewölbes in Abb. 9.

Besonders günstige Voraussetzungen für ein seßhaftes, städtisch organisiertes Leben boten die fruchtbaren Flußebenen in den klimatisch gemäßigten Zonen des Zwischenstromlandes (Mesopotamien) zwischen Euphrat und Tigris, des mittleren und unteren Nils sowie andere große Flußtäler in Indien, China und anderen Teilen der Erde. An Euphrat, Tigris und Nil entstanden während der Bronzezeit die ersten

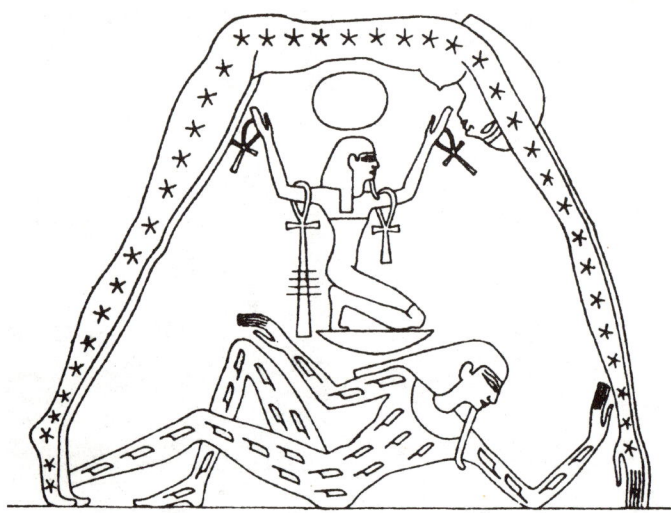

Abb. 9 Altägyptische Darstellung der Himmelsgöttin Nut über dem Erd-
gott Geb, die zusammen die Durchgangsstationen für den Kreislauf der
Sonne um die Erde bildeten. Dazwischen der Luft- und Lichtgott Schu.

Großreiche der Sumerer und Ägypter, später die der Assyrer
und Babylonier, deren frühe kulturelle Blüte auf dem Weg
über Kreta, Griechenland und Rom die Entwicklung Europas
wesentlich beeinflußt hat. Hier entstanden mit der Schrift
und der ersten Abbildung abstrakter Begriffe (z. B. ein Tonge-
fäß für »Gestalt«), mit der Erfindung von Zahlensystemen,
Maßeinheiten und einem Kalender, mit Sternkunde (Astronomie) und Sterndeutung (Astrologie) die frühen Vorläufer
unserer heutigen Wissenschaft.

Die Entstehung einer neuen arbeitsteiligen Lebensweise in
Dörfern und städtischen Siedlungen sowie die Konzentration
auf besonders fruchtbare Gebiete hatten während der ersten
Jahrtausende des Seßhaftwerdens einen starken Bevölke-

rungsanstieg zur Folge – nach groben Schätzungen von weltweit etwa 10–20 Millionen Menschen um 7000 v. Chr. auf fast 100 Millionen um 4000 v. Chr. Der allmähliche Übergang der Staatsmacht von den Tempelpriestern an weltliche Herrscher bedeutete eine weitere Differenzierung der Sozialstruktur. Auf der wirtschaftlichen Grundlage von Ackerbau und Viehzucht wurde eine immer raschere Entfaltung von Religion, Kunst und Wissenschaft, Bürokratie, Technik, Tempel- und Mauerbau, Handel und Seefahrt, aber auch die Ausweitung von Krieg und Sklaverei möglich.

Auch die landwirtschaftliche Technik entwickelte sich rasch. Man verwendete Pflug und Zugtiere, baute künstliche Bewässerungsanlagen und Kornspeicher, stellte Brot im Backofen her, braute Bier und trieb Handel in festen Einheitswerten mit Getreidekörnern, anderen Naturalien, Schmuck, Kupfer oder Silber als Zahlungsmitteln.

Selbst katastrophale Überschwemmungen, bis hin zur großen »Sintflut«, die nach den fast gleichlautenden Berichten des Gilgamesch-Epos und der Bibel verheerende Folgen hatte und inzwischen in Ausgrabungen als mehrere Meter dicke Lehmschicht aus der Zeit um etwa 4000 v. Chr. zutage trat, konnten den Wandel zur seßhaften Lebensweise und die dadurch verursachte Bevölkerungszunahme langfristig nicht aufhalten. Hier und fast gleichzeitig in vielen anderen Regionen der Erde begann eine neue Form der differenzierten menschlichen Kulturentwicklung, ermöglicht und gefördert durch eine produzierende Landwirtschaft, deren stetige Ausweitung von nun an programmiert und nicht mehr rückgängig zu machen war. Einige der fruchtbarsten Flußtäler und -ebenen in Europa, Nordafrika, Vorderasien, Indien, China, Mittel- und Südamerika wurden als Folge der Neolithischen Revolution zu frühen menschlichen Kulturlandschaften.

Europäische Antike in Griechenland und Rom

Während der Blüte der frühen Hochkulturen der Bronzezeit begann eine rationale Denkweise allmählich, den Übergang von einer magischen zu einer mythischen Weltauffassung zu überlagern. Besonders deutlich wurde dies an den bemerkenswerten Kenntnissen, die schon die frühen sumerischen, babylonischen, ägyptischen, indischen, chinesischen und neuweltlichen Hochkulturen durch systematische Himmelsbeobachtungen und deren Auswertung in der Mathematik und in der Erfindung von Kalendersystemen hatten. Diese Kenntnisse leiteten schließlich im 6. Jahrhundert v. Chr. zu den Anfängen einer wissenschaftlichen Astronomie über, als die Babylonier begannen, genaue Vorhersagen von Sonnen-, Mond- und Planetenständen sowie von Finsternissen zu machen. Allerdings stand auch diese neue, durch Vorhersage erstmals wissenschaftlich beweisfähige Astronomie immer noch in enger Verbindung mit Astrologie und Mythologie, aus denen sie hervorgegangen war.

Mit den ersten großen abendländischen Mathematikern und Naturphilosophen (Thales und Anaximander von Milet, Pythagoras von Samos und Heraklit von Ephesos) bahnte sich im 6. Jahrhundert v. Chr. der nächste große Durchbruch in der Natur- und Selbstbetrachtung des Menschen an. Auf der Basis von Astronomie und Mathematik der sumerisch-babylonischen und der ägyptischen Tradition entstand eine neue Form des selbständigen und rationalen Denkens.

Damals betrachtete man die Erde als Scheibe, die als zusammenhängendes Festland wie eine Insel vom Ozean umgeben war. Es fällt nicht schwer sich vorzustellen, daß Thales bei Berechnungen über diese Scheibe seinen berühmten Satz vom rechtwinkligen Dreieck über dem Durchmesser eines

(Erd-)Kreises fand. Wenig später vertrat Pythagoras ein astronomisches Weltbild, in dem die Erde – nunmehr als Kugel – zusammen mit der Sonne, dem Mond, den Planeten und den Fixsternen in einer ganzzahligen Sphärenharmonie um ein »Zentralfeuer« kreist. Und Heraklit beschrieb diese Welt als in ständiger Umwandlung und Erneuerung begriffen, gelenkt von einer Weltvernunft (*logos*). Folglich könne die Welt auch nur durch logisches Denken erfaßt werden.

Der große Durchbruch bestand in dem völlig neuartigen Bezug dieses Weltbildes auf den Menschen als denkendes Subjekt und Individuum. »Der Mensch ist das Maß aller Dinge«, wie es der Sophist Protagoras ausdrückte. Damit war der Boden bereitet für die drei alles überragenden Philosophen Sokrates, Platon und Aristoteles, die in direkter Folge als Lehrer und Schüler zusammen gegen Ende des 5. und im 4. Jahrhundert v. Chr. ein Gedankengebäude errichteten, das bis heute kaum an Einfluß und nachwirkender Kraft eingebüßt hat.

Sokrates versuchte, durch kritisches Hinterfragen und rationale Gegenüberstellung von Argumenten zu einem unvoreingenommenen, philosophisch-wissenschaftlichen Denken und zu einer eigenverantwortlichen moralischen Integrität zu gelangen. Sein Schüler Platon sah in den »Ideen« die Urbilder der weltlichen Gegenstände, an deren mathematischer Regelmäßigkeit und Harmonie der Mensch die Welt erkennen kann. Und dessen Schüler Aristoteles faßte schließlich die Erkenntnisse dieser Epoche in einem eigenständigen, an Vielfalt und Umfang einzigartigen Werk zusammen, das zum ersten Mal auf einer Einteilung in wissenschaftliche Disziplinen beruhte.

Dieses Werk von Aristoteles war der eigentliche Beginn einer intellektuell unabhängigen, experimentellen Naturwis-

senschaft, auch wenn einige Vorsokratiker und nach ihnen
vor allem Leukipp und Demokrit mit der Theorie vom atoma-
ren Aufbau der Materie manches naturwissenschaftliche Ge-
dankengut schon vor ihm entwickelt hatten.

Wiederum war die bildende Kunst ein sensibles Maß für
den fortschreitenden Übergang von der magischen und mythischen zu einer rationalen Sicht der Welt und ihres neuen
Zentrums, des Menschen selbst. In einem naturalistischen
und gleichzeitig menschlich-ausdrucksvollen Stil entstanden
zur Zeit der drei großen Philosophen Vasenbilder, Fresken,
Reliefs und Skulpturen, die für die Kunst in dem von Aristoteles' Schüler Alexander dem Großen begründeten helleni-
stisch-römischen Weltreich maßgebend wurden. Ein klas-
sisch-griechisches Beispiel für den abermals großen Sprung in
der Entwicklung zeigt Abb. 10 im Vergleich mit den Darstellungen früherer Zeiten (Abb. 5 und 8).

Dieser erneute Sprung in der menschlichen Kultur- und Zi-
vilisationsgeschichte wurde ermöglicht durch die nunmehr
fest etablierte, städtisch organisierte Lebensweise aller historisch maßgeblichen Völker. Viele Stadtstaaten und Reiche
kämpften erbittert miteinander um fruchtbare, landwirtschaftlich nutzbare Gebiete und um politische und wirtschaftliche Vormachtstellungen, die sie in ständigem Wechsel erreichten und wieder verloren.

Längst war eine eigene bodenständige Landwirtschaft oder
ihre Eroberung, zum Teil durch weite Völkerwanderungen,
die unabdingbare Voraussetzung für politische, wirtschaftliche und kulturelle Blüte geworden. Immer weiter wurden
dabei domestizierte Nahrungspflanzen und Nutztiere von
ihren Ursprungsregionen aus verbreitet, und immer vollkom-
mener wurden die technischen Mittel der Bewässerung,
Überschwemmungskontrolle, Bodenbearbeitung, Ernte und

Abb. 10 Klassisch-griechische Darstellung der Göttin Athena Lemnia. Römische Kopie einer Marmorstatue des griechischen Bildhauers Phidias, ca. 440 v. Chr.

Lagerhaltung sowie des Transports von Saatgut und Nahrungsmitteln.

Von den vielen schriftlichen Berichten über die Landwirtschaft des Altertums ist das Lehrgedicht *Georgica* des römischen Dichters Vergil (70–19 v. Chr.) der umfangreichste und bekannteste. In lebendiger Sprache enthält es in vier Büchern ausführliche Beschreibungen von Ackerbau, Baumpflege, Vieh- und Bienenzucht. Der folgende kurze Ausschnitt aus einer längeren Abhandlung über Fruchtfolge und Düngung gibt einen Eindruck von den damaligen Kenntnissen:

»Laß ums andere Jahr das gemähte Brachfeld auch rasten
Und das Feld träge ruhn und so an Kräften gewinnen;
Oder du säst dort in andrem Gestirne den blonden Weizen,
Wo du zuvor die üppige Hülsfrucht in rasselnder Schote
Oder der schmächtigen Wicke Frucht und der herben
    Lupine
Leicht zerbrechliche Halme und rauschendes Buschwerk
    hinwegtrugst.
Denn die Leinsaat dörrt ja das Feld, ausdörrt es der Hafer,
Dörrend wirkt auch der Mohn, getränkt mit dem Schlaf des
    Vergessens.
Aber ums Jahr wird die Arbeit leicht, laß dich's nur nicht
    verdrießen,
Reichlich zu stärken mit fettem Mist den trockenen Boden
Und die schmutzige Asche zu streun über kraftlose Äcker.
So auch können bei wechselnder Frucht ausruhen die
    Fluren
Und nicht gänzlich fällt aus der Dank des müßigen Landes.
Oft auch bringt es Gewinn, unfruchtbares Feld zu
    entzünden
Und die nichtigen Stoppeln zu brennen mit knisternden
    Flammen.«

Zur Entstehungszeit der *Georgica* (ca. 30 v. Chr.) wurden
bereits 4 Millionen römische Bürger gezählt, für deren gesicherte Ernährung das fruchtbare Ägypten zur Getreidepro-
vinz eines wachsenden Weltreiches gemacht wurde. Die Ein-
wohnerzahl der neuen römischen Provinz Gallien lag sogar
schon bei ca. 6–7 Millionen, und die gesamte Erdbevölkerung
war inzwischen auf mehr als 150 Millionen angestiegen. Doch
obwohl das römische Weltreich seine größte Macht und Ausdehnung noch nicht erreicht hatte, deutete sich schon damals

der Beginn eines inneren Verfalls durch den Luxus der Ober-
schicht, die zunehmende Verstädterung (mit freier Lebens-
mittelausgabe an die Armen) und die Auflösung eines freien
Bauernstandes an.

Vom Mittelalter in die Neuzeit

In der Nachfolge des römischen Weltreiches verlagerte sich das
Zentrum der politischen und wirtschaftlichen Macht zunehmend von Süd- über Südost- nach West- und Mitteleuropa.
Kaum eine Epoche ist so schwer definierbar wie das »Mittelalter«, in dem diese Verlagerung stattfand. Es ist der Zeitraum
zwischen Altertum und Neuzeit, also ungefähr das Jahrtausend von 500 bis 1500 (für manche Historiker beginnt es erst
zwischen 800 und 1000). Die Strukturen der seßhaften Lebensweise hatten sich bis zum Mittelalter so weit gefestigt, daß
man die Gesellschaft – in grober Vereinfachung – in die drei
klassischen Stände einteilte: den Nährstand (die Bauern), den
Wehrstand (die Ritter) und den Lehrstand (die Geistlichkeit).
    Der hohe Entwicklungsstand der Landwirtschaft im alten
Rom hatte sich durch das frühe und hohe Mittelalter hin-
durch wenig verändert. Die Bevölkerung nahm bis zum Beginn der großen Pestpandemien im 14. Jahrhundert ständig
zu. Dies verursachte im späten Mittelalter vor allem in Mitteleuropa eine zunehmende Verdorfung der bis dahin weiträumig aufgelockerten bäuerlichen Siedlungen sowie eine
Abwanderung vom Land in die Städte und in neue Siedlungs-
gebiete in östlicher Richtung.
    Noch heute zeugen deutsche Volksgruppen in Osteuropa
von mittelalterlichen Auswanderungen. In aller Welt ist die
Sage vom Rattenfänger von Hameln bekannt, doch wenige

wissen, daß der historische Kern die Auswanderung abgeworbener Bürger der Stadt (der »Auszug der Kinder« im Jahre 1284) zur Besiedlung östlich gelegener Gebiete ist. Der zunehmende Bevölkerungsdruck, politische und wirtschaftliche Interessen sowie eine allgemeine Klimaverschlechterung mit häufigen Unwettern im Europa des 13. Jahrhunderts dürften die Hauptursachen für derartige kollektive Auswanderungen gewesen sein.

Auch in den dichter besiedelten Gebieten wurde die Landwirtschaft durch intensive Waldrodungen, durch Trockenlegung von Mooren oder durch Eindeichungen am Meer und an Flußmündungen weiter ausgedehnt. Europa wurde endgültig zu einer Kulturlandschaft des Menschen. Hinzu kamen neue Entwicklungen in der landwirtschaftlichen Praxis mit der Einführung der Dreifelderwirtschaft, des Wendepflugs und der Egge. Durch die fortschreitende Verstädterung entstand eine neue Agrarmarktstruktur mit zunehmender Geldwirtschaft, die zur allmählichen Befreiung der Bauern aus einer langen Zeit der Leibeigenschaft im feudalistischen System des Mittelalters wesentlich beitrug.

Zu den tiefgreifendsten Ereignissen des späten Mittelalters gehörten die verheerenden Pestpandemien, die zusammen mit anderen Seuchen allein in den Jahren von 1348–1350 in Europa ca. 25 Millionen Menschenleben forderten, fast ein Drittel der damaligen Bevölkerung. Ihnen folgten ausgedehnte Orts- und Flurwüstungen, von denen sich die Landwirtschaft nur langsam erholte. Unter anderem führten die Wüstungen zu einer starken Intensivierung der Viehwirtschaft und zu einer vorübergehend guten Fleischversorgung sogar der großen Städte, in die jährlich Tausende von Ochsen, zum Teil aus fernen osteuropäischen Gebieten, getrieben wurden.

Die immer wiederkehrenden tödlichen Epidemien und Pandemien der Pest und anderer Seuchen, vor allem von Lepra, Typhus und Cholera, außerdem Mißernten und sonstige »göttliche Strafgerichte« waren sicher mit ein Grund für die tiefe, oft mystische Frömmigkeit der Menschen im Mittelalter. Keine andere Epoche der Weltgeschichte hat religiös motivierte Kunstwerke in derartiger Fülle, Eindringlichkeit und handwerklicher Perfektion hervorgebracht, von den großen Kathedralen mit ihren Skulpturen, Glasfenstern und Altarbildern bis zur Miniaturmalerei in Evangeliaren und anderen Texten. Ein eindrucksvolles Beispiel der religiösen Verinnerlichung, etwa im Vergleich zu Abb. 10, gibt die Darstellung einer spätmittelalterlichen Madonna in Abb. 11.

Abb. 11 Madonna von Tilman Riemenschneider (ca. 1510).

Die Kehrseite waren mörderische Kreuzzüge, Raubrittertum, eine grausame Inquisition, Aberglaube, religiöser Massenwahn und Angst vor dem Weltuntergang. Nur über diesen
tiefen Widerspruch wird verständlich, in welch mühevollem
Prozeß einer Wiedergeburt (Renaissance) der antiken Weltanschauung unsere heutige rationale Naturwissenschaft entstand. Um so mehr war der Beginn der Neuzeit eine zwar
langsame, aber mächtige und alle Lebensbereiche erfassende
Revolution, vergleichbar in ihrer weitreichenden Wirkung
nur mit dem dramatischen Umbruch der Neolithischen Revolution.

Wieder war es nicht ein einzelnes, alles entscheidendes
Schlüsselereignis, mit dem die neue Zeit begann. Vieles kam
mehr oder weniger zufällig zusammen. Besonders von der
Mitte des 15. bis zum Beginn des 16. Jahrhunderts häuften
sich zahlreiche, einander ergänzende Ereignisse. Die weltliche
Macht konzentrierte sich nach dem Fall von Konstantinopel
(1453) und der Rückeroberung von Granada (1492) mehr als
je zuvor im Westen, in der Mitte und bald auch im Norden
Europas. In diese neuen Machtzentren gelangte ein großer
Teil der kulturellen Schätze Südosteuropas und des Orients,
vor allem aus Konstantinopel, während Christoph Kolumbus,
Vasco da Gama, Fernão de Magalhães und andere Seefahrer
bis dahin unbekannte Kontinente entdeckten und zu Kolonien
westeuropäischer Königreiche machten.

Mit der dadurch gestärkten weltlichen Macht wuchs die
Loslösung der Kunst und der Wissenschaft von dem beherrschenden Einfluß der Kirche. Die Malerei entdeckte die räumliche, rational erfaßte Perspektive und die Landschaft als natürlichen Bildhintergrund. Ebenso rational und objektbezogen wurden die Ziele desjenigen Teils der Wissenschaft, der
sich nun unter Rückbesinnung auf Aristoteles und seine Vor-

läufer als »Naturwissenschaft« aus der tausendjährigen Einheit mit christlicher Theologie und Philosophie löste. Während Seefahrer die Kugelgestalt der Erde anschaulich bewiesen, begründete Nikolaus Kopernikus ein neues heliozentrisches Weltbild, das in den beiden folgenden Jahrhunderten von Johannes Kepler, Galileo Galilei und Isaac Newton zu den Grundsteinen unserer heutigen Naturwissenschaft ausgebaut wurde. Gleichzeitig mit Kopernikus lebte Theophrast von Hohenheim, der unter dem Namen Paracelsus die Selbsthilfe der Natur in einer empirischen, von pharmazeutischer Chemie unterstützten Medizin lehrte.

Dies alles fand rasche Verbreitung durch die Einführung neuer Techniken der Papierherstellung aus Leinen sowie des Buchdrucks. Schon ein halbes Jahrhundert nach der Erfindung des Buchdrucks mit beweglichen Buchstaben (um 1450 durch Johannes Gutenberg) hatten um 1500 über tausend Druckereien in ganz Europa eine Gesamtauflage aller Druckschriften von rund 10 Millionen hergestellt.

Den starken Kontrast zwischen dem alten und dem neuen Weltbild verdeutlichen die Abb. 12 und 13. Bis zum Ende des Mittelalters wurde die Erde häufig auf einer stilisierten »T-Karte« als dreigeteilte Scheibe mit den damals bekannten Erdteilen Asien, Europa und Afrika dargestellt, ohne daß exakte Konturen und Größenverhältnisse eine Rolle spielten (Abb. 12).

Dagegen illustriert ein Holzschnitt mit dem Titel *Der Mensch durchbricht das Himmelsgewölbe und erkennt die Sphären* die dramatische Wandlung in der Betrachtungsweise (Abb. 13). Besonders auffällig ist die völlige Entmythologisierung des Himmelsgewölbes, das nun, ganz anders als in Abb. 9, rational, mechanischen Gesetzen gehorchend, gedeutet wird.

Diese rationale Betrachtungsweise erfaßte alle Bereiche der

Naturwissenschaft und Medizin. Heute, rund 500 Jahre nach dem Wiederbeginn einer rein empirischen, induktiv beweisorientierten Wissenschaft, fällt es uns schwer uns vorzustellen, wie sehr noch im ausgehenden Mittelalter Zahlenangaben oder bildliche Darstellungen von Menschen, Tieren, Pflanzen, Gestirnen und anderen Gegenständen überwiegend religiösen Symbolcharakter hatten. Erst gegen Ende des 15. Jahrhunderts bekamen die Objekte ihre individuelle Identität und damit anatomische anstelle symbolischer Eigenschaften. Leonardo da Vinci stellte erstmals den Menschen und zahlreiche Pflanzen als anatomische Studienobjekte dar und wurde so zum Begründer der wissenschaftlichen Illustration. Auch der Künstler selbst bekam eine neue persönliche Identität und begann zu dieser Zeit, seine Werke zu signieren.

Zur gleichen Zeit brachten die Seefahrer nie zuvor gesehene Pflanzen, Tiere und Menschen aus fremden Erdteilen nach Europa – vorwiegend als kuriose Schaustücke, die auf Jahrmärkten oder in Kloster- und Fürstengärten gezeigt wurden. Umgekehrt wurde aus Europa praktisch alles in ferne

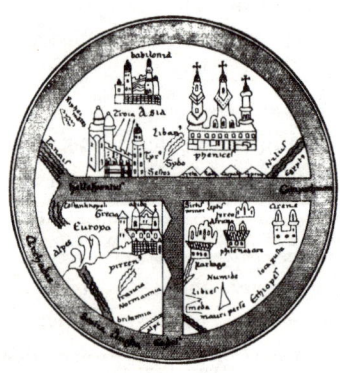

Abb. 12 Mittelalterliche Weltkarte aus dem 11. Jahrhundert. Die noch ohne Maßstab gezeichneten »T-Karten« zeigten Asien oben, Europa links unten und Afrika rechts unten, getrennt durch das T-förmig wiedergegebene Mittelmeer und umgeben vom Weltmeer.

Abb. 13 Nachempfundene Darstellung des mechanischen Weltbildes nach der »Kopernikanischen Wende« auf einem Holzschnitt von Claude Flammarion (spätes 19. Jhd.).

Kontinente exportiert, was transportabel und dort nicht vorhanden war, allem voran Menschen zur Eroberung und Unterwerfung der neu entdeckten Gebiete und fremden Völker sowie zahllose Nutzpflanzen und -tiere. Daß damit auch Krankheitserreger für Menschen, Tiere und Pflanzen verbreitet wurden, ist aus der Ausrottungsgeschichte vieler amerikanischer Indianerstämme besonders eindrücklich bekannt.

Trotz der raschen Eroberung und Besiedlung großer Kolonialgebiete durch europäische Seemächte war zu dieser Zeit dem Abendland der größte Teil der Erdoberfläche noch unbe-

kannt. Die Europäer kannten um 1400 erst 20 %, um 1600 ca.
40 % und um 1900 ca. 90 % der Landoberfläche.

Zu Beginn der Neuzeit im 15. und 16. Jahrhundert dürfte
die natürliche Umwelt dem sich ausbreitenden Menschen immer noch als unerschöpflich an Reichtum, unentdeckter Vielfalt und Belastbarkeit erschienen sein – und sicher auch als
unzerstörbar.

Die Gegenwart

Heute, am Anfang des 21. Jahrhunderts, erleben wir in immer
rascherem Tempo die Fortentwicklung des rationalen, zu Beginn der Neuzeit abermals entmythologisierten Denkens, das
die Wissenschaftlich-technische Revolution einleitete. Weniger als 500 Jahre nach der Eroberung bisher unbekannter
Kontinente für Europa mit windgetriebenen Segelschiffen
folgte – über die Erfindung von Dampfschiffen, Benzinmoto-
ren, Flugzeugen und Düsentriebwerken als Zwischenstatio-
nen – die bemannte Raumfahrt zum Mond und die Naher-
kundung nahezu aller Planeten mit instrumentell raffiniert
ausgerüsteten Raumsonden.

Auf unserem eigenen Planeten ist uns jeder Quadratmeter
entweder bekannt oder mit vorhandenen Mitteln jederzeit zugänglich. Flugzeuge oder Hubschrauber bringen uns in kürzester Zeit an jeden beliebigen Ort der Erde, nachdem noch im
letzten Jahrhundert Alexander von Humboldt, David Living-
stone und unzählige andere in lebensgefährlichen und be-
schwerlichen Entdeckungsreisen kaum zugängliche und nie
zuvor von Europäern betretene Gebiete erkundet hatten.
Heute sind alle weißen Flecken verschwunden, die noch unsere Groß- oder Urgroßeltern in ihrem Schulatlas kannten.

Die Erforschung der uns umgebenden Natur, Makrokosmos ebenso wie Mikrokosmos, macht atemberaubende Fortschritte. Nachdem erst vor 500 Jahren aus der Erdscheibe endgültig eine Kugel geworden und diese nicht mehr der Mittelpunkt der Welt war, haben in jüngerer Zeit Albert Einsteins Relativitätstheorie und die Entdeckungen der molekularen Genetik unser Weltbild erneut revolutioniert. Deutlich ist hinter diesen revolutionierenden Durchbrüchen die große Linie erkennbar, die von den griechischen Naturphilosophen über Kopernikus, Galilei, Newton und Einstein zu Weltraumflügen und über Paracelsus und viele andere zur heutigen, durch Molekularbiologie und Gentechnik auf ein vorher ungeahntes Niveau gehobenen Arzneimitteltherapie geführt hat.

Unsere eigene Natur zu erkennen macht uns dagegen trotz Tiefenpsychologie, Human-, Neuro- und Sozialwissenschaften kaum zu überwindende Schwierigkeiten, obwohl dies der einzige Schlüssel zur Bewältigung der zahlreichen von uns inzwischen verursachten Probleme ist. Das Erkennen, Verstehen und Beherrschen vieler einstmals überlebensnotwendiger triebhafter Verhaltensweisen, vor allem der individuellen und kollektiven Aggressivität und Maßlosigkeit, gehört inzwischen zu unseren vordringlichsten Aufgaben.

Wir haben unsere fünf Sinne durch die Erfindung hochempfindlicher Meßgeräte für Strahlungen aller Art erweitert, um damit die Zusammensetzung ferner Sterne und unserer eigenen Gene exakt zu bestimmen. Die Konstruktion und Anwendung dieser Meßgeräte geschieht durch Experten, die mit fortschreitender Spezialisierung immer mehr von ihrem eigenen und immer weniger von allen übrigen Fachgebieten wissen. Der gemeinsame »Schoß der Kirche« des Mittelalters, der trotz aller Widersprüche der abendländischen Christenheit ein Gefühl der Einheit und der individuellen Geborgenheit

Abb. 14 Edvard Munch: »Der Schrei«
(1895).

gab, liegt für die meisten Menschen des beginnenden 21. Jahrhunderts in weiter Ferne.

Der Verlust der Erde – und damit des Menschen – als physikalischen und sinngebenden Mittelpunkt des Universums
hat zwei einander komplementäre Auswirkungen, die unsere
heutige Zeit mehr als alles andere bestimmen. Einerseits ist
der Mensch aus der selbsterlebten Rolle eines weitgehend von
außen bestimmten, aber dennoch im Mittelpunkt stehenden
Objekts in die eines aktiven wissenschaftlichen Eroberers und
technischen Beherrschers übergewechselt, andererseits hat er
die religiöse Orientierung verloren und spürt nun allenthal-
ben die neue Bedrängnis der Individualisierung sowie des Al-
leinseins und der Suche nach einem übergeordneten Sinn.

Wieder ist es die bildende Kunst, die diesen Wandel von der
religiösen Einbindung zur Vereinzelung und Verlorenheit besonders deutlich ausdrückt. Viele moderne Kunstwerke sind
Schreie nach einer neuen verbindenden Mitte, auch wenn sie
uns nur noch selten direkt (Abb. 14), sondern eher in abstrak-

Abb. 15 Hans Hartung: »T-1958-2«
(1958).

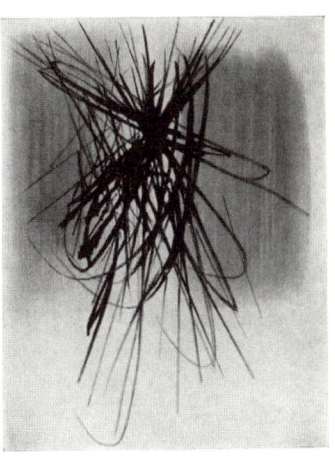

ten Formen als stilisierter Torso, als Lichtreiz, als dröhnende
Metallkonstruktion oder als stilles Bündel suchender Linien
(Abb. 15) sehr viel verschlüsselter entgegentreten als ein Al-
tarbild aus dem Mittelalter.

Der gleichzeitige Weg der Philosophie in den Nihilismus
und Existentialismus auf der Suche nach einem neuen Selbst-
verständnis erhält seinen ersten heftigen Ausdruck bei Friedrich Nietzsche in *Also sprach Zarathustra*: »Einst war der Frevel an Gott der größte Frevel, aber Gott starb, und damit star-
ben auch diese Frevelhaften. An der Erde zu freveln ist jetzt
das Furchtbarste, und die Eingeweide des Unerforschlichen
höher zu achten als den Sinn der Erde!« Derartige Äußerungen waren die sensible Kehrseite der individuellen Befreiung
und der gleichzeitigen explosionsartigen Vermehrung und
Ausbreitung vor allem des europäischen Menschen über die
ganze Erde sowie einer ebenso explosionsartigen Zunahme
seiner wissenschaftlichen Erkenntnisse und technischen
Möglichkeiten.

Trotz zweier Weltkriege hatte sich die Erdbevölkerung von
1850 bis 1950 zum ersten Mal in einem Zeitraum von nur
hundert Jahren verdoppelt. Längst waren Getreide und Kühl-
fleisch nicht nur innerhalb Europas, sondern weltweit, vor allem aus den großen Überschußgebieten Nordamerikas, Ar-
gentiniens, Australiens und Neuseelands, zum Ausgleich von
Unterversorgung und Ernteschwankungen zu einem bedeu-
tenden Weltwirtschaftsfaktor geworden. Noch am Anfang des
20. Jahrhunderts gehörten sogar Rußland und Indien zu den
wichtigen Ausfuhrländern für Weizen.

Zum letzten Mal hungerte ein großer Teil der europäischen
Bevölkerung in den Jahren nach dem Zweiten Weltkrieg. In
Deutschland lag die Versorgung mit Nahrungsmitteln im
letzten Kriegsjahr, besonders aber in den ersten Nachkriegs-
jahren, im Durchschnitt erheblich unter dem Existenzminimum. Gleichzeitig mangelte es nach jahrelanger Rüstung und
Zerstörung in vielen Ländern an den meisten wichtigen Ge-
brauchsgütern. Daran orientierten sich die beiden vorrangigen Ziele der Nachkriegswirtschaft: hohe Produktion von
Nahrungsmitteln und von materiellen Wohlstandsgütern.

Wie schnell die Wirtschaft der westlichen Industrieländer
und Japans das angestrebte Ziel einer Marktsättigung erreichen und in welchem Übermaß die einmal in Gang gesetzte
Wachstumsautomatik der Konsumgüterindustrie von der Be-
darfsdeckung zu den Überredungs- und Reklamekünsten der
Bedarfsweckung übergehen würde, hatte wohl kaum jemand
vorausgesehen – schon gar nicht auf dem Agrarsektor. Heute
werden mit aufwendiger Reklame Kiwis und Äpfel aus Neu-
seeland, Rindersteaks aus Argentinien, Wein aus Südafrika,
Australien, Chile oder Kalifornien, Obst und Gemüse zu jeder
Jahreszeit aus dem südlichen Mittelmeerraum und viele andere Nahrungs- und Genußmittel aus aller Welt auf einem

europäischen Markt angepriesen, der große Summen für die Herstellung, Lagerung und Vernichtung seiner eigenen Produkte aufwendet.

Der Überschuß geht auf Kosten der Umwelt und der sozialen Sicherheit und ist deshalb nicht länger tragbar. Unabhängig davon wäre er zu gering und zu teuer erkauft, um das Hungerproblem in anderen Erdteilen zu lösen. Der Hunger, der in Europa noch nach den beiden Weltkriegen und vor allem nach Mißernten im 19. Jahrhundert zu großen Auswanderungswellen besonders nach Nord- und Südamerika geführt hatte, konzentriert sich inzwischen auf die »Dritte Welt« der ehemaligen Kolonialgebiete in Afrika, Asien und Lateinamerika.

Die Landwirtschaft der Industrieländer hat dank der Entwicklungen von Wissenschaft und Technik einen hohen Produktionsstandard bei rasch abnehmender Beschäftigungszahl erreicht. Während noch vor 200 Jahren das Verhältnis von Beschäftigten in der Landwirtschaft zur übrigen Bevölkerung 4:1 betrug, liegt es heute in vielen Industrieländern bei etwa 1:50. Zwei der gravierendsten sozialen Folgen sind die zunehmende Massenarbeitslosigkeit und die anhaltende Abwanderung der Landbevölkerung in riesige Städte, von denen viele heute schon mehr als 10 Millionen Einwohner haben – so viel wie die gesamte Erdbevölkerung zu Beginn der Neolithischen Revolution. Im Vergleich dazu hatte Köln, bis über das Mittelalter hinaus für lange Zeit die größte deutsche Stadt, gegen Ende des 16. Jahrhunderts ca. 35 000 Einwohner. Nur wenige Städte im Westen und Süden Europas hatten mehr als 100 000 Einwohner.

Vermutlich sind die sozialen Probleme, die sich aus der individuellen Isolierung, der Bevölkerungsexplosion, der zunehmenden Automatisierung und der ungleichen Verteilung von Wohlstand, Arbeit, Bildung und Nahrungsmitteln ergeben, schwerer zu bewältigen als alles andere, mit dem wir jetzt, zu Beginn des 21. Jahrhunderts, konfrontiert sind. Auf der anderen Seite sind die natürlichen Grenzen, die unsere Umwelt unserem Expansionsdrang setzt, am wenigsten flexibel und stellen deshalb eine mindestens ebenso große Herausforderung dar – ganz besonders für die Landwirtschaft.

Zusammenfassung

Drei herausragende Entwicklungsschritte waren entscheidend für die rasche kulturelle Evolution des Menschen: der aufrechte Gang (mit allen anatomischen Folgen bis hin zu Intelligenz und Sprache), die Seßhaftigkeit als Folge von Ackerbau und Viehhaltung und die Erweiterung des Handlungsbereichs durch Wissenschaft und Technik. Die Umstellung von der Aneignung auf die Produktion von Nahrung begünstigte neue Siedlungsformen und die Ausbildung differenzierter Sozialstrukturen mit weitgehender Arbeitsteilung. Dadurch wurde eine immer stärkere Betonung von Naturwissenschaft und Technik möglich, im biologischen Bereich bis hin zu Molekularbiologie und Gentechnik.

Mit der Erweiterung von Bewußtsein und Wissen entwickelte sich der Mensch in seiner Selbsteinschätzung von einem passiven Objekt, das die Natur als beherrschende Mitwelt erlebt, zu einem aktiven Subjekt, das sie als Umwelt zu beherrschen sucht. Dennoch war jeder kulturelle und technische Fortschritt auch ein Schritt in Richtung auf eine zunehmend gefährdete Abhängigkeit von der umgebenden Natur. Fortschritt bedeutete gleichzeitig Zwang zur ständigen Fortentwicklung einer Landwirtschaft, ohne die diese Evolution nicht stattgefunden hätte.

3. Der Mensch in seiner Umwelt

Der so plötzliche Umschwung von der Entdeckung und Besitznahme zur zunehmenden Gefährdung unserer Umwelt zeigt uns deutlich die Grenzen unseres Wachstums. Sie werden nicht allein durch unsere Populationsdichte und Nahrungsmittelproduktion, sondern ebensosehr durch unsere Produktion von »Wohlstandsgütern« und deren Folgen markiert.

Wenn wir unsere Existenz nicht in Frage stellen wollen, müssen wir auf die Qualität unserer Umwelt mehr Rücksicht nehmen und darüber hinaus für ihren langfristig gesicherten Fortbestand Vorsorge treffen. Dabei wird es hilfreich sein, unsere bisherige Evolution noch einmal unter einem veränderten Blickwinkel zu betrachten.

Erste und zweite Phase:
Begründung und Sicherung der menschlichen Existenz

Aus der Sicht ihrer eigenen Evolution hat die Spezies *Homo sapiens* zwei entscheidende Entwicklungsphasen abgeschlossen und befindet sich in einem kritischen Stadium der dritten Phase. In der ersten Phase, die mit der Neolithischen Revolution endete, wurde eine neue Form der biologischen Existenz durch die bevorzugte Entwicklung von Gehirn und Hand – Geist und Technik – begründet. Daß sich diese erfolgreich begonnene Entwicklung auch in der zweiten Phase, die der Sicherung dieser Existenz galt, weiter fortsetzte und sich sogar durch positive Rückkopplung noch verstärkte, liegt im Wesen der Evolution.

Nun scheint es, daß auch die Phase der Existenzsicherung – soweit überhaupt möglich – abgeschlossen ist, keineswegs aber die kulturelle Evolution des Menschen. Weder Geist noch Technik sind an einem erkennbaren Ziel angelangt. Wird die noch stärkere Betonung von Geist und Technik das wichtigste Merkmal der jetzigen, dritten Phase unserer Evolution sein? Werden Gemeinsinn und Vorsorge an die Stelle von Aneignung und Ausbeutung der Natur treten?

Auch wenn wir diese Fragen nicht beantworten können, so sind sie doch nicht sinnlos. Sie helfen uns, von der Vergangenheit auf die Zukunft zu extrapolieren und daraus Schlüsse zu ziehen. Das wiederum könnte uns in die Lage versetzen, den Ablauf der dritten Phase möglichst positiv zu beeinflussen.

Die natürliche Evolution, das Wechselspiel von Entstehen und Aussterben, von Vordringen und Zurückweichen einzelner Arten, ist ein dynamischer Prozeß, der sich über lange Zeiträume erstreckt – im Durchschnitt wesentlich länger, als unsere eigene Art bisher existiert hat. Doch zwei Merkmale unterscheiden uns von allen anderen Arten. Beide Merkmale können, je nach den Konsequenzen, die wir ziehen, hilfreich oder tödlich sein: Erstens verfügen wir über Geist und Technik, und zweitens, als Folge davon, war unsere Evolution, vordergründig auf unsere Spezies bezogen, ungewöhnlich erfolgreich.

Wie dauerhaft der Erfolg ist, wird die nahe Zukunft erweisen. Sicher ist jedenfalls, daß das andauernde Bevölkerungswachstum ein überaus gefährlicher Scheinerfolg ist, auch wenn es regional sehr unterschiedliche Dynamik aufweist.

Ähnlich wie seßhafte Agrarkulturen mehrfach und unabhängig voneinander entstanden und entsprechend unterschiedliche Bevölkerungsentwicklungen in verschiedenen Regionen der Erde auslösten, verläuft jetzt, zeitlich stark gerafft, auch die neuzeitliche Bevölkerungsexplosion in den verschiedenen Erdteilen sehr unterschiedlich. Während ihr Ende in einigen Industrienationen bereits klar erkennbar ist, wird es in anderen Regionen erst mit zeitlicher Verzögerung folgen. Diese Verzögerung und das Ausmaß der weiteren Zunahme sind Anlaß unserer größten Sorge.

Doch nicht nur ein baldiges Ende der Bevölkerungszunahme, sondern langfristig sogar ein Bevölkerungsrückgang ist, vor allem aus ökologischen und sozialen Gründen, wahrscheinlich und prinzipiell auch möglich – vorausgesetzt, wir handeln jetzt richtig.

Richtiges Handeln verlangt einen unvoreingenommenen Blick auf das Ganze. Eine möglichst rasche Beendigung des Anstiegs, gefolgt von einem allmählichen Rückgang der menschlichen Bevölkerung, würde nicht nur die Aussichten für einen Fortbestand der Biosphäre als Ganzes und damit auch der Spezies Mensch verbessern. Eine derartige Entwicklung würde vor allem den Lebensbedingungen der vielen menschlichen Individuen zugute kommen, deren persönliche Existenz keineswegs gesichert, vielmehr zunehmend bedroht ist.

Die Folgen der menschlichen Überbevölkerung werden immer gravierender. Jeder zusätzliche Mensch ist nicht nur Nahrungskonkurrent, er trägt auch durch sein bloßes Dasein und seine Ansprüche an Lebensqualität unausweichlich zur weiteren Reduktion der Artenvielfalt und zu den vielen sonstigen Gefährdungen der Umwelt bei.

Existenzsicherung hat also zwei Seiten, deren eine, unpersönliche, sich auf die Menschheit als Ganzes, die andere auf das einzelne Individuum bezieht. Je mehr Menschen hungern oder verhungern, desto weiter entfernen wir uns von dem spezifisch menschlichen Ziel der Sicherung auch jeder individuellen Existenz. Offenbar haben wir das erreichbare Optimum, den Kompromiß zwischen maximaler Existenzsicherung der Art und aller seiner Individuen, längst überschritten.

Das Ziel im Rückblick

Zunächst gilt es zu erkennen, daß nicht nur die beiden ersten großen Ziele, die Begründung und die Sicherung der menschlichen Existenz, bereits hinter uns liegen, sondern daß ein neues Problem immer bedrohlichere Formen annimmt: Ökosysteme oder Teile davon können – auch ohne menschlichen Einfluß – »umkippen« bzw. zusammenbrechen. Unzureichend durch basisches Gestein gepufferte, durch Säureeintrag (z. B. aus vulkanischer Tätigkeit oder Verbrennungsabgasen) geschwächte Seen können innerhalb kürzester Zeit weitgehend biologisch tot sein, wie ein ehemals artenreicher Moorsee im Yellowstone-Park, dessen plötzlichen Säuretod zahllose Baumgerippe anzeigen. Ein Beispiel ganz anderer Art sind Wanderheuschrecken, die durch Massenvermehrung und Kahlfraß das plötzliche Ende ihrer eigenen Übervölkerung herbeiführen.

Beide Beispiele beziehen sich auf Ereignisse, die in der vom Menschen unbeeinflußten Natur bisher meistens lokal begrenzt auftraten und nur kleine Ausschnitte der Biosphäre erfaßten. Die verbleibende Fülle blieb davon praktisch unberührt. Ausnahmen sind seltene, aber weitreichende Naturkatastrophen wie Vulkanausbrüche, Meteoriteneinschläge oder große Überschwemmungen. Sie konnten und können sehr abrupt ein artenreiches Biotop, in Extremfällen sogar einen großen Teil der gesamten Biosphäre zerstören.

Derartige Katastrophen haben sich mehrmals während der Erdgeschichte ereignet und die Evolution durch das Aussterben oder Zurückweichen alter und das Entstehen oder Vordringen neuer Arten tiefgreifend beeinflußt. Da es sich aber um vom Menschen unbeeinflußte und unbeeinflußbare Naturgewalten handelt, sollen sie in diesem Zusammenhang unberücksichtigt bleiben.

Die Lage hat sich jedoch mit der Massenausbreitung des Menschen in der gesamten Biosphäre erstmalig grundlegend geändert. Der Mensch ist wesentlich weiter verbreitet und als »Allesfresser« und Techniker wesentlich wirkungsvoller als ein Heuschreckenschwarm oder eine heiße Schwefelquelle. Diese Beispiele haben deshalb einen alarmierend engen Bezug zu unserer gegenwärtigen Situation und können als Warnung vor dem Umkippen größerer Ökosysteme durch vom Menschen verursachte Umweltschäden gar nicht ernst genug genommen werden.

Wir stellen also rückblickend fest, daß die Phase der Existenzsicherung gleichbedeutend war mit Vermehrung, Ausbreitung und möglichst weitgehender Beherrschung natürlicher (vor allem biologischer) Bedrohungen. Das Hauptziel, das Überleben der Art, war instinktiv festgelegt, nicht aber die Grenze, wann dieses Ziel erreicht war. Erst im Rückblick erkennen wir, daß wir über das Ziel hinausgeschossen sind.

Wie weit jedoch das Ziel der Arterhaltung bereits hinter uns liegt, wann der Überschuß begann, mit dem unsere Populationsdichte, die Belastung unserer Umwelt und die Einengung der übrigen Biosphäre kritische Werte überschritten haben, ist nicht eindeutig festzustellen – allein schon deshalb

nicht, weil jeder Umschlagpunkt stark von unserem sonstigen
Verhalten abhängt. Es hat beispielsweise einen entscheidenden Einfluß,

- ob wir bescheiden oder verschwenderisch leben,
- welchen Stellenwert wir anderen Arten und Individuen,
  vor allem in den besonders gefährdeten Biotopen, wie tropischen Regenwäldern, Wattenmeeren, Flußauen, Korallenriffen usw., einräumen und
- wie weit unser praktisches Handeln überhaupt von ethischen Wertvorstellungen geleitet wird.

Hilfreicher als die exakte Bestimmung bereits wieder verlas-
sener Positionen ist die Frage, weshalb es überhaupt zu einer
so plötzlichen Wende kam, weshalb der Mensch innerhalb so
kurzer Zeit, gemessen an der Länge seiner Entwicklungsgeschichte, zum Bedroher seines eigenen Lebensraumes wurde.

Bewältigte und unbewältigte Bedrohungen

Jedes Lebewesen hat doppelten Grund, physische Bedrohung
abzuwenden. Der genetisch verankerte Instinkt der Arterhal-
tung mischt sich mit dem ebenfalls instinktiv abgesicherten
Willen zur individuellen Selbsterhaltung. Beide, Art und In-
dividuum, sind in gewissen Grenzen um so weniger in ihrer
Existenz bedroht, je größer die Zahl derjenigen ist, die ge-
meinsam der Bedrohung entgegentreten, entweder durch sta-
tistische Verringerung des Risikos oder durch gegenseitige
Hilfe.
  Die physische Bedrohung des Frühmenschen hatte viele
Gesichter. Sie reichte von Raubtieren, Krankheit, Hunger,
Witterungseinflüssen und raschem Klimawechsel bis zu loka-

len und globalen Naturkatastrophen. Übriggeblieben sind davon im wesentlichen Krankheit, Hunger und Naturkatastrophen.

Hunger und Sättigung sind das zentrale Thema dieses Buches. Auch mit Krankheit und ihrer Bekämpfung werden wir sowohl beim Menschen als auch bei Pflanzen in mehrfacher Hinsicht ausführlich zu tun haben. Den eigentlichen großen Naturkatastrophen gegenüber werden wir wohl trotz der zunehmenden Bedeutung und Verläßlichkeit von Vorhersagen und Frühwarnsystemen vorerst weitgehend machtlos bleiben.

Die Bedrohung durch Raubtiere haben wir am gründlichsten beseitigt. Viele von ihnen stehen am Rande der Ausrottung und wurden auf wenige ungefährliche – aber um so gefährdetere – Exemplare in Zoos, Reservaten und unwirtlichen Gebieten reduziert. Ihre biologische Rolle am Ende von Nahrungsketten hat der Mensch als Jäger und Zerstörer natürlicher Lebensräume übernommen. Damit hat er in diesem Bereich die Artenvielfalt auf sich selbst reduziert – als Sieger in der Konkurrenz der jagenden Großtiere.

Auf der Gegenseite der Skala bedrohlicher Organismen stehen die unsichtbar kleinen Krankheitserreger, deren Natur als Pilze, Bakterien und Viren erst durch die moderne Wissenschaft erkannt wurde. Trotz großer Anstrengungen ist die Ausrottung in keinem Fall gelungen. Ganz im Gegenteil: Die meisten von ihnen wurden von uns selbst durch die immer dichtere Besiedlung aller Erdteile und später durch unseren Massentourismus über die ganze Erde verbreitet.

Selbst die 1979 von der Weltgesundheitsorganisation proklamierte Ausrottung der menschlichen Pockenviren hat sich inzwischen als Irrtum herausgestellt. Zahlreiche Krankheitserreger haben sich in jüngster Zeit mehr denn je ausgebreitet, und neue entstehen bevorzugt da, wo die menschliche Sied-

lungsdichte den geeigneten Nährboden bietet. Die Massenviehhaltung, das rasch zunehmende, gigantische Wachstum
von Millionenstädten in allen Erdteilen sowie mangelnde Hygiene, vor allem in den sich rapide ausbreitenden Elendsvierteln in den Ländern mit dem größten Bevölkerungswachstum, sind auch in dieser Hinsicht eine ernsthafte Bedrohung.

Ausbreitung von Krankheitserregern

Grundsätzlich kann die Existenz von Krankheitserregern wegen ihrer nahen Verwandtschaft mit nützlichen Mikroorganismen nicht in Frage stehen. Löschte man die Krankheitserreger völlig aus, wäre das vermutlich gleichbedeutend mit
dem Ende einer mikrobiellen Organismenvielfalt, die zweierlei garantiert: den natürlichen Kreislauf alles Organischen, zu
dem Verwesung als essentieller Bestandteil gehört, und die
Lebensfähigkeit höherer Organismen, die beispielsweise von
Darmbakterien in Mensch und Tier oder von Pilzen im Wurzelbereich höherer Pflanzen abhängig ist. Beides ist unerläßlich für eine vollständige und gesunde Biosphäre. Deshalb
wäre es illusorisch, als letztes Ziel die völlige Ausrottung aller
Krankheitserreger anzustreben – bei Mensch und Tier genauso wie bei Pflanzen. Man würde immer auch die nützlichen Mikroorganismen treffen.

Wohl wäre es denkbar, einige besonders pathogene (krankheitserregende) Viren, vielleicht auch bestimmte Pilz- oder
Bakterienstämme, vollständig auszurotten. Das menschliche
Pockenvirus ist das bekannteste Beispiel für einen derartigen,
wenn auch bisher erfolglosen Versuch; erfolglos, obwohl das
Wirtsspektrum auf den Menschen beschränkt ist. Die meisten
Krankheitserreger sind jedoch Mikroorganismen (Pilze und

Bakterien), die nahe verwandt sind mit einer viel größeren Fülle nichtpathogener Formen. Diese Verwandtschaft zwischen pathogenen und nichtpathogenen Mikroorganismen bedeutet immer auch ein reichhaltiges Reservoir an harmlosen Ausgangsformen, die sich durch natürliche Mutation (spontane genetische Veränderung) an mögliche Wirtsorganismen anpassen und so zu Krankheitserregern werden können.

Die hohe Mutationsrate von Mikroorganismen, bedingt durch zum Teil extrem kurze Generationszeiten (Minuten bis Tage), läßt dem höheren Organismus kaum eine Chance, sich mit gleichen Mitteln zu wehren. Würde es ihm wirklich gelingen, eine passende Resistenz durch komplementäre Mutation zu erwerben, würde sie wegen der langen Generationszeiten der meisten höheren Tiere und Pflanzen (Monate bis Jahrzehnte) fast immer viel zu spät kommen.

Je größer die genetische Vielfalt möglicher Wirtsorganismen, desto geringer ist die Wahrscheinlichkeit der gegenseitigen Ansteckung und der Ausbreitung einer Krankheit. Genetische Vielfalt (Biodiversität) äußert sich einerseits in Artenreichtum, andererseits in geringem Verwandtschaftsgrad der verschiedenen Individuen einer Art (Vermeidung von Inzucht). Eine hohe Biodiversität bewirkt durch Begrenzung der Populationsdichte jeder einzelnen Art und seiner Individuen, daß die Trefferquote für Krankheitserreger insgesamt möglichst gering gehalten wird.

Sofern eine Art im dynamischen Gleichgewicht einer Biozönose (Lebensgemeinschaft) überhaupt überlebensfähig ist, stellt sich ihre optimale Populationsdichte in den Wechselbeziehungen zwischen allen beteiligten Arten und Individuen ein. Eine Biozönose schließt alle Organismen ein, also auch mikrobielle Krankheitserreger, die im natürlichen dynamischen Gleichgewicht eine regulierende Wirkung ausüben. Insofern tragen jedes Individuum und jede Art zur Stabilität der Biozönose bei, solange sich deren Zusammensetzung nach biologischen Gesetzen frei einstellen kann. Gerade das ist aber seit Beginn der agrarischen Lebensweise des Menschen immer weniger der Fall.

Wendepunkt: Vom Bedrohten zum Bedroher der Natur

Die Konsequenzen unseres zunehmenden Eingriffs in natürliche Biozönosen sind gravierend. Das äußert sich in der Ausbreitung von Krankheitserregern ebenso wie in den veränderten Existenzbedingungen nahezu aller übrigen Arten der gesamten Biosphäre. Dieser Eingriff erfolgt sehr wirkungsvoll auf vielfältige Weise:

- durch die fortgesetzte Umwandlung ursprünglich artenreicher Biotope in Massenkulturen von wenigen domestizierten Arten und ihren Begleitern,
- durch die zunehmende Belastung kleiner und großer Ökosysteme mit nicht oder nur sehr langsam abbaubaren synthetischen Produkten, die sich nicht in den dynamischen Prozeß biologischer Gleichgewichte einfügen und damit das Prinzip des raschen Werdens und Vergehens aller organischen Materie durchbrechen,
- durch Absenkung des Grundwasserspiegels und Versalzung von Böden in Gebieten mit künstlicher Bewässerung sowie durch vielfältige Formen der Gewässerregulierung (Stauseen, Kanalisierung von Flüssen, Trockenlegung von Feuchtgebieten),
- durch massive Einwirkungen auf lokale und globale Klimata (Produktion von Treibhausgasen, z.B. Kohlendioxid und Methan, sowie von Stickoxiden durch Verbrennen fos-

siler Energieträger oder Methan durch Reisanbau und
Viehhaltung [Seite 265]; Beseitigung von Wäldern als
großräumige Wasserspeicher und Verdunstungsquellen;
Bodenerosion an Berghängen oder auf trockenen, windof-
fenen Ackerböden usw.).

Inzwischen werden mehr als 1,5 Milliarden Hektar der Erdoberfläche landwirtschaftlich genutzt, davon etwa zwei Drittel
als Weideland. Der überwiegende Teil unserer weltweit angebauten Nahrungs- und Futterpflanzen besteht aus wenigen
Getreidearten (Weizen, Reis, Mais, Gerste) sowie Kartoffeln,
Süßkartoffeln, Maniok und Sojabohnen. Ähnlich einseitig ist
der Bestand an Nutzvieh (Rind, Schwein, Geflügel, Schaf,
Ziege, Pferd) und Haustieren (Hund, Katze), an Bäumen in
der Forstwirtschaft (Fichte, Tanne, Douglasie, Pappel) und an
Fischen in der Fischzucht (Forellen, Lachse, Barsche, Karpfen)
– und das alles in Populationsdichten von obendrein zumeist
noch genetisch sehr nahe verwandten Individuen weniger Arten, wie sie ohne menschlichen Eingriff in einem natürlich
sich entwickelnden Biotop niemals entstanden wären.
    Neben allen sonstigen Hege- und Pflegemaßnahmen, mit
denen die Aufrechterhaltung derart instabiler Populationen
sichergestellt werden muß, erfordern sie aufwendigen Schutz
vor Krankheitserregern und anderen Schädlingen. Weizen-,
Mais- und Kartoffelfeld, Kuhweide, Schweine- und Geflügel-
batterie, Forellenteich und Fichtenforst, sie alle sind nicht nur
die Grundlage menschlicher Ernährung und Lebensweise,
sondern auch »gefundenes Fressen« für zahllose Krankheitserreger und viele andere natürliche Feinde und Konsumenten,
von Saatkrähe, Ringeltaube und Sperling über Ratte und
Maus bis zu Heuschrecke, Borkenkäfer und Blattlaus.
    Derartige Massenkulturen sind ideale, in der unbeeinfluß-

ten Natur nicht vorkommende Experimentierfelder für die
Evolution von Mikroorganismen, etwa für die Erprobung von
Mutationen zur verbesserten Anpassung von Krankheitserregern an neue Sorten von Wirtspflanzen und -tieren, aber auch
an die indirekt mitvermehrten Schädlinge. Dieses gefährliche
Potential erhöhen wir noch dadurch besonders wirkungsvoll,
daß wir trotz Quarantänemaßnahmen viele pathogene Keime
mit der Geschwindigkeit und Frequenz moderner Flugverbindungen weltweit verbreiten.

Auch hier zeigt sich die Ambivalenz jeder Entwicklung.
Aus der Sicht seiner eigenen Evolution war der Mensch im
Konkurrenzkampf der Arten außerordentlich erfolgreich. Vor
allem war er allen anfangs bedrohlichen Konkurrenten und
Feinden unter den jagenden Raubtieren langfristig weit über-
legen und hat sie bis auf einen ihm ungefährlichen Restbe-
stand dezimiert oder ausgerottet. Das geschah nicht nur dadurch, daß er bewußt Geist und Technik zum Töten dieser
Konkurrenten und Feinde einsetzte. Ganz erheblichen Anteil
an diesem scheinbaren Erfolg hatten auch die gewaltige Steigerung der menschlichen Populationsdichte und die Bean-
spruchung eines immer größeren Anteils vom gemeinsamen
Lebensraum.

Da sich aber der Mensch und seine massenhaft mitvermehrten Nützlinge und Schädlinge in dem begrenzten Lebensraum Erde unvermeidlich auf Kosten anderer Arten und
Individuen ausgebreitet haben, mußten außer Raubtieren
auch viele andere Konkurrenten entsprechend viel Platz räu-
men: Raubtiere sind bei weitem nicht die einzigen bedrohten
oder bereits ausgestorbenen Arten – sie sind lediglich die besonders deutlich wahrnehmbare Spitze der schrumpfenden
Artenpyramide.

Diese Betrachtungsweise ist sogar noch sehr unvollständig,

solange sie nur die biologisch zwangsläufige Verdrängung vieler anderer Arten durch den Menschen im Blick hat. Sie berücksichtigt nicht die Effekte all jener menschlichen Verhaltensweisen, die weit über die biologischen Notwendigkeiten hinausgehen und damit zusätzliche ökologische Verluste erzeugen. Ungezügelter Konsum von Luxusgütern (Pelze, Felle, Meeresschildkröten, Kaviar) und unausgereifte oder zum Spiel angewendete Techniken (Büffel-, Straußen-, Vogeljagd) stehen dabei an prominenter Stelle.

Doch schon der unvermeidbare Mindesteinfluß, den eine Bevölkerung von über 6 Milliarden Menschen auf die übrigen Teile der Biosphäre hat, ist bedrohlich genug. Er sollte Grund genug sein, diese Entwicklung umgehend zu beenden. Mehr Existenzsicherung ist mit den bisherigen Mitteln offenbar nicht zu erreichen. Im Gegenteil: Seit Überschreiten einer optimalen Bevölkerungsdichte ist der Mensch vom Bedrohten zum Bedroher der ihn umgebenden Natur geworden. Seine Existenzsicherung, die er weitgehend unbewußt und instinktmäßig angestrebt hatte, war also kein absolutes, sondern nur ein relatives Ziel.

Absolute Sicherheit kann es nicht geben, weder für ein Individuum noch für eine Art noch – wie sich mehr und mehr herausstellt – für die Biosphäre als Ganzes.

Da Evolution nicht umkehrbar ist und sich die menschliche Entwicklungsgeschichte auch in Ausschnitten nicht wiederholen wird, ist die genaue Lage des Wendepunktes unerheblich. Wichtiger sind die Feststellung, daß das Ereignis stattgefunden hat, und die Bereitschaft, daraus die notwendigen Schlußfolgerungen zu ziehen.

Erfolg erzeugt Verantwortung: Die zweite Phase unserer eigenen Entwicklungsgeschichte hat uns zwangsläufig zum Hüter der gesamten Biosphäre dieser Erde gemacht.

Dritte Phase: Sicherung der Biosphäre

Da wir das Ende der zweiten Phase bereits im Rückblick erkennen, muß die dritte begonnen haben. Ein treffendes Beispiel für den Übergang in die dritte Phase ist das ambivalente Verhältnis von Mensch und Krankheitserreger. Sicher hat es schon immer pathogene Mikroorganismen und Viren für Menschen gegeben. Dennoch waren die großen Pestpandemien im Europa des 14. und 15. Jahrhunderts erst deshalb in so gravierender Form möglich, weil Mobilität, Populationsdichte und Konzentration des Menschen in städtischen Siedlungen bei mangelhafter Hygiene kritisch zugenommen hatten. Vermutlich wäre eine tierische, nicht mit Geist und Technik begabte Population auf so engem Raum sogar noch viel stärker betroffen gewesen.

Mit der Aufklärung begann die Wissenschaftlich-technische Revolution schon frühzeitig auch im medizinischen Bereich, selbst wenn eine gezielte Therapie von Infektionskrankheiten erst später einsetzte. Aber ebensowenig wie der Beginn der Neolithischen Revolution ist der Beginn der Wissenschaftlich-technischen Revolution exakt datierbar. Beide Ereignisse waren fließende Übergänge von einer überwundenen zu einer fortgeschritteneren Lebensform. Wie grundsätzlich und unumkehrbar sie waren, wurde erst nach ihrem vollen Durchbruch erkennbar.

Vorsorge gegen und Heilung von Krankheiten sind aus zwei Gründen ein treffendes Beispiel für den Übergang in die dritte Phase. Es demonstriert einerseits den großen wissenschaftlich-technischen Fortschritt, andererseits die Tatsache, daß Vollständigkeit nicht zu erreichen ist. Die Erreger von Pest und vielen anderen klassischen Infektionskrankheiten (Tuberkulose, Typhus, Cholera) sind heute durch Schutzimpfung, Behandlung mit Antibiotika und Bekämpfung der Überträger, soweit vorhanden (Ratten und Flöhe im Fall der Pest), zumindest in den Industrienationen weitgehend unter Kontrolle.

Dagegen breiten sich bisher schwer bekämpfbare Viruserkrankungen (AIDS, Grippe) nahezu ungehindert aus. Die bisher schwerste Pandemie der Grippe in Europa forderte als »Spanische Seuche« im Winter 1918/1919 20 Millionen Todesopfer; die fatalen Folgen der AIDS-Ausbreitung sind nicht abzusehen. Entsprechendes gilt für unsere Nutz- und Haustiere (Beispiel Vogelgrippe), und ähnliche Probleme mit den Krankheiten unserer wichtigsten Kulturpflanzen werden uns noch ausführlich beschäftigen.

An dieser Stelle ist jedoch zunächst eine sehr grundsätzliche Feststellung angebracht: Das explosionsartige Anwachsen der menschlichen Erdbevölkerung hat mit allen Folgeerscheinungen zu einem zunehmend instabilen biologischen Gleichgewicht geführt, das nur mit den Mitteln der Wissenschaftlich-technischen Revolution aufrechterhalten werden kann. Doch das wird immer riskanter, weil immer mehr Arten aussterben oder ihre stabilisierende Rolle einbüßen und damit die Instabilität weiter zunimmt.

Die Schlußfolgerung kann nur die heute noch utopisch erscheinende Forderung sein, die Bevölkerungszahl so bald wie möglich auf einen wesentlich niedrigeren Wert als den jetzigen zu reduzieren. Nach den Phasen der Begründung und der relativen Sicherung der menschlichen Existenz wird die dritte Phase darin bestehen müssen, quantitativen durch qualitativen Fortschritt zu ersetzen.

Langfristig ist dieses Ziel jedoch keineswegs utopisch. Es ist nur nicht sofort zu erreichen, und es verlangt große Anstrengungen, die Übergangsphase erträglich zu gestalten. In der biologischen Evolution von Geist und Hand des Menschen dominiert das Qualitätsprinzip ja schon lange. Weshalb sollte es nicht mehr und mehr auch unsere kulturelle Evolution, also unseren kultivierenden (pflegenden und erhaltenden) Umgang mit der uns umgebenden Natur bestimmen?

Noch nimmt die Erdbevölkerung dramatisch zu. Unmittelbar vor uns liegt deshalb die kulturelle und biologische Aufgabe, Wissenschaft und Technik nicht als Selbstzweck und zielloses Ergebnis der bisherigen Entwicklung, sondern als Hilfsmittel für die optimale Sicherung unserer Biosphäre einzusetzen. Welchen genauen Verlauf die Bevölkerungskurve dann nehmen wird (ob, wann, wie weit und unter welchen Umständen sie auf ein niedrigeres Niveau zurückgeht), wird entscheidend von der Verwirklichung dieser Aufgabe mitbestimmt.

Die Wissenschaftlich-technische Revolution war und ist so ambivalent wie Wissenschaft und Technik selbst. Daß die sozialen, wirtschaftlichen, medizinisch-hygienischen und medizinisch-therapeutischen Verhältnisse sich vor allem in den heutigen Industrienationen rasch verbesserten, hat dem einzelnen entscheidend geholfen, länger und gesünder zu leben. Die Revolution hat allerdings dadurch auch die Bevölkerungsexplosion mitverursacht. Dennoch ist sie das einzige wirkungsvolle Mittel, um die entstandenen Schäden so weit und so nachhaltig wie möglich zu beseitigen, auch wenn es dazu erheblich verbesserter – »sanfterer« – Techniken als bisher bedarf.

Insofern markiert die Wissenschaftlich-technische Revolution gleichzeitig das Ende der zweiten und den Beginn der dritten Phase unserer Evolution. Der Erfolg der dritten Phase wird unter vielem anderen wesentlich davon abhängen, ob wir in der Lage sind, während der bevorstehenden Zeit unserer größten Populationsdichte eine nachhaltig umweltgerechte Landwirtschaft zu entwickeln.

Spannungsfeld Landwirtschaft

Land, Landschaft, Landwirt, Wirtschaft, Landwirtschaft – eine spannungsgeladene Mischung von Begriffen und Assoziationen.

Land ist (neben einem politisch organisierten Staat) laut Meyers Lexikon entweder der »Teil der Erdoberfläche, der über den Meeresspiegel ragt«, oder Synonym für »im Gegensatz zur Stadt stehende, meist landwirtschaftlich genutzte Gebiete«. Im ersten Fall umfaßt das Land die gesamte nichtaquatische Biosphäre, im zweiten denselben Bereich mit Ausnahme der Städte. Städte sind also entweder Teil oder Gegensatz dessen, was ihrer Lebensfähigkeit dient.

Das deutet auf eine zwiespältige Wechselbeziehung hin. Je zahlreicher und je größer die Städte, um so mehr Siedlungsraum einerseits und Nahrungsmittel andererseits werden eben dem Land abverlangt, auf dessen Kosten sie existieren. Hinzu kommt eine immer intensivere Landnutzung für Straßen-, Schienen-, Wasser- und Luftverkehr sowie für alle Arten von Freizeitaktivitäten. Auch sie beanspruchen, wie Siedlung und Landwirtschaft, überwiegend fruchtbares Land zu Lasten ehemals artenreicher natürlicher Biotope, um das sie gemeinsam konkurrieren. Jeder Blick vom Flugzeug auf menschliches Siedlungsgebiet zeigt eindrucksvoll, wie weit

Landnahme und Landnutzung gegangen sind (Abb. 2, Farbseite I).

Landschaft ist demgegenüber die »Bezeichnung für einen bestimmten Teil der Erdoberfläche, der nach seinem äußeren Erscheinungsbild und durch das Zusammenwirken der hier
herrschenden Geofaktoren eine charakteristische Prägung besitzt und sich dadurch vom umgebenden Raum abhebt«.
Landschaft ist demnach etwas Individuelles, Einmaliges. Dadurch erhält sie besonderen ästhetischen und emotionalen,
aber auch biologischen und wirtschaftlichen Wert. Wir unterstreichen das durch so unterschiedliche Begriffe wie Land-
schaftsmalerei, Landschaftsgestaltung, Landschaftspflege und
Landschaftsschutz. Heute sind nahezu alle Landschaften
Europas – weitgehend auch die der übrigen Erdteile mit Ausnahme einiger Wüsten, Steppen, Savannen, Urwälder und der
Antarktis – vom Menschen gestaltete oder beeinflußte Kulturlandschaften. Davon nimmt die Landwirtschaft den bei
weitem größten Raum ein.

Landwirt ist jemand, der das Land bewirtschaftet, aber auch
»bewirtet«. Er steht im Spannungsfeld zwischen Kulturauf-
gabe und Nahrungsmittelproduktion. Der moderne Landwirt
muß sich (wieder laut Meyers Lexikon) »als Betriebsleiter
verstehen«. Dem entsprechen unsere heutigen Berufsbezeich-
nungen: Je nach Ausbildungsgang ist er Landwirtschaftsmei-
ster, Landbautechniker, Landbauingenieur, Diplom-Agrarin-
genieur, Diplom-Agrarbiologe oder Diplom-Agrarökonom.
Darin drückt sich nicht nur die veränderte soziale Stellung gegenüber dem Bauern früherer Zeiten aus, sondern auch die
Einbeziehung der Landwirtschaft in die dominierenden Rollen
von Wirtschaft, Technik und Wissenschaft.

Entsprechend ist in den Industrieländern innerhalb weniger Jahrhunderte aus dem weit überwiegenden Anteil der in der Landwirtschaft Tätigen an der Gesamtbevölkerung eine kleine spezialisierte Minderheit geworden. In Mitteleuropa waren es um 1800 noch etwa 80 %, heute sind es unter 5 %. Deshalb ist es wohl nicht überraschend, wie gering das Verständnis der großen Mehrheit für die immer wichtiger werdende kulturelle und ökologische Aufgabe des Landwirts ist. Das kommt am deutlichsten in der leichtfertigen Forderung der Mehrheit (unabhängig vom sozialen und wirtschaftlichen Stand) zum Ausdruck: hohe Produktivität, hohe Qualität, große Vielfalt und niedrige Preise!

Wirtschaft ist der dominierende Blickwinkel. In der Weltwirtschaft steht die Landwirtschaft an Umfang und Bedeutung mit Abstand an erster Stelle. Struktur und Entwicklung der Wirtschaft mit all ihren weltweiten Verflechtungen haben deshalb Auswirkungen auf alle Bereiche der Landwirtschaft. Dem können sich die Landwirtschaft insgesamt kaum und einzelne Bauern und Landwirte noch weniger und nur unter besonderen Umständen (»Biomarkt«) entziehen. Das übersehen oft diejenigen, die zu Recht eine umweltgerechtere Landwirtschaft fordern, ohne dabei zu bedenken, daß dies ganz wesentlich auch eine Änderung der wirtschaftlichen Rahmenbedingungen erfordert. Es ist zuallererst eine generelle Forderung an Politik und Gesellschaft – vor allem an die Konsumenten – und dann erst auch an die Landwirtschaft.

Landwirtschaft ist folglich Teil eines äußerst komplexen Gefüges, in dem sich der soziale, wirtschaftliche, technische und wissenschaftliche Wandel seit ihrer Entstehungszeit, dem Neolithikum, widerspiegelt. Jeder dieser Teilaspekte gliedert sich noch einmal vielfältig auf. Das gilt besonders für Wissenschaft und Technik, die in den vergangenen Jahrhunderten der modernen Landwirtschaft die entscheidenden Impulse gegeben haben. Einiges davon wurde im 2. Kapitel angedeutet.

Vieles, was als Impuls begann, ist inzwischen zum unerläßlichen Bestandteil geworden. Neben der Züchtung haben besonders die synthetischen Dünge- und Pflanzenschutzmittel, die wichtigsten Ergebnisse einer wissenschaftlichen Agrarchemie, großen Anteil an den enormen Ertragssteigerungen der Landwirtschaft im 20. Jahrhundert. Sie sind damit weltweit zu einer der Grundlagen unserer Ernährung geworden. Noch mehr als die Mechanisierung von Anbau-, Ernte- und Verarbeitungstechniken, die je nach Betriebsgröße und -organisation, Lohnkosten, Arbeitsmarkt usw. mehr oder weniger ertragsfördernd und rentabel ist, wirken sich chemische Düngung und Pflanzenschutz unabhängig von derartigen Faktoren fast immer vorteilhaft auf Erträge und Produktionskosten aus.

Auch diese Entwicklung hat zwei Seiten: Ohne Agrarchemie könnten 6 Milliarden Menschen nicht ernährt werden; mit ihr werden viele Böden und Gewässer sowie zunehmend auch die Luft längst über Gebühr belastet.

Düngung gegen Bodenauszehrung

Ein wichtiger Teil der Agrarchemie ist die Düngung. Zwar setzten sich in der Praxis die wissenschaftlichen Einsichten in die Grundlagen der Pflanzenernährung von Liebig und anderen Agrikulturchemikern des 19. Jahrhunderts zunächst nur langsam durch. Doch das war nur eine Frage der Zeit; denn die Böden waren ausgelaugt und aufnahmebereit.

Fast ein Jahrtausend lang, vom Ende der Völkerwanderung im 9. Jahrhundert bis zum Beginn des 18. Jahrhunderts, war die Dreifelderwirtschaft (Wintergetreide – Sommergetreide – Brache) das vorherrschende Nutzungssystem der mitteleuropäischen Landwirtschaft gewesen. Die Nährstoffe, die dadurch dem Boden entzogen wurden, konnten durch Einbringen von Dung aus der Viehhaltung, Humus und Streu aus den Wäldern oder Torf nur unzureichend ersetzt werden. Der Boden verarmte und mußte durch Ausweitung der landwirtschaftlich genutzten Flächen ergänzt werden. Hinzu kam, daß der vorübergehende Bevölkerungsrückgang im späten Mittelalter rasch in die beginnende Bevölkerungsexplosion der Neuzeit umschlug. Schon damals mußten ungünstige Standorte wie Höhenregionen, Sümpfe oder Küstengebiete für die Landwirtschaft nutzbar gemacht werden.

Doch bald waren nicht nur viele Böden ausgelaugt, sondern auch die Grenzen der Ausweitung erreicht. In dieser Situation wurde gegen Ende des 18. und verstärkt im 19. Jahrhundert eine Reihe einander ergänzender Maßnahmen ergriffen, um die landwirtschaftliche Produktion auf der vorhandenen Fläche zu intensivieren:

- »Besömmerung« der Brache mit Futterpflanzen, vorzugsweise Leguminosen zur Bindung von Luftstickstoff, wodurch vor allem die Viehhaltung erweitert wurde (Klee, Luzerne, Lupine, Esparsette, Erbse, Ackerbohne);
- Entwicklung von Maschinen für Bodenbearbeitung, Aussaat und Ernte (intensivere Bodennutzung durch Vertiefung der Pflugfurche, verbesserte Unkrautbekämpfung durch Eggen, allgemein erhöhte Arbeitsleistung);
- Ergänzung von organischem durch mineralischen oder mineralisierten Dünger (Kalk, Mergel, Natursalpeter, Guano, Holzasche, Knochenmehl);

- allmählicher Übergang zu einer verbesserten Dreifelder-
  bzw. Fruchtwechselwirtschaft (jährlicher Wechsel von Getreide und Blattfrüchten: je nach Bodenbeschaffenheit vor
  allem Kartoffel, Zucker- und Futterrübe).

Jede dieser Entwicklungen wurde durch den Aufschwung von
Wissenschaft und Technik, besonders in den Bereichen Pflanzenzüchtung, Düngung und Pflanzenschutz, entscheidend
gefördert und bis heute laufend verbessert. Neue Erkenntnisse über die Grundprinzipien des pflanzlichen Stoffwechsels
erlaubten ein wesentlich gezielteres Vorgehen als zuvor.

Pflanzen unterscheiden sich von Tieren vor allem durch
ihre Fähigkeit, Licht in chemische Energie und damit Kohlendioxid aus der Luft in organische Substanz umzuwandeln
(Photosynthese). Mit Ausnahme einiger Mikroorganismen
hängt alles irdische Leben direkt oder indirekt von dieser Reaktion ab. In allen übrigen Stoffwechselreaktionen und im
chemischen Aufbau unterscheiden sich Pflanzen nicht derart
grundlegend von der übrigen belebten Natur. Alle Organismen und ihre Zellen sind im Prinzip ähnlich aufgebaut. Sie
enthalten neben Wasser, Fetten und Kohlenhydraten zahlreiche organische Stickstoff-, Phosphor- und Schwefelverbin-
dungen sowie Kalium, Natrium, Calcium, Magnesium, Eisen,
Kupfer, Zink und weitere anorganische Spurenelemente, die
mit der Nahrung aufgenommen werden müssen.

Pflanzen ernähren sich hauptsächlich über ihr Wurzelsystem unter entscheidender Mitwirkung von Bodenorganismen. Einige dieser Bodenorganismen, vor allem Pilze, leben
in einer engen und für beide Seiten nützlichen Symbiose mit
den Pflanzenwurzeln (Mykorrhiza).

Nur Kohlendioxid und in begrenztem Umfang Wasser wird
von Pflanzen direkt aus der Luft über die Spaltöffnungen der

Blätter aufgenommen. Alle übrigen Nährstoffe sowie der Hauptanteil des Wassers stammen aus dem Boden. Je nach dessen natürlicher Zusammensetzung ist deshalb, falls vorher Feldbau betrieben wurde, in der Regel ein Mangel an einem oder mehreren Nährstoffen wachstumslimitierend. Sie müssen für eine optimale landwirtschaftliche Nutzung dem Boden wieder zugeführt werden. Jahrtausendelang geschah dies aufgrund praktischer Erfahrung durch organische Düngung, deren wirksame Bestandteile jedoch unbekannt waren.

Erst durch die neuzeitlichen Elementaranalysen der Agrikulturchemiker wissen wir, daß Pflanzen außer Kohlenstoff und einem Teil des Sauerstoffs, die beide aus dem Kohlendioxid der Luft stammen, sowie Wasserstoff aus dem Wasser alle Grundstoffe für ihren komplexen Aufbau in mineralischer (anorganischer) Form aus dem Boden beziehen. Im Gegensatz dazu sind Tiere ausnahmslos auf pflanzliche oder tierische (indirekt also ebenfalls pflanzliche) Nahrung angewiesen. Damit hatte sich die seit Aristoteles bis in das 18. Jahrhundert vorherrschende Meinung, auch Pflanzen nähmen ihre Nahrung in organischer Form aus dem Boden auf, als falsch herausgestellt.

Durch diese Erkenntnis waren die Voraussetzungen für eine gezielte Pflanzenernährung durch genau abgestimmte Mineraldüngung gegeben. Bodenanalysen zeigten jeden Mangel, auch an Spurenelementen, an. Für jede Pflanzenart konnten die individuellen Nährstoffbedürfnisse ermittelt und die Düngung entsprechend optimiert werden. Sofern genügend Wasser vorhanden war und eine gesunde Bodenbiologie (Bakterien, Pilze und Kleinlebewesen) für eine günstige Bodenbeschaffenheit (Bodengare) und den notwendigen Stoffumsatz sorgten, wurden Wachstum und Ertrag bei optimaler Düngung nur noch durch die genetische Konstitution der

Pflanze selbst sowie durch Klima, Konkurrenten (Unkräuter) und Schädlinge limitiert.

Da Pflanzen nur anorganische Nährstoffe benötigen, können synthetische Volldünger, die alles Notwendige enthalten, auf der Basis natürlich vorkommender Mineralien und technischer Abfallprodukte (Hüttenkalk, Thomasmehl) industriell hergestellt werden. Im Gegensatz zu allen übrigen Bestandteilen von Mineraldüngern standen jedoch geeignete Stickstoffverbindungen zunächst nur begrenzt als Chilesalpeter oder Guano zur Verfügung.

Ein entscheidender Durchbruch zu Beginn des 20. Jahrhunderts war deshalb die großtechnische Haber-Bosch-Synthese von Ammoniak aus Luftstickstoff und Wasserstoff. Damit waren auch für stickstoffhaltige Düngemittel große Mengen der von Pflanzen gut verwertbaren Ammoniaksalze zugänglich. Allerdings sind der hohe Energieaufwand bei der Ammoniakherstellung und die mit der Energieerzeugung verbundene Umweltbelastung ein immer stärker ins Gewicht fallender Nachteil. Deshalb ist der Sonderfall der Leguminosen (Hülsenfrüchtler), die keine Stickstoffdüngung brauchen, besonders interessant. Als »Stickstoffsammler« in der Gründüngung decken sie mit Hilfe von Knöllchenbakterien ihren Stickstoffbedarf indirekt aus der Luft.

Die wichtigsten landwirtschaftlichen Nutzpflanzen sind allerdings keine Stickstoffsammler und auf das Vorhandensein oder die Zufuhr sämtlicher Bodennährstoffe, einschließlich Stickstoff, angewiesen. Entsprechend aufwendig, aber auch wirkungsvoll, ist der Einsatz synthetischer Düngemittel. Sie sind zu einem wesentlichen Produktivitätsfaktor im Pflanzenbau geworden und haben die erheblichen Ertragssteigerungen der vergangenen Jahrzehnte entscheidend mitbedingt. Mit der gleichzeitigen Intensivierung des Kapitaleinsatzes wuchs aber auch der Zwang, scharfe Kosten-Nutzen-Rechnungen anzustellen und sich vor Wachstums- und Ernteeinbußen durch Unkräuter, tierische Schädlinge und Krankheiten zu schützen.

Bekämpfung von Unkräutern

Unerwünschte Konkurrenten um Lebensraum, Nährstoffe, Wasser und Licht in Kulturpflanzenbeständen bezeichnen wir als Unkräuter. Sie sind von jeher eine natürliche Begleiterscheinung des Pflanzenbaus gewesen. Die meisten Unkräuter haben erhebliche Wachstumsvorteile gegenüber Kulturpflanzen, die einseitig auf bestimmte, für ihre natürliche Konkurrenzfähigkeit nachteilige Ertragsleistungen hin gezüchtet und deshalb von menschlicher Pflege abhängig sind.

Unkräuter zeichnen sich häufig durch raschen Wuchs, große Widerstandsfähigkeit sowie gute Ausbreitungsfähigkeit und lange Lebensdauer der Samen aus. Die Samen vieler Unkräuter haben im Boden eine Lebensdauer von mehreren Jahrzehnten. Die Mehrzahl der Unkräuter sind einheimische, über lange Zeiträume an Boden- und Klimaverhältnisse angepaßte Wildkräuter und -gräser. Zunehmend werden aber auch aus anderen Regionen oder Erdteilen Ruderalpflanzen (zähe und anpassungsfähige »Schuttpflanzen«) und andere Kulturpflanzenbegleiter eingeschleppt. Bekannte Beispiele für äußerst anpassungsfähige, weltweit verbreitete »Kosmopoliten« sind der Löwenzahn und der Adlerfarn.

Eine wichtige Bekämpfungsmaßnahme ist eine ausgewogene Fruchtfolge mit häufig wechselnden Bearbeitungsmethoden und somit ständig veränderten Wachstumsbedingungen für Unkräuter. Die zunehmende Vereinfachung und Vereinheitlichung der Fruchtfolge in der heutigen Landwirtschaft (in den EU-Ländern beträgt der Getreideanteil ca. 70–80 %) schafft dagegen Bedingungen, unter denen fest etablierte Unkrautpopulationen besonders gut gedeihen. Aber selbst unter günstigeren Umständen ist der Anbau von Kulturpflanzen ohne nachhaltige Unkrautbekämpfung weder im großen (auf dem Feld) noch im kleinen (im Garten) denkbar.

Die älteste, über Jahrtausende laufend verbesserte Methode der Unkrautbekämpfung ist die manuelle oder mechanische Beseitigung durch Jäten, Hacken oder Eggen. Sie wird seit einigen Jahrzehnten durch die Verwendung chemischer Unkrautbekämpfungsmittel (Herbizide) äußerst wirkungsvoll ergänzt. Diese grundsätzlich neue Methode hat einerseits zu den hohen Ertragssteigerungen, andererseits aber auch zu den nachteiligen Umwelteinflüssen der heutigen Landwirtschaft erheblich beigetragen.

Toleranz gegenüber Herbiziden mit möglichst geringen Nebenwirkungen ist deshalb ein wichtiges, häufig allerdings auch mißverstandenes Ziel in der Pflanzenzüchtung. Zum besseren Verständnis sollen einige ausgewählte Beispiele die Anwendung und Wirkungsweise von Herbiziden verdeutlichen.

Herbizide sind synthetische Chemikalien, deren Verwendbarkeit als Unkrautbekämpfungsmittel durch Austesten von insgesamt Millionen von Verbindungen empirisch festgestellt und häufig durch Abänderung der chemischen Struktur optimiert wurde. Heute ist eine Vielzahl von Substanzen mit Herbizidwirkung im Einsatz. Sie unterscheiden sich mehr oder weniger stark in ihrer chemischen Natur und ihrem Wirkungsmechanismus, zeichnen sich jedoch alle dadurch aus, daß sie aufgrund ihrer spezifischen Wirkungsweise Pflanzen mehr schädigen als alle übrigen Organismen. Zusammen mit

Insektiziden, Fungiziden, Bakteriziden usw., die selektiv Insekten, Pilze bzw. Bakterien abtöten oder in ihrer Vitalität beeinträchtigen, gehören Herbizide (lat. *herba* = Kraut, Unkraut) zur Gruppe der Biozide (griech. *bios* = Leben, -*zid* von lat. *caedere* = töten).

Je nach Art der Anwendung und Wirkung werden Blatt- oder Bodenherbizide unterschieden. Beide wirken entweder selektiv auf bestimmte oder gleichermaßen auf alle Pflanzenarten. Letztere werden auch als Totalherbizide bezeichnet. Sie werden wegen ihrer unterschiedslosen Wirkung auf alle Pflanzenarten zum Beispiel auf Bahndämmen, Parkplätzen und öffentlichen Wegen verwendet, während in der Landwirtschaft selektiv, d. h. gegen Unkräuter stärker als gegen bestimmte Nutzpflanzen, wirkende Herbizide gebraucht werden. Für alle Herbizide gilt jedoch, was grundsätzlich auch auf jedes Antibiotikum oder sonstige Arzneimittel zutrifft: Ein Mittel, das völlig frei von Nebenwirkungen ist, kann es nicht geben.

Landwirtschaftlich genutzte Herbizide müssen also doppelt selektiv wirken: einerseits nur gegen Pflanzen, andererseits aber gerade nicht gegen die zu schützenden Nutzpflanzen. Die Schädigung von Pflanzen im Gegensatz zu anderen Organismen beruht auf der Beeinträchtigung pflanzenspezifischer Reaktionen wie der Photosynthese oder anderer Besonderheiten des pflanzlichen Stoffwechsels. Auch durch Anregung übersteigerten Wachstums und vorzeitiger Erschöpfung können Unkräuter schon vor dem Ausbringen der Saat durch »Wuchsstoffherbizide« unschädlich gemacht werden.

Im Pflanzenbau spielt Unempfindlichkeit gegenüber Herbiziden eine wichtige Rolle. Eine vergleichsweise unempfindliche Pflanze wird als herbizidtolerant bezeichnet. Allgemein wird der Begriff *Toleranz* immer dann verwendet, wenn es sich um Unempfindlichkeit gegenüber nichtbiologischen Streßfaktoren handelt, also um Herbizide, Salze, Trockenheit, Hitze, Kälte und alle sonstigen chemischen oder physikalischen Stressoren. Im Unterschied dazu wird bei biologischen Streßfaktoren (Krankheitserregern, Insekten, Nematoden) von *Resistenz* gesprochen.

Selektive Toleranz von Nutzpflanzen gegenüber synthetischen Chemikalien kommt im Vergleich zu den meisten anderen Formen von Toleranz nur sehr selten vor. Dafür gibt es einen einfachen Grund. Erst seit einigen Jahrzehnten werden Herbizide im Pflanzenschutz angewendet. Die Anpassung der Pflanzen durch natürliche Evolution von Toleranzmechanismen hat also im Gegensatz zu Resistenz oder Toleranz gegenüber anderen, schon lange existierenden Gefährdungen kaum begonnen. Gegen sie haben alle Landpflanzen seit Beginn ihrer Evolution vor mehr als 400 Millionen Jahren geeignete Schutzmechanismen ausbilden können.

Dennoch hat die moderne Landwirtschaft auch für viele Krankheitserreger und tierische Schädlinge völlig veränderte, keineswegs nur abweisende Bedingungen geschaffen.

Bekämpfung von Krankheitserregern und tierischen Schädlingen

Ähnlich wie der Mensch selbst, so sind auch seine massenhaft mitvermehrten Nutzpflanzen und -tiere ein riesiger Nährboden für natürliche Feinde. Bessere Bedingungen als der Massenanbau einiger Hauptnahrungspflanzen sind kaum denkbar für die Entstehung und Ausbreitung immer wieder neu angepaßter Stämme von pathogenen Pilzen, Bakterien und Viren. Gleiches gilt für Insekten und andere Kleintiere, die sich als Blatt-, Frucht- oder Wurzelschädlinge – nicht selten auch als

Krankheitsüberträger – zusammen mit ihren Wirtspflanzen ausbreiten (viele Viren werden ausschließlich von bestimmten stechenden und saugenden Insekten übertragen). Manche Insekten, Spinnen, Milben oder Nematoden (Fadenwürmer) haben fast so kurze Generationszeiten wie Mikroorganismen, also auch eine fast so hohe Mutationsfähigkeit zur Überwindung pflanzlicher Abwehrreaktionen.

Neben dem einseitigen Massenanbau hat auch die zunehmende züchterische Beseitigung von Gift- und unangenehmen Geschmackstoffen aus den Nahrungsmitteln nicht unerheblich zu diesem Problem beigetragen. Denn dabei handelt es sich ausgerechnet um diejenige große Gruppe von pflanzlichen Inhaltsstoffen, die eben wegen dieser giftigen oder abstoßenden Eigenschaften eine tragende Rolle in der Abwehr von Krankheitserregern und Fraßschädlingen spielen.

Jeder Landwirt oder Hobbygärtner kennt aus eigener Erfahrung das Ausmaß der Schäden, die von den unterschiedlichsten Arten von Mikroorganismen und Kleintieren in Feld und Garten angerichtet werden können. Einige der bekanntesten Schäden sind Pilzkrankheiten wie Mehltau oder Obstschorf, eingerollte und wachstumsgeschädigte Blätter nach Virusbefall oder Fraßverluste nach Befall durch so verschiedenartige tierische Schädlinge wie Nematoden, Schnecken, Milben, Blattläuse, Kartoffelkäfer oder Fruchtfliegen und ihre Larven. In anderen Regionen gehören nach wie vor Heuschreckenschwärme, die »Geißel Allahs«, dazu, die jedoch in den warmen Klimazonen Mitteleuropas seit den letzten starken Befallsjahren 1873/74 nicht mehr massenhaft aufgetreten sind. Auch größere Tiere wie Nager und Vögel machen uns die Ernte streitig, vor allem bei Pflanzen, deren natürliche Abschreckung aufgrund fehlender Giftstoffe geschwächt ist.

Wiederum hat die synthetische Chemie zur Anwendung mehr oder weniger selektiv wirkender Präparate geführt: Fungizide gegen Pilze, Insektizide gegen Insekten, Akarizide gegen Milben, Nematizide gegen Nematoden, spezielle Ratten- und Mäusegifte usw. (Trotz intensiver Forschung sind Viren besonders schwer zu bekämpfen, da sie keine eigenständigen Organismen sind und sich nur innerhalb ihrer Wirtszellen vermehren können; gerade die aber sollen bei der Bekämpfung nicht geschädigt werden.)

Im Prinzip gilt hier das gleiche wie bei Unkräutern: Chemische Krankheits- und Schädlingsbekämpfung ist die vorherrschende Methode. Auch sie verwendet Substanzen, die sich in langen Serientests rein empirisch als selektiv wirksam herausgestellt haben. Wieder gilt, daß kein Mittel völlig frei von Nebenwirkungen ist und daß wegen der meist sehr begrenzten Selektivität innerhalb einzelner Organismengruppen (z. B. Insekten) Schädlinge und Nützlinge oft gleichermaßen betroffen sind. Bekannte Beispiele von mitbetroffenen nützlichen oder zumindest unschädlichen Insektenarten sind Bienen und Schmetterlinge, von denen viele – wenn auch keineswegs nur aus diesem Grund – auf der Roten Liste vom Aussterben bedrohter Arten stehen.

Die Kehrseite der Erfolge im chemischen Pflanzenschutz war die Anhäufung toxischer Substanzen in verschiedenen Nahrungsketten bis hin zum Menschen, die Ausbildung toleranter Schädlingspopulationen, die immer schwerer bekämpfbar wurden, und eine Verarmung der Mikroorganismenflora und Kleintierfauna im Boden. Sichtbare Folge ist die einseitige Überrepräsentation weniger Arten. Bei einigen Chlorkohlenwasserstoffen mit Insektizidwirkung, beispielsweise bei DDT (Dichlordiphenyltrichloräthan), sind derartige Nachteile besonders ausgeprägt, da diese chemisch wenig reaktiven

Verbindungen biologisch kaum abbaubar sind. Ihre noch vor wenigen Jahrzehnten weitverbreitete Anwendung als hochwirksame Kontaktgifte ist deshalb heute in den meisten Ländern stark eingeschränkt oder verboten.

Wertvolle Alternativen oder Ergänzungen zum chemischen Pflanzenschutz sind die zahlreichen Methoden der biologischen Schädlingsbekämpfung, bei denen der Nachteil der Umweltbelastung geringer ist oder entfällt. Sofern es sich nicht um allgemeine Prinzipien des »ökologischen Landbaus« handelt, beruhen sie entweder auf der Ausnutzung natürlicher Feinde von Schadorganismen (zum Beispiel von Schlupfwespen, deren Larven sich in Blattläusen entwickeln und diese dadurch abtöten) oder auf dem sogenannten Autozidverfahren, in dem etwa durch Bestrahlung sterilisierte Stechmückenmännchen ausgesetzt werden, um durch erfolglose Paarung die weitere Vermehrung einer natürlichen Population zu verhindern. Derartige biologische Methoden haben den Vorteil, äußerst selektiv zu wirken, sind aber bisher nur in sehr wenigen gut untersuchten Fällen anwendbar.

Allgemein ökologisch ausgerichtete Krankheits- oder Schädlingsbekämpfung berücksichtigt möglichst weitgehend alle Faktoren, die auf den Erhalt oder die Wiederherstellung einer artenreichen Biozönose hinwirken und dadurch das Überhandnehmen einzelner Schädlinge verhindern. Sie verlangt im Landbau eine ausgewogene Fruchtfolge und die Vermeidung großflächiger Monokulturen sowie begleitende Maßnahmen des Naturschutzes, beispielsweise die Anlage oder den Schutz von Hecken, sauberen Gewässern und anderen ökologisch wertvollen Biotopen.

Besonders manche Vögel als Saat- und Ernteschädlinge (ebenso wie Bienen als mitgefährdete Nützlinge unter den Insekten) führen uns deutlich vor Augen, wie nah so unter-

schiedliche Ziele wie Ernte- und Naturschutz oft beieinander-
liegen.

In unserem Zusammenhang muß es jedoch zunächst um
eine unvoreingenommene Analyse der Fakten gehen, damit
die Erörterung der Kehrseiten, die mit der »Chemisierung«
der Landwirtschaft verbunden sind, nicht einseitig wird und
am Ziel vorbeigeht. Dazu gehört die Feststellung, daß die Anwendung von chemischem Pflanzenschutz, zusammen mit
chemischer Düngung und moderner Pflanzenzüchtung, entscheidenden Anteil an der enormen Ertragssteigerung der
Landwirtschaft im 20. Jahrhundert hatte. Doch mit der Bevölkerungsexplosion konnte selbst dieser Zugewinn nur selten
Schritt halten: Während die Weizenerträge seit Beginn der
Neolithischen Revolution insgesamt etwa um das 20fache ge-
stiegen sind, ist die menschliche Bevölkerung im gleichen
Zeitraum auf das 600fache, also 30mal so stark, angewachsen.

Für andere Getreidearten und Kartoffeln liegen die Ertragssteigerungen ähnlich hoch. Die dennoch verbleibende große
Differenz zwischen der Steigerung landwirtschaftlicher Erträge und der Bevölkerungszunahme mußte im wesentlichen
durch Ausweitung der Anbaufläche ausgeglichen werden.
Doch inzwischen haben wir die Grenzen dieser Möglichkeit
erreicht.

Kaum wesentlich weiter entfernt dürften die Grenzen dessen liegen, was in Europa und Nordamerika mit Düngung und
chemischem Pflanzenschutz unter bisherigen Bedingungen
erreichbar ist. Theoretisch wäre wohl mit den derzeit verfügbaren Hochleistungssorten unter Anbaubedingungen, die für
die Pflanze in jeder Hinsicht optimal sind (Düngung, Pflanzenschutz, Klima, Boden, Bewässerung), eine nochmalige Er-
tragsverdoppelung möglich. Beispielsweise liegen die Spitzenerträge für Winterweizen in günstigen Anbaugebieten in

Deutschland derzeit bei ca. 100 dt (Dezitonnen) je Hektar, während die Durchschnittserträge bei etwa 60 dt je Hektar liegen.

Aber damit ist noch nicht der Preis genannt, mit dem eine derart extreme Leistung erkauft wird. Eine moderne Kultursorte stellt nicht nur – wie jede Pflanze – für Höchstleistungen höchste Ansprüche an die Wachstumsbedingungen, sie hat auch manche Fähigkeiten der ursprünglichen Wildform im Verlauf ihrer Züchtungsgeschichte eingebüßt. Spitzenleistungen an Ernteerträgen, synchroner Reife, Qualität der Inhaltsstoffe, bei Getreiden an gleichmäßiger Halmhöhe und Halmfestigkeit, bei Kartoffeln an ebenmäßiger Knollenform usw. müssen zwangsläufig auf Kosten anderer Stoffwechselleistungen und genetischer Vielfalt gehen. Dadurch büßen die meisten Kulturpflanzen mit zunehmenden Erträgen immer mehr an natürlicher Widerstandskraft und Konkurrenzfähigkeit mit Wildpflanzen ein.

Hielte man einseitig alle Bedingungen ein, die notwendig sind, um laufend Spitzenerträge einer oder weniger Hauptnahrungspflanzen zu erzielen, so wäre das allein schon wegen der dann fehlenden ausgewogenen Fruchtfolge nicht nur aus ökonomischer Sicht unrealistisch, sondern vor allem aus ökologischen Gründen nicht akzeptabel. Schon die bisher erreichten Durchschnittserträge stellen uns vor schwer lösbare Probleme.

Pflanzenernährung und Pflanzenschutz: intensiv – alternativ – integriert

In den vergangenen Jahrzehnten hat eine investitionsintensive Landwirtschaft vor allem in den Industrieländern zu weitgehend normierten Anbauverfahren mit sehr einseitigen

Fruchtfolgen und zunehmender maschineller Spezialisierung geführt. Trotz chemischem Pflanzenschutz haben sich als Folge einige Unkräuter, tierische Schädlinge und Krankheitserreger stark ausgebreitet (z. B. Ackerfuchsschwanz, Blattläuse, Kraut- und Knollenfäule, Getreidemehltau). Die Bekämpfung wird immer aufwendiger und wegen der Umweltbelastungen immer bedenklicher.

Derart erhebliche strukturelle und organisatorische Veränderungen wurden keineswegs nur durch spezifisch pflanzenbauliche (und viehwirtschaftliche) Entwicklungen hervorgerufen. Der grundsätzliche Wandel in der Sozial- und Wirtschaftsstruktur (Lohngefüge, Landflucht, Automatisierung, wirtschaftliche Konzentration und Globalisierung) hatte großen Anteil daran. Rückkopplung mit den spezifischen Entwicklungen des Landbaus, wie die Züchtung neuer Hochleistungssorten, Düngung und Pflanzenschutz, verstärkte noch zusätzlich diesen allgemeinen Trend.

Beispielsweise wurde der Einsatz von automatisierten Mähdreschern erst möglich und rentabel durch das Zusammenwirken mehrerer sehr unterschiedlicher Faktoren: regionaler Arbeitskräftemangel, hohe Lohnkosten, aus neuen Züchtungen hervorgegangenes Kurzstrohgetreide, das auch bei Sturm und starken Regengüssen nicht umfällt, sowie weitgehende Unkrautfreiheit durch chemischen Pflanzenschutz. Heute erreicht eine Person mit einer solchen »Getreidevollerntemaschine« eine Stundenleistung von zwei Hektar – vom reifen Bestand bis zum in Säcke oder Tanks gefüllten Erntegut. Doch die hohe Investition verlangt eine Amortisation durch rationelle Betriebsführung und intensive Nutzung. Das geschieht am effizientesten dadurch, daß man sich regional auf den Anbau weniger maschinell geernteter Fruchtarten und gemeinschaftliche Gerätenutzung konzentriert.

Eine derartige Intensivierung der landwirtschaftlichen Produktion hat weitere Folgen, die durch die zwangsläufige Aufgabe kleiner und die Ausweitung größerer Betriebe entstehen. Aus mehreren Betriebseinheiten, die viele verschiedene Produkte jeweils in vergleichsweise geringem Umfang herstellen, werden wenige Großbetriebe, die auf die Produktion z. B. von Getreide und Zuckerrüben, von Gemüse, Milch, Eiern, von Rindfleisch oder Schweinefleisch spezialisiert sind.

In unserem Zusammenhang sind von den vielfältigen sozialen und wirtschaftlichen Folgen der intensiven Landwirtschaft vor allem die ökologischen Auswirkungen entscheidend. Dabei fallen auch die oft übersehenen indirekten Folgewirkungen ins Gewicht, etwa die Umweltbelastung durch hohen Energieaufwand für den Ferntransport der Produkte oder für die Herstellung von Stickstoffdünger.

Was zunächst Voraussetzung für eine Mechanisierung der Ernte als Teil einer intensivierten Landwirtschaft war, wurde nun aus Gründen der Rentabilitätsanforderungen selbst intensiviert: Eine wirkungsvolle (chemische) Unkrautbekämpfung war einerseits eine unerläßliche Ausgangsbasis, wurde aber andererseits durch die Ausweitung der Maschinenernte, durch die Vereinheitlichung der Fruchtfolge und die Ausbreitung schwer bekämpfbarer Unkräuter immer aufwendiger und intensiver.

Dieser Circulus vitiosus verstärkt die ohnehin weltweit zunehmenden Umweltbelastungen, die der chemische Pflanzenschutz zusammen mit der Einseitigkeit der Fruchtfolge und der Veränderung der Nährstoffzusammensetzung vieler Böden durch Auslaugung oder nivellierende Düngung verursacht. Aus ökologischer Sicht ergeben sich daraus vor allem folgende Nachteile:

- *Verringerung der natürlichen Artenvielfalt* durch massive direkte und indirekte Förderung von Kulturpflanzen, Begleitunkräutern, tierischen Schädlingen und Krankheitserregern sowie durch direkte und indirekte Schädigung vieler anderer Arten bis zur Ausrottung;
- *toxische Belastung* von Böden, Gewässern und Nahrungsmitteln, vor allem durch Pflanzenschutzmittel und Stickstoffverbindungen (letztere zum Teil aus massierter Düngung in Bereichen der Massentierhaltung);
- *Eutrophierung* (Überversorgung mit Nährstoffen wie Phosphat und Stickstoffverbindungen) insbesondere von stehenden und langsam fließenden Gewässern, u. a. mit der Folge, daß Algen und tierisches Plankton übermäßig wachsen und das Sauerstoffangebot für höhere Tiere vermindern.

Zunehmendes Bewußtsein dieser Probleme hat inzwischen zu vielen Verbesserungsvorschlägen und zur Erprobung alternativer Methoden geführt (»naturnah«, »biologisch-dynamisch«, »organisch-biologisch«, »alternativ«). Sie alle zielen darauf ab,
- auf synthetische Pflanzenschutzmittel so weit wie möglich zu verzichten;
- Unkräuter, tierische Schädlinge und Krankheitserreger durch abgestimmte Fruchtfolgen und Nährstoffversorgung sowie besondere Berücksichtigung von Klima- und Bodenverhältnissen einzudämmen;
- zurückhaltend zu düngen und überwiegend organischen Dünger (tierischen Dung, Stickstoffsammler als Zwischenfrucht) sowie »naturnahen« Mineraldünger (Gesteinsmehl, Hüttenkalk, Rohphosphat) zu verwenden;
- den Boden so zu bearbeiten, daß die Bodenökologie möglichst wenig beeinträchtigt wird.

Jeder sinnvolle und praktikable Vorschlag für ökologische Verbesserungen im Landbau hat doppelten Wert: Er fördert allgemein die Ausbildung eines verbesserten Umweltbewußtseins und entsprechendes Handeln, etwa in Privatgärten und öffentlichen Anlagen (soweit er nicht als dogmatische Ideologie eher das Gegenteil bewirkt). Damit verwirklicht er notwendige Änderungen der bisherigen Praxis in zahlreichen kritischen Bereichen, in denen intensive Landnutzung nicht mehr tolerierbar ist: in schützenswerten Biotopen und Landschaften, in Wasserschutzgebieten und in Gebieten mit Grundwassergefährdung.

Inwieweit alternative Verfahren einer umweltgerechten Landwirtschaft die konventionellen Methoden der intensiven Landnutzung angesichts der zunehmenden Massenerzeugung von Grundnahrungsmitteln beeinflussen werden, muß vor allem bei weiter steigenden Bevölkerungszahlen offenbleiben. Bemühungen um möglichst weitgehende Verbesserungen bei dennoch ausreichender Nahrungsmittelproduktion werden heute im Konzept des integrierten Pflanzenschutzes zusammengefaßt. Ziel dieses Konzepts ist die qualitative Verbesserung und kombinierte Anwendung aller sinnvoll aufeinander abstimmbaren biologischen, mechanischen und chemischen Methoden, um Nahrungspflanzen soweit vor Ernteeinbußen zu schützen, wie dies unter Berücksichtigung ökologischer Belange irgend möglich ist.

Daß ökologische Rücksichten zwar lebensnotwendig sind, angesichts der menschlichen Überbevölkerung aber nur ein Kompromiß sein können, wurde bereits erörtert. Um so mehr stellt sich die Frage, welchen Beitrag die Züchtung neuer Sorten zu dem doppelten Ziel einer hohen Nahrungsproduktion und eines umweltverträglichen Pflanzenschutzes leisten kann.

Zusammenfassung

In ihrem Bezug zur Umwelt läßt sich die bisherige Menschheitsgeschichte in drei Phasen einteilen, deren Übergänge durch die Neolithische und die Wissenschaftlich-technische Revolution markiert werden. Die erste Phase galt der Begründung, die zweite der Sicherung der menschlichen Existenz. Gegenwärtig befinden wir uns in einem entscheidenden Stadium der dritten Phase, in dem es gilt, die Existenz der gesamten irdischen Biosphäre einschließlich des Menschen zu sichern.

Ausreichende menschliche Ernährung setzt voraus, daß unsere Nahrungspflanzen selbst ausreichend ernährt und vor Unkräutern, Krankheiten und tierischen Schädlingen geschützt werden. In jedem dieser Bereiche haben Fortschritte in Wissenschaft und Technik zu erheblichen Ertragssteigerungen, vielfach aber auch zu Umweltbelastungen geführt, die nicht länger tragbar sind. Das verlangt, die Landwirtschaft durch verstärkte Berücksichtigung ökologischer Belange sowie durch verbesserte Integration chemischer, mechanischer und biologischer Verfahren der Düngung und des Pflanzenschutzes auf einen wesentlich verbesserten Umweltschutz abzustimmen. Wichtige Beiträge dazu werden von der Pflanzenzüchtung erwartet.

4. Züchtung von Nahrungspflanzen

Züchtung ist die Nutzung des genetischen Potentials natürlich vorkommender Arten durch gezielt beeinflußte Evolution zu einem bestimmten Zweck, z. B. zur Verbesserung der Qualität und der Erträge von Nahrungsmitteln. Die Geschichte der Kulturpflanzenzüchtung hat höchstwahrscheinlich mit Linsen, Erbsen, Gerste und den Vorläufern des Weizens (Einkorn und Emmer) begonnen. Bald nachdem damit der Anbau und die Domestikation von Nutzpflanzen zu einem neuen Bestandteil der kulturellen Evolution geworden waren, wurden mehr und mehr Nahrungspflanzen sowie andere Nutzungsmöglichkeiten einbezogen. Schon vor der Zeit der ersten europäischen Hochkulturen, etwa um 1500 v. Chr., existierten Kulturformen von fast allen inzwischen weltweit genutzten Nahrungspflanzen.

Heute unterteilen wir eine kaum noch übersehbare Fülle von Kulturpflanzen je nach Nutzungsart in mehrere große Gruppen: Nahrungs-, Futter-, Industrie-, Genußmittel-, Gewürz-, Zier-, Arznei- und Forstpflanzen. Allein die Industriepflanzen gliedern sich weiter auf nach so unterschiedlichen Verwendungsformen wie Holz-, Faser-, Zellstoff-, Stärke-, Kautschuk-, Kork-, Öl-, Harz-, Gerbstoff- oder Farbstoffgewinnung bzw. -verarbeitung. Kaum weniger vielfältig sind die Verwendungszwecke der übrigen Gruppen.

Was im folgenden über die Möglichkeiten und Grenzen der Pflanzenzüchtung exemplarisch dargestellt werden soll, gilt im Prinzip für alle Kulturpflanzen. Dennoch werde ich mich, von wenigen Ausnahmen abgesehen, auf Nahrungspflanzen beschränken, um den hier gesteckten Rahmen – unsere existentiellen Grundbedürfnisse – nicht zu sprengen. Soweit Fachausdrücke dabei unvermeidbar sind, werden sie sowohl im Text als auch in einem Glossar im Anhang erläutert.

Anforderungen an unsere Ernährung

In erster Linie orientieren sich die Züchtungsziele bei Nahrungspflanzen an unserem Bedarf an quantitativ und qualitativ ausreichender Ernährung. Dabei sind die Grenzen der Variabilität des pflanzlichen Erbguts ein entscheidender Faktor. Jedes Züchtungsziel wird also in doppelter Hinsicht von vorgegebenen Erbanlagen eingegrenzt. Neben den genetisch bedingten Eigenschaften der Pflanzen, dem eigentlichen Gegenstand dieses Kapitels, spielen die genetisch bedingten Bedürfnisse des Menschen eine gleichermaßen wichtige Rolle.

Eines unserer Hauptnahrungsmittel, das Brot, ist ein treffendes Beispiel: Im Gegensatz zu vielen pflanzenfressenden Tieren kann der Mensch aufgrund seiner genetischen Konstitution einen Hauptbestandteil der grünen Pflanzenteile, die Zellulose, nicht als Nahrung verwerten (auch wenn sie als Ballaststoff eine andere wichtige Funktion hat). Dagegen ist Stärke, ein chemisch sehr ähnlich zusammengesetztes Kohlenhydrat, für den Menschen sehr gut verdaulich.

Als Hauptbestandteil des Weizenmehls und anderer Getreideprodukte ist Stärke nicht nur ein qualitativ wertvolles, sondern auch das quantitativ wichtigste Nahrungsmittel. Nicht zuletzt aus diesem Grund wird uns die Züchtungsgeschichte des Weizens und einiger weiterer Getreidearten noch näher beschäftigen. Trotzdem wäre Stärke allein kein ausreichendes Nahrungsmittel. Viele andere Nahrungsbestandteile müssen für eine gesunde Ernährung vorhanden sein.

Das weist auf eine weitere Besonderheit der genetischen Konstitution des Menschen hin (entsprechendes gilt mit Abweichungen für viele höhere Tiere). Unser Körper braucht zu seiner gesunden Ernährung – neben Wasser und Mineralsalzen – nicht nur genügend organische Nahrungsbestandteile, die geeignet sein müssen, von Magen und Darm verdaut, vom Blut aufgenommen und dann von der Leber in körpereigene Substanzen umgewandelt zu werden. Wir sind auch auf die regelmäßige Aufnahme von »essentiellen« (lebensnotwendigen) Aminosäuren, Fettsäuren und Vitaminen angewiesen. Zwar werden davon geringere Mengen benötigt. Doch kann unser Körper sie im Gegensatz zu vielen anderen Stoffwechselprodukten nicht selbst synthetisieren und reagiert auf ihr Fehlen in der Nahrung mit Mangelerscheinungen. Ein seit langem bekanntes Beispiel ist Skorbut bei Vitamin-C-Mangel.

Die moderne Ernährungswissenschaft hat wesentlich dazu beigetragen, die Züchtungsziele für eine optimale Nahrungsqualität immer genauer zu definieren. Schon lange ist bekannt, wie wichtig eine abwechslungsreiche Ernährung zur Vermeidung von Mangelerkrankungen ist. So führt einseitige Ernährung mit Mais zu einem Mangel an den essentiellen Aminosäuren Lysin und Tryptophan, mit Reis zu einem Mangel an Vitamin A (Seh- und Immunschwäche), an Vitamin B_1 (Beriberi-Krankheit), an mineralischen Spurenelementen, vor allem Eisen (Blutarmut), Zink und Jod, sowie ebenfalls an einigen essentiellen Aminosäuren.

Allein schon wegen der großen Zahl der Betroffenen sind die Mangelerkrankungen durch einseitige, oft sogar in der

Menge unzureichende Ernährung mit Reis besonders alarmierend. Vor allem in den asiatischen und afrikanischen Entwicklungsländern führen sie jährlich millionenfach zur Erblindung und zum Tod von Kindern und jungen Frauen und werden deshalb im 6. Kapitel noch einmal eine wichtige Rolle spielen.

Entscheidendes Kriterium für Nahrungsqualität ist der physiologische, also letztlich genetisch bestimmte Bedarf des menschlichen Körpers. Das bedeutet ausreichende Mengen von

- verwertbaren organischen Grundnährstoffen (Kohlenhydrate, Fette, Eiweiß),
- allen vom Körper benötigten anorganischen Nährstoffen (Mineralsalze, Spurenelemente),
- allen essentiellen organischen Substanzen (alle Vitamine, einige Aminosäuren und Fettsäuren),
- geeigneten Ballaststoffen für den Verdauungstrakt.

Außerdem gilt für alle Nahrungsmittel als weitere Anforderung, daß sie
- frei sind von Gift- und unangenehmen Geschmacksstoffen (roh oder nach der Zubereitung).

Mit diesen Qualitätsanforderungen und den grundsätzlichen Forderungen nach größtmöglichen Ernteerträgen, günstigen Be- und Verarbeitungsmöglichkeiten sowie nach Berücksichtigung von Umweltkriterien sind die wichtigsten Züchtungsziele umrissen. Eine Auswahl ist in Tab. 1 zusammengestellt. Die Verwirklichung jedes dieser Ziele hängt stark von der Variabilität des für die Züchtung ausersehenen pflanzlichen Erbguts ab.

> **Tab. 1: Wichtige Ziele der Nahrungspflanzenzüchtung auf der Grundlage genetisch bedingter Eigenschaften**
>
> Stärkemenge
> Eiweißmenge und -qualität
> Menge und Qualität von Fetten und Ölen
> Sonstige essentielle Nährstoffe
> Photosyntheseleistung
> Bindung von Luftstickstoff
> Resistenz gegen
>   Krankheitserreger
>   Schadinsekten
> Toleranz gegenüber
>   Herbiziden
>   Trockenheit
>   Salzen
>   Hitze
>   Kälte
> Einheitliche Wuchsform
> Einheitliche Fruchtreife
> Abwesenheit von Gift- und
>   störenden Geschmacksstoffen

Variabilität des pflanzlichen Erbguts

Jede Pflanze ist nach Darwins Evolutionstheorie – ebenso wie der Mensch und jeder andere Organismus – ein über lange Zeiträume erprobtes und an die jeweiligen Umweltbedingungen angepaßtes Lebewesen. Jede so entstandene Art repräsentiert in ihrer äußeren Erscheinungsform einen vielfältigen Kompromiß aus den zahllosen neuen Möglichkeiten, die sich aus Zufallsmutationen ergeben, und den vielfältigen Einschränkungen, die strukturelle und funktionelle Anforderungen an den Gesamtorganismus stellen.

Zur Erläuterung ein sehr allgemeines Beispiel: Funktion, Form, Größe und Anzahl von Blüten, Früchten, Blättern, Stielen und Wurzeln einer Pflanze sind innerhalb gewisser Gren-

zen genau aufeinander abgestimmt. Das Wurzelsystem hält
und trägt die Pflanze, nimmt Wasser und Nährstoffe aus dem
Boden auf und muß mit seiner Breite, Tiefe, Verzweigungs-
struktur und Stoffwechselaktivität der Bodenbeschaffenheit
(Struktur, Wasserversorgung, Nährstoffgehalt) ebenso wie
den Anforderungen der oberirdischen Pflanzenteile (Nähr-
stoffumsatz, Gewicht, Windbelastung, Wasserverdunstung)
optimal angepaßt sein. Entsprechendes gilt für alle übrigen
Organe innerhalb artspezifischer Grenzen.

Ein bestimmtes Maß an Anpassungsfähigkeit an die jeweils
herrschenden Umweltbedingungen ist unerläßlich, z. B. um
Schwankungen im Klima, in der Lichtstärke oder in der Bodenbeschaffenheit auszugleichen. Beispiele für erstaunliche
Unterschiede an Wurzeltiefe oder Sproßlänge derselben
Pflanzenart sind allgemein bekannt: Viele Pflanzen bilden in
trockenen Böden tiefe Wurzeln oder im Dunkeln lange Triebe,
bis sie Wasser und Nährstoffe bzw. genügend Licht erreichen.
Die Grenzen derartiger Anpassung sind einerseits strukturell
durch die statische Abstimmung aller Pflanzenteile aufeinander, andererseits funktionell durch die maximale Stoffwech-
selleistung gegeben, die für überproportionales Wachstum
einzelner Organe von den übrigen mobilisiert werden kann.
Das hat wichtige Konsequenzen für die Züchtung:

• Überproportionale Größe des Ertragsorgans einer Nahrungspflanze (Frucht, Blatt, Knolle, Rübe usw.) im Vergleich zu den übrigen Organen ist zwar ein vorrangiges
  Züchtungsziel, das aber nur in Grenzen erreichbar ist und
  unweigerlich auf Kosten anderer Stoffwechselleistungen
  gehen muß. Beim Anblick eines Riesenkürbis (Beeren-
  frucht) oder eines Blumenkohls (umprogrammierter Blütenstand) ist leicht vorstellbar, wie sehr bei einseitiger Ver-

wendung von Nährstoffen und Sonnenenergie für die Produktion eines weit überdimensionierten Organs alles übrige »auf Sparflamme« reduziert werden muß. Das schränkt notwendigerweise viele andere Leistungen ein, nicht zuletzt die Widerstandsfähigkeit gegen Krankheitserreger, Fraßschädlinge und viele andere Arten von Streß.

• Hohe Wachstumsgeschwindigkeit erfordert entsprechende Nährstoffzufuhr, intensiven Pflanzenschutz und optimale sonstige Wachstumsbedingungen, wie Temperatur, Licht und Wasserversorgung. Auch rascher Wuchs geht in der Regel auf Kosten der allgemeinen Widerstandsfähigkeit.

In diesem Zusammenhang mag eine Gegenüberstellung der Begriffe *Plastizität* und *Variabilität* in Bezug auf die Reaktionsfähigkeit der genetischen Information einer Pflanzenart hilfreich sein. Zwar werden die Begriffe nicht immer klar voneinander unterschieden, doch sollen hier um der notwendigen Klarheit willen folgende Definitionen gelten.

Plastizität (adaptive Modifikation) ist die Anpassungsfähigkeit des Wachstums und anderer Stoffwechselaktivitäten einer Pflanze an ihre Umweltbedingungen, also die plastische Nutzung der im Erbgut festgelegten genetischen Information, z. B. die Anpassung von Sproßlänge oder Wurzeltiefe an die Standortbedingungen. Demgegenüber ist Variabilität (genetische Modifikation) die vererbbare, aufgrund von Mutationen mehr oder weniger stark ausgeprägte genetische Verschiedenheit aller Individuen einer Art, z. B. unterschiedliche Blütenfarbe oder Kältetoleranz innerhalb derselben Pflanzenart; unterschiedliche Augen- oder Haarfarbe beim Menschen.

Plastizität und Variabilität nutzen demnach das genetische Potential auf unterschiedliche Weise: Plastizität ist die Anpas-

sungsfähigkeit der vorgegebenen genetischen Konstitution an
unterschiedliche Umweltbedingungen, Variabilität bezeichnet die individuellen Unterschiede und das Veränderungspo-
tential der genetischen Konstitution innerhalb einer Art.

Die von der Züchtung bewirkte Evolution der Kulturpflanzen beruht demnach – genauso wie die natürliche Evolution
der Arten und ihrer Individuen – auf der Variabilität der genetischen Information. Dagegen bestimmt die Plastizität der
unterschiedlichen Nutzungsmöglichkeiten dieser Information u. a. den Ertrag einer Nahrungspflanze unter den jeweils
herrschenden Bedingungen.

Abb. 16 und 17 (Farbseiten II und III) demonstrieren an je
fünf verschiedenen Beispielen das Potential von genetischer
Variabilität in der Pflanzenzüchtung. Im ersten Fall handelt es
sich um fünf nahe miteinander verwandte Nachtschattengewächse (Abb. 16, Farbseite II), bei denen jeweils eines von vier
verschiedenen Organen züchterisch besonders hervorgehoben wurde: die Blüte der Petunie, das Blatt des Tabaks, die
Früchte von Paprika und Tomate sowie die Knolle der Kartoffel. Bei jeder Art wurde ein charakteristisches Organ züchterisch zur extremen Ausbildung gebracht.

Zwar gibt es von allen fünf Arten wiederum zahlreiche genetische Varianten (Sorten oder Varietäten), deren Blüten,
Blätter, Früchte bzw. Knollen sich in Farbe, Form, Größe, Geschmack, Wassergehalt, Nährstoffzusammensetzung, Lagerfähigkeit, Anpassung an maschinelle Ernte usw. unterscheiden. Aber es gibt keine Kartoffel- oder Tomatensorte mit eßbaren Früchten *und* eßbaren Knollen und auch keine sonstige
doppelte Nutzung einer der fünf Arten – mit Ausnahme einer
Kuriosität, die aber dem Prinzip nicht widerspricht: Anfangs
war die Kartoffel in Europa vor allem wegen ihrer schönen
Blüten als Zierpflanze in Fürstengärten gefragt, bevor die

Knollen im 18. und 19. Jahrhundert zum Volksnahrungsmittel
wurden.

Die Züchtung unserer Nahrungspflanzen konzentriert sich
jeweils auf ein bestimmtes Ertragsorgan, das dabei extreme
morphologische Veränderungen gegenüber der ursprünglichen Wildform erfahren kann. Derartige Metamorphosen
sind besonders auffällig bei einigen Kohlarten (Abb. 17, Farbseite III), die wiederum untereinander nahe verwandt sind:
Vom Blumenkohl verwenden wir den extrem vergrößerten
und gestauchten Blütenstand, vom Raps das Öl der Samen,
vom Weiß- oder Rotkohl die Blätter, vom Kohlrabi die ge-
stauchte Sproßachse und von der Kohlrübe (Steckrübe) die
zum Speicherorgan umgewandelte Hauptwurzel. Sogar eine
zunehmende Zahl von Zierpflanzen gibt es von einigen Kohlarten, zum Teil in sehr verschiedenen Farb-, Form- und Grö-
ßenvarianten.

Derartige Beispiele ließen sich für viele Pflanzenfamilien
anführen. Jede noch so ausführliche Liste müßte jedoch unvollständig bleiben bei der immensen Vielfalt von Nahrungspflanzen, die während der jahrtausendelangen Züchtungsgeschichte domestiziert und in ihrer weiteren Evolution zielge-
richtet beeinflußt wurden.

Herkunft unserer wichtigsten Nahrungspflanzen

Nicht für alle Kulturpflanzen ist die botanische und geographische Herkunft sicher bekannt. Dennoch läßt sich für die
meisten wichtigen Nahrungspflanzen die Spur recht genau
auf eine ursprüngliche Wildform zurückverfolgen. Dabei fällt
auf, daß es bevorzugte Herkunftsgebiete sind, in denen die
Wildformen in Populationen mit besonders großer geneti-

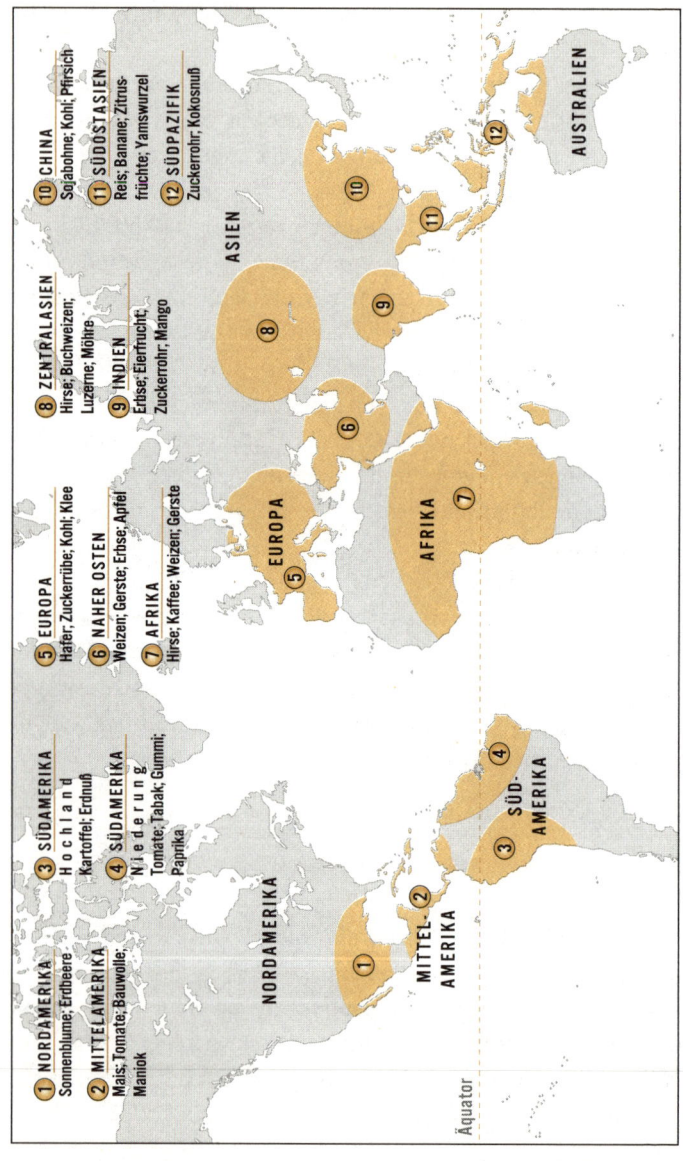

1 NORDAMERIKA
Sonnenblume; Erdbeere

2 MITTELAMERIKA
Mais; Tomate; Bauwolle;
Maniok

3 SÜDAMERIKA
H o c h l a n d
Kartoffel; Erdnuß

4 SÜDAMERIKA
N i e d e r u n g
Tomate; Tabak; Gummi;
Paprika

5 EUROPA
Hafer; Zuckerrübe; Kohl; Klee

6 NAHER OSTEN
Weizen; Gerste; Erbse; Apfel

7 AFRIKA
Hirse; Kaffee; Weizen; Gerste

8 ZENTRALASIEN
Hirse; Buchweizen;
Luzerne; Möhre

9 INDIEN
Erdnuß; Eierfrucht;
Zuckerrohr; Mango

10 CHINA
Sojabohne; Kohl; Pfirsich

11 SÜDOSTASIEN
Reis; Banane; Zitrus-
früchte; Yamswurzel

12 SÜDPAZIFIK
Zuckerrohr; Kokosnuß

NORDAMERIKA

MITTEL-
AMERIKA

SÜD-
AMERIKA

EUROPA

AFRIKA

ASIEN

AUSTRALIEN

Äquator

scher Vielfalt vorkommen. Meistens hat in diesen »Mannigfaltigkeitszentren« (»Genzentren«) auch die Domestikation
begonnen. Abb. 18 zeigt die Herkunftsgebiete für eine Auswahl wichtiger Nahrungspflanzen. Fast alle von ihnen werden
inzwischen in den verschiedensten Regionen der Erde angebaut, soweit Klima und Bodenbeschaffenheit dies zulassen.

Die Anpassung an unterschiedliche Standortverhältnisse
durch Züchtung geeigneter Sorten ist schon immer ein wichtiges Ziel der Pflanzenzüchtung gewesen. Noch heute haben
die »Genzentren« dabei große Bedeutung als Ausgangsmaterial für die Züchtung neuer Sorten. Manche der dort heimi-
schen Wildformen besitzen genetisch bedingte Eigenschaften,
die in den hochgezüchteten Sorten der heutigen Anbaugebiete nicht mehr vorhanden oder zu schwach ausgeprägt sind
(z. B. Gene für spezifische Krankheitsresistenz).

Die besonders große genetische Vielfalt der ursprünglichen
Flora und Fauna ist eine Folge der Mannigfaltigkeit der Umweltbedingungen in einzelnen Regionen derartiger Zentren.
Verschiedene Klima- und Bodenverhältnisse in nahe benachbarten Gebirgstälern, Hochebenen oder Flußniederungen
üben unterschiedlichen Selektionsdruck auf getrennte Populationen derselben Art aus.

Zum Schutz vor möglicherweise unwiederbringlichen Ver-
lusten, beispielsweise durch Umweltschäden aller Art, werden
in zahlreichen internationalen Forschungsinstituten der FAO
(Food and Agriculture Organization of the United Nations),
einer UN-Sonderorganisation, Hunderttausende von Samenmustern als Genressourcen (»Genbanken«) gesammelt und

Abb. 18 Mannigfaltigkeitszentren, aus denen der größte Teil unserer
heutigen Nahrungspflanzen stammt.

gelagert. Ein großer Teil dieser Muster stammt aus den in
Abb. 18 gezeigten Genzentren. Sie stehen weltweit den Pflan-
zenzüchtern als Ausgangsmaterial für neue Sorten zur Verfügung.

Zu den in Tab. 1 genannten Züchtungszielen tritt somit als
weiteres Ziel die Anpassung von Nahrungspflanzen verschiedenster Herkunft an unterschiedliche klimatische Bedingungen, ökologische Verhältnisse und Anbaumethoden sowie an
Verarbeitungstechniken und Eßgewohnheiten. Einiges davon
wird weiter unten an ausgesuchten Beispielen näher erläutert.
Pauschal zusammengefaßt (Tab. 2) ergeben sich mehrere
Hauptzielrichtungen bei der Züchtung von Nahrungspflanzen, die seit Beginn der landwirtschaftlichen Nutzung verfolgt wurden.

Tab. 2: Allgemeine Züchtungsziele in Ergänzung zu den spezifischen, in Tab. 1 aufgeführten Zielen
Ernteerträge
Nahrungsqualität
Standortverträglichkeit
Lagerfähigkeit
Resistenz- und
Toleranzeigenschaften
Anbautechniken
Verarbeitungstechniken

Auch in der Verfolgung dieser Ziele hat die Wissenschaftlich-
technische Revolution große methodische Fortschritte gebracht. Doch war durch mehr oder weniger gezielte Auswahl
(Auslese, Selektion) auch vorher schon viel erreicht worden.

Auswahlzüchtung: Eine uralte Methode

Jeder Ackerbauer, der sein Saatgut nicht im Handel erwirbt, betreibt Auswahlzüchtung: Er wählt aus der Ernte einen Teil für die nächste Aussaat aus. Das kann eine bewußte oder eine unbewußte Auswahl sein. Die bewußte Auswahl wird in der Regel in züchterischer Hinsicht mehr bewirken, doch auch die unbewußte führt nach mehreren Wiederholungen zu einer Veränderung – einer neuen Varietät – gegenüber der Ausgangspopulation. Nehmen wir als Beispiel einen Fall, der sich in der Frühphase des Ackerbaus so oder ähnlich ereignet haben mag:

Der Ort des Geschehens könnte ein natürlicher Gerstestand irgendwo im Bereich des Fruchtbaren Halbmonds gewesen sein. Er wurde von einer nahe gelegenen Siedlung aus über mehrere Jahre regelmäßig im Spätsommer abgeerntet. Nach einiger Zeit bemerkten die Siedler einen Rückgang der Erträge und lernten, dies durch Aussaat eines Teils der Ernte auszugleichen. Die Ernte mußte rechtzeitig vor dem Zerfallen der Ähren erfolgen und enthielt eine Mischung aus schon reifen und noch unreifen Körnern. Zum Essen war beides geeignet, aber bei der Aussaat gingen nur die reifen Körner auf. Ihre frühe und gleichzeitige Reife war in den Grenzen der Variabilität genetisch programmiert und wurde auf die nächste Generation vererbt, die folglich bei der Ernte des folgenden Jahres stärker vertreten war. So wurde mit der Zeit aus einer Mischpopulation mit sowohl früh als auch spät reifender Gerste eine immer einheitlichere Population der früh reifenden Varietät.

Als Handelspartner dieser Siedlungsgemeinschaft, deren neue Gerstensorte vermutlich ein wertvolles Tauschobjekt darstellte, könnte eine andere Siedlungsgemeinschaft aus einem höher gelegenen Gebirgstal günstiges Ausgangsmaterial für Mahlsteine zum Tausch angeboten haben. Über diesen Handel wäre die neue Gerstevarietät in das rauhere Gebirgsklima gekommen, wo Winterfestigkeit ein zusätzliches Auswahlkriterium wurde. Das Ergebnis läßt sich leicht ausmalen: Unter diesen veränderten Auswahlbedingungen entstand eine neue Varietät von früh reifender und winterfester Gerste.

Alle weiteren Veränderungen folgten dem gleichen Prinzip, das letztlich auf der Ausnutzung der genetischen Variabilität natürlicher Populationen beruht. Aus jeder eßbaren Wildpflanze, die sich zur Domestikation eignete, sind auf diese Weise über viele Stufen der zunächst unbewußten, später bewußten Auswahlzüchtung zahlreiche Kulturformen mit zum Teil stark voneinander abweichenden Merkmalsausprägungen hervorgegangen. Einige konkrete Beispiele werden die Vielfalt der Möglichkeiten noch genauer aufzeigen.

Nach jahrtausendelanger erfolgreicher Anwendung wurde diese Form der Auswahlzüchtung zu Beginn des 20. Jahrhunderts durch eine wissenschaftlich fundierte Kreuzungszüchtung auf ein neues, wesentlich effizienteres Niveau gehoben. Zu diesem Zeitpunkt waren alle Hauptnahrungspflanzen längst Kulturpflanzen geworden, die damit gegenüber den ursprünglichen Wildformen in der freien Natur nicht mehr konkurrenzfähig waren. Ohne Auswahlzüchtung und menschliche Pflege hätte ihre Evolution so nicht stattgefunden.

Kreuzungszüchtung: Angewandte Genetik

Während Auswahlzüchtung von Individuen ausgeht, die in einer vorgegebenen Population innerhalb der genetischen Variationsbreite von vornherein vorhanden sind, erzeugt Kreuzungszüchtung gezielt Individuen mit neuen Merkmalskombinationen, die vorher so nicht aufgetreten waren. Beispielsweise ist der soeben beschriebene hypothetische Fall einer Auswahlzüchtung von frühreifer und winterfester Gerste nur dann realistisch, wenn schon zu Beginn der Auslese in mindestens einem Individuum die genetische Information für beide Merkmale ausgeprägt war und an genügend Nachkommenschaft zum Aufbau einer neuen Population weitervererbt wurde.

Ist die Merkmalskombination nicht von vornherein vorhanden, kann Auswahlzüchtung bestenfalls günstige Selektionsbedingungen nach ihrem zufälligen Entstehen durch natürliche Kreuzung oder Mutation bereithalten. Dagegen erstrebt Kreuzungszüchtung die gezielte Vereinigung von genetisch bedingten Merkmalen, die zunächst getrennt in verschiedenen Individuen auftraten, in einer neuen Varietät.

Wissenschaftliche Grundlage für dieses neue und wesentlich gezieltere Vorgehen war ein neuer Zweig der Biologie: die Genetik (Vererbungslehre). Ihr Begründer war der Augustinermönch Gregor Mendel. Die aus seinen Kreuzungsexperimenten abgeleiteten Vererbungsregeln und die ihnen zugrunde liegende Wirkungsweise von Genen sind für das Verständnis des folgenden von so entscheidender Bedeutung, daß die Grundaussagen hier kurz zusammengefaßt werden sollen.

Jedes Lebewesen, bei mehrzelligen Organismen fast jede Zelle, enthält die gesamte genetische Information in Form von Tausenden von Genen, den Trägern von je einer Erbanlage. Die Summe aller Gene, das *Genom*, legt den *Genotyp* fest, der zusammen mit den wechselnden Umwelteinflüssen das äußere Erscheinungsbild, den *Phänotyp* eines Individuums bestimmt.

Je nach Verwandtschaftsgrad unterscheiden sich einzelne

Lebewesen in ihrer genetischen Zusammensetzung mehr oder weniger stark voneinander. Innerhalb des Pflanzenreichs sind z. B. alle in Abb. 16 (Farbseite II) gezeigten Mitglieder der Familie der Nachtschattengewächse sehr viel näher miteinander verwandt als mit irgendeinem Mitglied einer anderen Familie, etwa den Kreuzblütlern, zu denen die Kohlarten der Abb. 17 (Farbseite III) gehören.

Asexuelle (ungeschlechtliche) Vermehrung, etwa durch Ableger oder Stecklinge, führt zu genetisch identischen Individuen, d. h. zu Klonen, sexuelle Vermehrung (Kreuzung) dagegen immer zu einer Zufallsmischung der elterlichen Gene, also zu genetisch verschiedenen Individuen.

Bei sexueller Vermehrung besteht die engste Verwandtschaft zwischen Eltern und Kindern bzw. zwischen Geschwistern. Bei ihnen ist im statistischen Mittel jeweils die Hälfte aller Gene identisch. Da sich aber die väterlichen von den mütterlichen Genen unterscheiden (häufig am Phänotyp erkennbar, z. B. an der Blüten- bzw. Augenfarbe oder sonstigen äußerlich wahrnehmbaren Erbmerkmalen), ergibt deren zufällige Mischung für jeden Nachkommen einen anderen Genotyp.

Mit anderen Worten: Jedes Individuum, jede tatsächlich verwirklichte Kombinationsmöglichkeit von Genen, ist einmalig. Sie kann sich in der gesamten Erdgeschichte aus zwei sehr unterschiedlichen Gründen nicht wiederholen. Erstens ist die statistische Wahrscheinlichkeit, daß genau dieselbe Mischung aus zweimal vielen Tausenden von Genen entsteht, nahezu unendlich gering. Zweitens treten immer wieder spontan Mutationen in einzelnen Genen auf, und die Gene können ihre Positionen im Genom wechseln.

Bei jeder Zellteilung kann jedes Gen mit einer geringen, aber endlichen Wahrscheinlichkeit davon betroffen sein: Die

Gene und Genome verändern sich. Über den langen Zeitraum
von etwa 400 Millionen Jahren, den man für die Evolution der
höheren Landpflanzen annimmt, hat dies den vielen jetzt lebenden Arten ermöglicht, sich stetig so zu verändern, wie es
die sich ebenfalls ändernden Umweltbedingungen erforder-
ten. Andererseits waren die Mutationen selten genug, um zu
jedem beliebigen Zeitpunkt die Artgrenzen sicherzustellen.

Trotz ihrer genetischen Einmaligkeit sind sämtliche Individuen derselben Art einander in allen wesentlichen Merkmalen so ähnlich und allen übrigen Arten so unähnlich, daß die
Art damit eindeutig definiert ist. Von seltenen, für die Pflanzenzüchtung jedoch sehr wichtigen Ausnahmen abgesehen,
sind Artgrenzen deshalb sehr einfach daran erkennbar, daß
die genetischen Unterschiede für eine sexuelle Kreuzung zu
groß sind. Das gilt in aller Regel auch innerhalb von Familien
oder Gattungen, so daß zum Beispiel Kartoffel mit Tomate
oder Weizen mit Gerste nicht kreuzbar sind.

Zu Mendels Zeiten war die chemische Natur der Gene noch
unbekannt. Inzwischen haben wir darüber sehr detaillierte
Kenntnisse, die als Grundlagen der Gentechnik den Inhalt des
nächsten Kapitels bilden werden. Auch die praktische Nutzanwendung der von Mendel begründeten Genetik in der
Kreuzungszüchtung neuer *Kulturvarietäten* (= *Sorten*) war
bereits eine erste Form von »Gen-Technik«, obwohl dieser Begriff dafür noch nicht geprägt wurde.

Kreuzungszüchtung eröffnet jedoch nicht nur neue Möglichkeiten, sondern hat auch klare Grenzen.

Möglichkeiten und Grenzen der Kreuzungszüchtung

Kreuzungszüchtung ist praktische Nutzanwendung und Grundlagenforschung zugleich. Denn das exakt vorhersehbare, ideale Verhalten eines Gens nach den Mendelschen Erbregeln ist in der züchterischen Praxis eine seltene Ausnahme. Dafür gibt es zwei biologisch bedeutsame Gründe. Erstens unterscheiden sich die Kreuzungspartner in aller Regel nicht nur in einem bestimmten Gen, das für ein gewünschtes Merkmal verantwortlich ist. Viele weitere Unterschiede in der genetischen Konstitution eines Individuums beeinflussen sich immer auch gegenseitig in der Art und Intensität ihrer Ausprägung. Zweitens ist für ein bestimmtes Merkmal nur selten ein einzelnes Gen verantwortlich.

Einer dieser seltenen Fälle eines *monogenen* (auf nur einem Gen beruhenden) Erbgangs ist die Farbe der Erbsenblüte, mit der Mendel experimentiert hat. Mendel muß also eine besonders glückliche Hand, viel intuitives Gespür oder beides besessen haben. Dagegen werden die meisten züchterisch interessanten Merkmale *polygen* (durch mehrere Gene) vererbt.

Der Züchter ist also immer auch Züchtungsforscher, der mit jeder neuen Kreuzung herauszufinden sucht, welche Merkmalskombinationen unter den Nachkommen bevorzugt und in praktisch nutzbarer Form ausgeprägt sind. Er erforscht auf diese Weise aber nicht nur das Ausprägungsverhalten der Gene zueinander. Er erfährt dadurch auch immer etwas über den »genetischen Hintergrund« der Individuen, von denen er ausgeht, d. h. welche weiteren genetisch bedingten Merkmale in den Kreuzungspartnern in nutzbarer Form vorhanden und welche nicht vorhanden sind.

Das Züchtungsergebnis (die neue Sorte oder Varietät) ist notwendigerweise ein stark vereinheitlichter Genotyp und stellt somit eine gezielte Einengung der ursprünglichen Variationsbreite dar. Züchtung ist das Bemühen, bestimmte – meistens mehrere Merkmalskombinationen gleichzeitig – besonders hervorzuheben: z. B. in einer ertragreichen, frühreifen, winterfesten, zähspindeligen, unbespelzten, herbizidtoleranten und möglichst auch noch mehltauresistenten Getreidesorte. Das bedeutet unausweichlich die Vernachlässigung oder den Verlust anderer Merkmale, die zwar in der Ausgangspopulation vorhanden, für den Züchter aber entweder nachteilig oder von untergeordneter Bedeutung waren.

Mit Hilfe der Kreuzungszüchtung können im Prinzip beliebige, sowohl äußerlich erkennbare als auch unsichtbar in den Kreuzungspartnern vorhandene Artmerkmale in einer neuen Varietät vereinigt werden. Eine Grundvoraussetzung muß allerdings erfüllt sein: Die Merkmale müssen einen passenden genetischen Hintergrund vorfinden, der ihre Ausprägung in der gewünschten Intensität zuläßt. Die Eignung eines bestimmten Genotyps dafür ist nur bedingt vorhersagbar, da unsere Kenntnisse über die Mechanismen der Merkmalsausprägung im Detail noch sehr begrenzt sind.

Vorerst ist Merkmalsausprägung überwiegend eine Erfahrungstatsache und muß in jedem Einzelfall praktisch erprobt werden. Der Züchter kennt normalerweise nicht den Anteil, den ein einzelnes Gen am Zusammenwirken aller Gene hat, die an der Ausprägung eines komplexen Merkmals beteiligt sind (z. B. Winterfestigkeit oder Trockentoleranz). Wichtig ist das Endergebnis: die Intensität der Merkmalsausprägung.

Eine zweite Voraussetzung für die Kombination von Merkmalen durch Kreuzungszüchtung (neben dem passenden genetischen Hintergrund) ist die sexuelle Verträglichkeit (Kreuzbarkeit) der Ausgangsindividuen. Sie ist, von Ausnahmen abgesehen, nur innerhalb von Arten gegeben. Ähnlich wie Inzucht bei vielen Pflanzenarten durch sexuelle Unverträglichkeit nahe verwandter Individuen derselben Art verhindert wird, sind auch Arten gegen Vermischung in der Regel durch wirksame Mechanismen der sexuellen Unverträglichkeit geschützt.

Wenige Ausnahmen von diesen »Bastardierungssperren« führen zu *Artbastarden*, die allerdings bei Tieren nicht fortpflanzungsfähig sind (z. B. Maulesel oder Maultier als Artbastarde von Pferd und Esel). Bei Pflanzen werden Bastardierungssperren nicht ganz so strikt eingehalten wie bei Tieren. Häufig entstehen dabei sogar fortpflanzungsfähige Gattungs- oder Artbastarde (*Hybride*), von denen allerdings nur wenige in der Züchtung eine wichtige Rolle spielen (Seite 147 ff.).

Fast ausnahmslos ist deshalb Kreuzungszüchtung nur innerhalb der natürlichen Artgrenzen möglich. Welche Mechanismen für die Ausbildung und Einhaltung der sexuellen Unverträglichkeit zwischen Arten verantwortlich sind, ist noch weitgehend unverstanden. Für die spätere Diskussion ist wichtig, daß das Überschreiten dieser Barrieren in der Kreuzungszüchtung sehr selten, in der Züchtung mit Gentechnik dagegen im Prinzip unbegrenzt möglich ist.

Der Züchter ist Forscher in doppelter Hinsicht: Er erforscht die möglichen Merkmalskombinationen, die für jeden zufällig verwirklichten Genotyp mehr oder weniger verschieden sind, und er erfährt dabei, ob ein bestimmtes Merkmal nach den Mendelschen Regeln durch ein einzelnes, auf diese Weise »operational« (durch die Operation des Züchtens) definierbares Gen auf die Nachkommen übertragen wird. Der häufigere Fall ist jedoch die polygene Merkmalsvererbung, die auf komplexeren Übertragungsmechanismen beruht.

Die operationale Definition von Genen durch die Züchtungsergebnisse war eine entscheidende Voraussetzung für die heutige, wesentlich detailliertere Analyse einzelner Gene mit den Methoden der Molekularbiologie sowie für ihre Übertragung mittels Gentechnik.

Eine wichtige Ergänzung erfuhr die Erforschung der Gene durch die Möglichkeit, Mutationen künstlich auszulösen. Durch geeignete chemische oder physikalische *Mutagene* (= Mutationsauslöser: natürliche oder synthetische Substanzen; ultraviolette, radioaktive oder Röntgenstrahlung) kann die Mutationshäufigkeit stark erhöht werden. Erbliche Veränderungen der genetischen Information treten dann nicht mehr mit der sehr niedrigen natürlichen Häufigkeit, sondern mit einer um viele Größenordnungen gesteigerten Häufigkeit auf (eine Mutation auf 100 statt auf 100 000 bis eine Milliarde Gene). Wenn dann ein bestimmtes Merkmal in einem Individuum nicht mehr erscheint, hat eine Mutation ein dafür verantwortliches Gen getroffen.

Durch künstliche Mutationsauslösung können nicht nur zuvor aktive Gene inaktiviert, sondern auch umgekehrt vorher inaktive Gene aktiviert werden. Der zweite Fall ist zwar seltener, doch ergibt sich durch die Summe beider Möglichkeiten eine erhebliche Erweiterung der natürlichen genetischen Variationsbreite, die in der *Mutationszüchtung* seit Jahrzehnten praktisch genutzt wird.

So viel zu den Möglichkeiten und Grenzen der Kreuzungszüchtung. Sie hat Auswahl zwar nicht überflüssig gemacht, aber doch so weit in ein neuartiges, wissenschaftlich fundiertes Konzept der Pflanzenzüchtung integriert, daß die Auslese von Zufallsergebnissen durch gezielte Merkmalskombinationen abgelöst wurde.

Daß ein Zusammenwirken dieser neuen Züchtungsmethode mit wesentlichen Änderungen in der Anbau- und Erntetechnik, der Pflanzenernährung und dem Pflanzenschutz zu den großen Steigerungen der Ernteerträge im 20. Jahrhundert geführt hat, wurde bereits erwähnt. Die folgenden Beispiele sollen einige wichtige Ergebnisse und Besonderheiten der Pflanzenzüchtung näher erläutern.

Beispiel Getreide

Seit Beginn des Ackerbaus im Neolithikum sind Getreidearten die wichtigsten Kulturpflanzen für die menschliche Ernährung. Dafür gibt es mehrere Gründe. Die Früchte (Getreidekörner) haben einen hohen Nährwert, sind wegen ihres geringen Wassergehalts gut lagerfähig und lassen sich auf vielfältige Weise zubereiten. Die meisten Getreidearten – besonders Weizen, Mais und Gerste – haben sich während der Domestikation als äußerst anpassungsfähig an unterschiedliche Klima- und Bodenverhältnisse erwiesen; sie sind – im Vergleich zu vielen anderen Kulturpflanzen – anspruchslos in Anbau, Pflege und Ernte; sie ergeben hohe Flächenerträge; und sie sind relativ widerstandsfähig gegen Schadorganismen und konkurrenzfähig gegenüber Unkräutern.

In der Reihenfolge der globalen Ernteerträge sind Weizen, Reis, Mais, Gerste, Hafer, Sorghumhirse, Roggen und »echte« Hirsen die wichtigsten Getreidearten. Davon führen die ersten drei mit Abstand die Liste unserer meistangebauten Nahrungsmittel an. Schon die Herkunft des Wortes Getreide aus dem Althochdeutschen (= Ertrag, Besitz) unterstreicht ihre Bedeutung.

Die ältesten domestizierten Kulturpflanzen sind sehr wahrscheinlich Gerste sowie Einkorn und Emmer, die beiden heute nur noch wenig angebauten Vorläufer des Weizens. An der langen Züchtungsgeschichte dieser Getreidearten läßt sich exemplarisch eine Reihe wichtiger Ziele und Ergebnisse der Kulturpflanzenzüchtung verfolgen. Abb. 18 hatte uns bereits gezeigt, daß ihre geographische Herkunft vor allem das Mannigfaltigkeitszentrum des Fruchtbaren Halbmonds ist, daneben auch südlich und östlich angrenzende Gebiete in Nordafrika und Zentralasien.

Alle Wildformen, aus denen unsere heutigen Kultursorten von Gerste und Weizen hervorgegangen sind, hatten eine brüchige Ährenspindel. Sie hilft den Pflanzen unter natürlichen Bedingungen, ihre Samenkörner weit zu verbreiten. Abb. 19 zeigt, wie nach der Reife von Wildformen die Ährenspindeln an vorgeformten Bruchstellen auseinanderfallen und damit die Samenkörner einzeln zur Ausbreitung durch Wind, Insekten und Vögel oder durch Haften im Tierfell freigeben. Dieses natürliche Ziel einer optimalen Ausbreitung steht dem menschlichen Streben nach möglichst einfacher und ertrag-

Abb. 19 Schematische Darstellung der Spindelbrüchigkeit von Ähren (links), die durch Auslese spontan auftretender Mutanten (rechts) bei allen wichtigen Getreidearten weggezüchtet wurde.

reicher Ernte entgegen. Deshalb bedeuteten Mutationen zur
Zähspindeligkeit, die offenbar schon frühzeitig spontan auftraten und die Ernte reifer Körner an intakten Ähren ermöglichten, einen entscheidenden Fortschritt bei der Domestikation von Gerste und Weizen.

Es wird nicht schwerfallen, die neue Errungenschaft der
Zähspindeligkeit und ihre bevorzugte Auslese durch den Menschen in das oben skizzierte Bild von der Auswahlzüchtung
einer frühreifen und winterfesten Gerstevarietät aufzuneh-
men (Seite 135). Ergänzen wir ferner die jahrtausendelange
Prozedur der Auslese von günstigen Merkmalen durch hohe
Keimbereitschaft, aufrechten Wuchs, Halmfestigkeit, Krankheitsresistenz, hohen Ertrag, Nahrungs- bzw. Back-, Futter-
oder Brauqualität und einfache Verarbeitung, z. B. leichte
Trennung von Korn und Spelzen beim Drusch von »Nacktger-

Abb. 20 Vergleich von Wildform
und moderner Hochleistungssorte der Gerste.

ste« oder »Nacktweizen«, so ergibt sich insgesamt der große Unterschied zwischen ursprünglicher Wild- und heutiger Kulturform. Abb. 20 zeigt als Beispiel zwei Gerstevarietäten.

In günstigen Fällen ist jedes einzelne dieser Züchtungsziele bis hin zur marktreifen, von der zuständigen Behörde zugelassenen Sorte nicht schneller als in fünf bis zehn, häufig erst nach sehr viel mehr Jahren erreichbar.

Weizen, ein natürlicher Bastard

Weizen ist nicht nur unsere wichtigste Nahrungspflanze, sondern auch ein gutes Beispiel für eine komplexe Züchtungsgeschichte auf der Basis von drei verschiedenen, zunächst auf natürlichem Weg entstandenen Artbastarden. Die heutigen, daraus entwickelten Kulturweizenarten sind Einkorn, Emmer, Hartweizen, Dinkel und Weichweizen, von denen wiederum Hart- und Weichweizen für die menschliche Ernährung bei weitem die wichtigsten sind.

Hartweizen ist das bevorzugte Ausgangsmaterial für Teigwaren, Graupen und Gries, während Weichweizen vor allem zum Backen von Brot und als Viehfutter verwendet wird. Für die Herstellung von Weizenstärke, Weizenbier, Kornbranntwein und Whisky werden jeweils speziell dafür entwickelte Weizensorten angebaut.

Bastardierung erfolgt bei einigen Weizenarten auch ohne züchterischen Zwang in der freien Natur und ergibt fruchtbare Bastarde. Nach heutiger Kenntnis ist das wilde Einkorn eine von zwei Vorstufen des wilden Emmers. Dieser natürliche Artbastard wurde durch Züchtung zu Kulturemmer und Hartweizen weiterentwickelt. Die zweite Vorstufe des Emmers ist unbekannt. Durch weitere Bastardierung des Em-

mers mit einem nahe verwandten Wildgras entstanden
schließlich unter anderem Weichweizen und Dinkel.

Durch archäologische Funde im Bereich des Fruchtbaren
Halbmonds (Seite 58) wissen wir, daß alle Bastardierungsstu-
fen bereits im 7. Jahrtausend v. Chr. nebeneinander als Kulturformen verwendet wurden. Die Bastardierung verlieh dem
Weizen seine guten Wachstumseigenschaften unter verschiedenen Boden- und Klimaverhältnissen. Eine ebenso entscheidende Folge der Bastardierung waren wesentlich höhere Ernteerträge, als sie mit den artreinen Vorfahren oder deren Kulturformen erzielt werden konnten.

Neben Standortanpassung und Ertragserhöhung ist die
Verarbeitungsqualität des Weizens immer mehr zum Zielob-
jekt der züchterischen Verbesserung geworden. Das eigentliche Ertragsorgan des Weizens und anderer Getreidearten ist
die Frucht (das Korn), soweit nicht alle oberirdischen Pflanzenteile als Viehfutter verwendet werden.

Das Korn besteht bei den heutigen Kultursorten zum überwiegenden Teil aus einem stärkehaltigen Mehlkörper. Dieser
Mehlkörper ernährt den Embryo (den für die Vermehrung
wichtigsten Teil der Frucht) von der Samenkeimung bis zur
beginnenden Photosynthese in den grünen Pflanzenteilen. Im
Lauf der Domestikation wurde der Mehlkörper als eigentliche
Grundlage unserer Ernährung immer stärker herausgezüchtet, so daß die Körner heute ca. 70 % Stärke enthalten; dazu
kommen ca. 12 % Eiweiß sowie alle notwendigen Mineral-
stoffe und Vitamine.

In diesem Zusammenhang sei noch einmal daran erinnert,
daß die züchterische Herausbildung eines derart großen
Mehlkörpers für die Pflanze widernatürlich ist und die Vermehrung in der freien Natur stark behindert. Sie entspricht
durchaus den in Abb. 16 und 17 (Farbtafeln II und III) gezeig-

ten, die Stoffwechselkapazität ebenfalls extrem herausfordernden Ertragsleistungen anderer nahrungliefernder Pflanzenorgane. (In der Tierzüchtung – besonders auffällig bei Milchkühen – gilt sinngemäß das gleiche.)

Bei der Züchtung von Weichweizen sind neben dem Körnerertrag und vielen anderen Eigenschaften auch die Mahlfähigkeit des Korns und die Backfähigkeit des Mehls von Bedeutung. Die moderne Küche und Backstube sind auf technische Perfektion und Arbeitsrationalisierung ausgerichtet. Sie verlangen ein standardisiertes Mehl, das den gewünschten Brot-, Brötchen- oder Kuchentyp mit jeder Mehltüte einer bestimmten Type in jeweils genau der gleichen Form und Größe nach einer exakt eingestellten Anzahl von Minuten garantiert. Das erfordert eine möglichst gleichbleibende Ausgangsqualität und einen standardisierten Mahlvorgang. Deshalb wird das Mehlprodukt bei Bedarf so lange mit anderen Mehlen gemischt, bis der Aschegehalt auf einen genau vorgegebenen Wert eingestellt ist.

Der Aschegehalt ist ein einfaches Maß für den Mineralstoffanteil, der wiederum vom Ausmahlungsgrad abhängt. Das häufig verwendete Weizenmehl der Type 405 ergibt z. B. 0,405 % Asche. Ein dunkleres Mehl mit geringerem Ausmahlungsgrad und höherem Gehalt an ernährungsphysiologisch wertvollen Bestandteilen hat eine entsprechend höhere Typenbezeichnung.

Triticale, ein extremer Fall von Bastardierung

Die Möglichkeiten der Bastardierung sind mit Weichweizen und Dinkel noch nicht ausgeschöpft. Bereits im 19. Jahrhundert war beobachtet worden, daß einige Weizenarten spontan weitere Bastarde sogar mit Roggen bilden. Züchterisch besonders interessante Varietäten entstehen, wenn Weizen (Triticum) der weibliche und Roggen (Secale) der männliche Kreuzungspartner ist. Das Ergebnis ist eine neue Kulturpflanze, die den aus Triticum und Secale zusammengesetzten Namen Triticale erhielt.

Das zunehmende Interesse an der landwirtschaftlichen Nutzung von Triticale beruht auf einigen Resistenzeigenschaften, die der Roggen einbringt, während sie auch bei guten Weizensorten nur schwach ausgeprägt sind. Triticale besitzt gegenüber Weizen eine erhöhte allgemeine Widerstandsfähigkeit und wächst, wie Roggen, auch unter ungünstigen Klima- und Bodenverhältnissen. Auch in der Wasserversorgung ist Triticale anspruchsloser als Weizen.

Die Flächenerträge sind nach bisherigen Züchtungsergebnissen zwar nicht immer, aber doch in Einzelfällen mindestens so hoch wie beim Weizen und liegen erheblich über denen des Roggens. Ein Vergleich der Ährengrößen von Triticale, Weizen und Roggen in Abb. 21 könnte Anlaß zur optimistischen Einschätzung weiterer Züchtungsversuche geben. Schon jetzt spielt Triticale in den gemäßigten Zonen eine

Abb. 21 Größenvergleich der Ähren von Weizen (links), Triticale (Mitte) und Roggen (rechts).

wichtige Rolle als Futtergetreide und verdrängt in den Sub-
tropen zunehmend den Weizen auch für die menschliche Ernährung.

Aus Unkräutern werden Kulturpflanzen: Hafer und Roggen

Hafer und Roggen sind zwar alte Kulturpflanzen im Vergleich
zu Triticale, aber Neulinge gegenüber Weizen und Gerste. Hafer und Roggen sind »sekundäre Kulturpflanzen«, die lange
Zeit vorwiegend als schwer bekämpfbare Unkräuter (Ungrä-
ser) im Weizen- und Gersteanbau vorkamen. Während der
mitteleuropäischen Klimaverschlechterung im ersten Jahrtausend v. Chr. erwiesen sie sich im Gegensatz zu Weizen und
Gerste als besonders widerstandsfähig. Zusammen mit Hirse
wurden sie vorübergehend zu den wichtigsten Nahrungspflanzen der feuchten und kühlen Klimazonen Europas.

Sowohl Hafer als auch Roggen haben einen hohen gesund-
heitlichen Wert. Beide Getreidearten werden dennoch heute
überwiegend als Viehfutter verwendet und betragen weltweit
jeweils weniger als ein Zehntel der Weizenproduktion. Ihre
vergleichsweise rasche Entwicklung von Unkräutern zu Kulturpflanzen mit wechselnder Bedeutung macht die Relativität
ihres Stellenwertes unter verschiedenen Umweltbedingungen
deutlich – bis hin zu den politischen Verhältnissen, die durch
ein Festpreissystem für Weizen und Gerste den Anbau anderer Getreidearten unterdrücken.

Besonderheiten bei Mais, Raps und Zuckerrübe

Besonderheiten der jeweiligen Züchtungsziele und -produkte sowie des methodischen Vorgehens sind so zahlreich wie die Nahrungspflanzen selbst. Drei weitere Beispiele sollen stellvertretend für viele andere kurz erläutert werden, bevor die Kartoffel diese Übersicht abschließt. Die drei Beispiele stehen für besonders erfolgreiche Verbesserungen der Ernteerträge (Mais), der Nahrungsqualität (Raps) und der Anbautechnik (Zuckerrübe). Gleichzeitig machen sie deutlich, wie sehr dabei artspezifische Merkmale berücksichtigt werden mußten.

Mais ist der klassische Fall für die praktische Anwendung der *Hybridzüchtung*: der Kreuzung von Inzuchtlinien. Das Ergebnis sind Bastarde (= Hybride) mit besonders hohen Erträgen und günstiger Kombination von Eigenschaften der Kreuzungspartner. Die hohen Erträge treten – aus unbekannten Gründen – nur in der ersten Generation der Hybridsorten auf. Die Kreuzung der elterlichen Inzuchtlinien muß deshalb in jedem Jahr erneut durchgeführt werden. Um dabei Selbstbefruchtung zu verhindern, muß eine Linie entweder »männlich steril« sein oder durch Abschneiden der männlichen Blüten kastriert werden. In der Praxis ist die Ausnutzung von männlicher Sterilität die wesentlich einfachere Methode. Sie kann durch Züchtung, ausgehend von natürlichen Mutationen, sowohl bei Mais als auch bei anderen Pflanzen erreicht werden.

Die Ertragssteigerung durch Kreuzung von Inzuchtlinien tritt bei vielen Pflanzen auf und wird im Anbau mehr und mehr genutzt, z. B. bei Mais, Reis, Zuckerrübe, Sorghum-Hirse und Sonnenblume. Allerdings ist das »Hybridsaatgut« teuer, weil es immer wieder von neuem durch entsprechende Kreuzungen erzeugt werden muß.

Im zweiten Fall einer charakteristischen Besonderheit, bei Raps, geht es in erster Linie nicht um die Ertragshöhe, sondern um die züchterische Beseitigung unerwünschter Merkmale. Raps ist eine der wichtigsten Ölpflanzen, die weltweit zunehmend an Bedeutung gewinnen. Rapsöl enthält in seiner ursprünglichen Form jedoch im Gegensatz zu anderen Pflanzenölen wie Soja-, Erdnuß- oder Sonnenblumenöl eine ungewöhnliche Fettsäure (Erucasäure). Ihr Anteil am gesamten Fettsäuregehalt kann über 50 % ausmachen. Rapsöl besaß deshalb über lange Zeit nur minderwertige Qualität als Speiseöl. Früher wurde es überwiegend als Lampenöl sowie in der Lack- und Waschmittelindustrie verwertet.

Inzwischen sind erucasäurefreie Rapssorten (»0-Sorten«) gezüchtet worden, die qualitativ hochwertiges Speiseöl ergeben. Damit war jedoch erst eine von zwei unerwünschten Arten von Inhaltsstoffen beseitigt.

Beim Auspressen des Öls entstehen Rückstände (Rapskuchen, Rapsschrot), die viel Eiweiß enthalten und einen hohen Futterwert haben. Bis vor kurzem wurde die Futterqualität jedoch durch einen in höheren Konzentrationen giftigen und geschmacklich abstoßenden Bestandteil, das »Senföl«, stark beeinträchtigt. Es kommt in allen Brassica-Arten vor (Kohl, Rettich, Senf) und bestimmt deren charakteristischen Geschmack. Auch dieses Problem konnte durch umfangreiche Züchtungsbemühungen gelöst werden. Das Gesamtergebnis sind »00-Sorten«, die nahezu frei von Erucasäure im Öl sind und einen stark verringerten Gehalt an Senföl im Rapsschrot aufweisen.

Vor eine wiederum ganz andersartige Aufgabe waren die Züchter bei der Zuckerrübe gestellt. Sie stammt aus dem Mittelmeerraum und war lange eine Garten-, später eine Futterpflanze gewesen, bis man seit dem Ende des 17. Jahrhunderts begann, sie für die Zuckerherstellung einzusetzen. Durch systematische Züchtung stieg seitdem der Zuckergehalt von etwa 7 auf 23 % an.

Bisher war der Anbau von Zuckerrüben sehr arbeits- und kostenaufwendig gewesen, weil die jungen Pflanzen in Handarbeit vereinzelt (»verzogen«) werden mußten. Der Grund lag in der Morphologie der Blüten, die normalerweise als Blütenknäuel mit je zwei bis vier stiellosen Einzelblüten zusammengefaßt sind. Daraus entwickeln sich Samenknäuel mit ebenso vielen Samenanlagen. Den Züchtern ist es nun gelungen, die Anzahl der Samenanlagen auf jeweils eine einzelne zu reduzieren: Das Saatgut ist *monogerm* (einsamig), und die Vereinzelung im Anbau entfällt.

Modernes Monogermsaatgut wird darüber hinaus in Pillenform hergestellt und enthält in der Hüllmasse Pflanzenschutzmittel, die auf diese Weise besonders sparsam und umweltschonend eingesetzt werden können.

Beispiel Kartoffel

Als letztes Beispiel für die Vielfalt von Züchtungszielen soll die Kartoffel dienen. Nach den vorherrschenden Getreidearten (Weizen, Reis, Mais) ist die Kartoffel weltweit das wichtigste Nahrungsmittel. Ihre geographische Herkunft ist das Andengebiet. Dort war sie bereits vor 2000 Jahren das Hauptnahrungsmittel einiger früher indianischer Hochkulturen (Moche, Nazca).

Gegen Ende des 16. Jahrhunderts brachten spanische Eroberer eine südamerikanische Kulturkartoffel nach Europa. Bald danach, während des Dreißigjährigen Krieges, wurde sie vereinzelt angebaut und zu dieser Zeit auch über Europa nach Nordamerika verbreitet. Doch ihre Bedeutung als Volksnahrungsmittel erlangte sie in der nördlichen Hemisphäre nur sehr langsam. Anfangs wurde sie wohl gründlich verkannt: Man versetzte sie nicht nur als Zierpflanze in den Garten, sondern man verwechselte bei der Namensgebung auch noch die Knollen mit dem Fruchtkörper des Trüffelpilzes: Ursprünglich nannte man sie Tartüffel (nach dem italienischen Wort *tartufolo* = Trüffel).

Das Verdienst, die Verbreitung der Kartoffel in Mitteleuropa schließlich durchgesetzt zu haben, wird Friedrich dem Großen zugeschrieben. Angeblich bedurfte es allerdings einer ungewöhnlichen Methode, um die Bauern von den Vorzügen dieser neuen Nahrungspflanze zu überzeugen. Der König soll sie neugierig gemacht haben, indem er tagsüber zum Schein einige Kartoffelfelder von Soldaten bewachen ließ. Erwartungsgemäß stahlen die Bauern nachts die offenbar so wertvollen Kartoffeln und bauten sie selbst an. Der Erfolg läßt sich daran ermessen, daß bereits einige Jahrzehnte danach (1845–1848) durch Kartoffelmißernten schwere Hungersnöte in verschiedenen Teilen Europas verursacht wurden.

Inzwischen haben rund 200 Jahre intensiver Weiterzüchtung eine kaum übersehbare Vielfalt von Kartoffelsorten erzeugt. Knollengröße und Ernteerträge haben gegenüber den ursprünglichen Wildformen gewaltig zugenommen (Abb. 22). Hinzu kommen – wie bei jeder Nahrungspflanze – zahlreiche allgemeine Züchtungsziele sowie art- und nutzungsspezifische Besonderheiten.

Die allgemeinen Ziele sind die üblichen: möglichst vielfältige Klima- und Bodenverträglichkeit, Krankheitsresistenz, einheitliche Reifezeit, gute Lagerfähigkeit usw. Spezifisch für die Kartoffel und die verschiedenartigen Nutzungsmöglich-

Abb. 22 Größenvergleich von Knollen einer Wildform und einer modernen Hochleistungssorte der Kartoffel.

keiten ihrer Knolle sind vor allem deren Geschmack, Kochverhalten, Farbe, Form und Verwendbarkeit für die maschinelle Weiterverarbeitung (zu Pommes frites, Chips, Püreepulver, Kloßmehl, geschälten Dosenkartoffeln, Stärke oder Alkohol).

Um die ganze Vielfalt der Ansprüche an die Kartoffelzüchtung einschätzen zu können, braucht man sich nur einige der zum Teil sehr unterschiedlichen gewohnheitsbedingten Anforderungen vor Augen zu halten: Die deutsche Küche bevorzugt gelbes, die angelsächsische weißes Kartoffelfleisch; Chips sollen einen einheitlichen Durchmesser und keine dunklen Flecken haben; Pommes frites sollen möglichst lang, Dosenkartoffeln möglichst klein sein; letztere dürfen sich beim Lagern nicht braun färben; Speisekartoffeln sollen einen hohen Eiweißanteil, solche für die Stärke- oder Alkoholherstellung möglichst viel Stärke enthalten.

Für den Anbau wird die Kartoffel vorwiegend vegetativ (ungeschlechtlich) über Knollen vermehrt, während Züchtung die übliche sexuelle Vermehrung und die Anzucht aus Samen erfordert. Die Möglichkeit der vegetativen Vermehrung ist eine Besonderheit von Pflanzen gegenüber Tieren. Die Kartoffel gehört zu denjenigen Pflanzen, die sich beson-

ders leicht vegetativ vermehren lassen, und zwar nicht nur
über Knollen oder Stecklinge, sondern sogar aus kleineren
Gewebestücken oder einzelnen Zellen.

Diese Form der »Regeneration« ganzer Pflanzen aus wenigen oder einzelnen *Körperzellen* (im Gegensatz zu den *Ge-
schlechts-* oder *Keimzellen*) hat in jüngster Zeit in der Pflanzenzüchtung große Bedeutung erlangt – vor allem in der
pflanzlichen Gentechnik. Deshalb soll ein kurzer Einblick in
die Möglichkeiten der Gewebe- und Zellkultur dieses Kapitel
abschließen.

Gewebe- und Zellkultur

Die Gewebe- und Zellkulturtechnik geht bereits auf Erkenntnisse der Pflanzenforschung vor 100 Jahren zurück. Sie ist in
den vergangenen Jahrzehnten zu einem umfangreichen Forschungsgebiet und zu vielen praktischen Anwendungsmög-
lichkeiten weiterentwickelt worden. In vielen Züchtungsbe-
trieben wird sie inzwischen sowohl für die Züchtung als auch
für die Vermehrung von Pflanzen eingesetzt (Abb. 23, Farbseite IV).

Das Kultivieren von Zellen höherer, vielzelliger Organismen außerhalb ihres natürlichen Gewebeverbands ist längst
nichts Ungewöhnliches mehr. Es ist bei Pflanze, Tier und
Mensch möglich und wird beispielsweise in der medizinischen
und pharmazeutischen Forschung zur Vermeidung von Versuchen am lebenden Organismus vielfach angewendet. Die
Zellen oder Gewebestücke können bei Mensch und Tier aus
Haut, Muskel, Knochenmark, Leber, Niere oder anderen Organen, bei Pflanzen ebenfalls aus vielen verschiedenen Gewe-
bearten stammen.

In geeigneten Nährlösungen teilen sich die Zellen oft über lange Zeiträume. Menschliche und die meisten tierischen Körperzellen können allerdings das Programm der einmal in ihrem natürlichen Zellverband erreichten Spezialisierung nicht mehr wesentlich ändern – weder in Kultur noch im intakten Gewebe. Wohl kann beschädigtes Gewebe durch Zellteilung ergänzt werden, etwa beim Heilungsprozeß von Haut, Knochen, Muskel oder Sehne. Aber niemals entsteht aus einer menschlichen Haut- eine Knochenzelle oder umgekehrt.

Hier liegt der entscheidende Unterschied zur Pflanze. Ein einfaches Beispiel ist die Vermehrung von Pflanzen durch Stecklinge. Ein abgeschnittener Zweig, den wir in die Erde stecken, enthält keine einzige Wurzelzelle. Doch das ursprünglich als Stengel spezialisierte Gewebe ist in der Lage, durch Teilung und gleichzeitiges Umprogrammieren von Zellen in kurzer Zeit Wurzeln zu bilden. Diese unterscheiden sich durch nichts von Wurzeln, wie sie bei sexueller Vermehrung nach dem Verschmelzen von Ei- und Samenzelle aus dem normalen Differenzierungsprogramm eines Keimlings hervorgehen.

Abb. 24 (Farbseite V) zeigt einen Vergleich dieses sehr unterschiedlichen Potentials zwischen tierischen und pflanzlichen Zellkulturen. Als typisches pflanzliches Beispiel dient hier die Kartoffel. Ein kleines Gewebestück aus einem beliebigen Organ (Blatt, Stengel, Wurzel, Knolle) wird in ein geeignetes Desinfektionsmittel getaucht und dann in ein flüssiges oder auf ein gelartiges, festes Nährmedium gegeben. Dieses enthält eine Kohlenstoffquelle (zum Beispiel Zucker) sowie alle erforderlichen Mineralsalze, einige Vitamine und Pflanzenwuchsstoffe.

Das Gewebe wächst dann zu einem undifferenzierten Zellklumpen (Kallus) aus, ähnlich wie bei der Wundheilung an

der intakten Pflanze (etwa der Wulst an der Rinde eines abge-
schnittenen Astes). Durch Schütteln in flüssiger Nährlösung
zerfällt der Kallus in kleine Zellklumpen und einzelne Zellen,
die sich bei regelmäßiger Nährstoffzufuhr im Prinzip ad infi-
nitum teilen können.

Pflanzenzellen zeichnen sich durch eine weitere Besonderheit aus: Sie sind von einer Zellwand umgeben, die von einigen Mikroorganismen ohne sonstige Beschädigung der Zelle
abgebaut werden kann. Die dafür verantwortlichen Enzyme
lassen sich leicht isolieren, und damit lassen sich wandlose,
nur noch von einer Membranhülle umgebene Zellen herstellen. Diese *Protoplasten* sind wertvolle Zwischenstadien für
gentechnische Veränderungen und werden deshalb im nächsten Kapitel eine wichtige Rolle spielen.

Die Regeneration intakter Pflanzen aus Einzelzellen oder
aus kleineren oder größeren Kallus- oder Gewebestücken erfolgt durch schrittweise Änderung der im Nährmedium ent-
haltenen Pflanzenwuchsstoffe. Die dadurch ausgelöste Umprogrammierung der Zellen bewirkt die Bildung zunächst von
Sprossen, dann von Wurzeln (Abb. 24, Farbseite V). Die entstehenden Pflänzchen können genauso in Erde ausgepflanzt
werden wie jeder bewurzelte Steckling oder aus sexueller Vermehrung hervorgegangene Keimling. Da sie alle von derselben Pflanze abstammen, sind sie – ebenso wie Ableger, Aus-
läufer oder Stecklinge – genetisch identische Klone der Ausgangspflanze.

Das Potential für die Pflanzenvermehrung wird deutlich,
wenn man sich vergegenwärtigt, daß ein einzelnes Blatt viele
Millionen Zellen enthält. Wertvolle Individuen lassen sich
über Protoplasten nahezu unbegrenzt vermehren (z. B. Varianten mit neuen, seltenen oder besonders stark ausgeprägten Resistenzen; Einzelpflanzen bzw. Pflanzenteile, die frei

sind von Viren oder anderen schwer bekämpfbaren Krankheitserregern).

Zu bedenken ist jedoch, daß alle Individuen, die von derselben Pflanze abstammen, als genetisch identische Klone (abgesehen von seltenen spontanen Mutationen) einem Extremfall von Inzucht entsprechen. Ihnen fehlt die natürliche Variationsbreite, die bei Bedarf wiederhergestellt werden muß.

Das potentiell am weitesten reichende Anwendungsgebiet der Zell- und Gewebekultur ist jedoch die Gentechnik. Ihr gilt das folgende Kapitel.

Zusammenfassung

Die Züchtung von Nahrungspflanzen bedeutet die Schaffung von Kultursorten, die unter bestimmten Standortbedingungen möglichst hohe Erträge von qualitativ hochwertigen Nahrungsmitteln liefern. Dieses Ziel wurde seit ca. 10 000 Jahren zunächst durch »blinde« Auswahlzüchtung, seit fast 100 Jahren durch gezielte Kombination von Kreuzungs- und Auswahlzüchtung verfolgt. Seit einigen Jahrzehnten wird Kreuzungszüchtung durch künstliche Mutationsauslösung sowie durch Gewebe- und Zellkulturtechnik ergänzt.

Die Ausgangsformen unserer wichtigsten Nahrungspflanzen wurden schon frühzeitig in »Mannigfaltigkeitszentren« (Regionen mit besonderem genetischem Variantenreichtum) domestiziert. Von dort wurden sie durch Handel, Kolonisierung und züchterische Anpassung in alle Erdteile verbreitet. Moderne Hochleistungssorten unterscheiden sich sowohl äußerlich als auch genetisch stark von den ursprünglichen Wildformen. Ohne züchterische Beeinflussung ihrer Evolution wären sie nicht entstanden. Den Wildformen sind sie in der

freien Natur meistens an Konkurrenzfähigkeit weit unter-
legen und bedürfen deshalb spezieller Maßnahmen des Pflanzenschutzes.

5. Gentechnik in Forschung und Anwendung

Gegen Ende des 20. Jahrhunderts begann mit der Gentechnik eine neue Ära in der Pflanzenzüchtung sowie in vielen anderen Bereichen der biologischen Forschung und Anwendung. Inzwischen spielt Gentechnik vor allem für die menschliche Gesundheit und in der Landwirtschaft eine so bedeutende Rolle, daß ihre Grundlagen als Voraussetzung für die weiteren Erörterungen hier kurz zusammengefaßt werden sollen.

Gentechnik: ein neuer Zweig der Biotechnologie

Gentechnik ist die Nutzanwendung von Methoden, die ein noch sehr junger Zweig der biologischen Wissenschaften, die Molekularbiologie, innerhalb der letzten Jahrzehnte entwickelt hat. Diese neue Forschungsrichtung und ihre methodischen Grundlagen haben eine ungewöhnliche Geschichte. Ihr Ursprung liegt im Überschneidungsbereich von mehreren biologischen Fachgebieten, die lange als streng getrennte Disziplinen aufgetreten waren: Biochemie, Mikrobiologie, Zellbiologie und Genetik.

Kein anderer Zweig der Biologie hat sich so stürmisch und so folgenreich entwickelt wie die Molekularbiologie – nicht zuletzt dadurch, daß sie nach kurzer Zeit der Eigenständigkeit bereits wieder in ihren Ausgangsdisziplinen aufging und diese als wissenschaftliches Bindeglied und methodisches

Rüstzeug von ungeahnter Leistungsfähigkeit grundlegend revolutionierte.

Die daraus weiterentwickelte Gentechnik ist der jüngste Sproß einer uralten Technik, der Bio-Technologie, die sich mit der praktischen Anwendung biologischer Prozesse beschäftigt. Bereits seit vielen Jahrtausenden werden Milchsäurebakterien, Hefen und andere Mikroorganismen speziell dafür gezüchtet, Milch in Käse umzuwandeln, Brot zu backen oder durch alkoholische Gärung Bier und Wein herzustellen. Auch in der modernen Medizin sind gezüchtete Mikroorganismen die entscheidende Grundlage für die Herstellung einer ständig wachsenden Zahl von Antibiotika und anderen Arzneimitteln.

Im umfassenden Wortsinn sind alle diese Verfahren »Gen-Technik«: züchterische, also genetische Optimierung von Organismen für bio-technische Zwecke.

Vererbung aus molekularbiologischer Sicht

Die Gene aller Organismen – vom kleinsten Bakterium über den größten Mammutbaum oder Elefanten bis zum hochgezüchteten Kulturweizen oder zum Menschen – bestehen aus den gleichen vier Grundbausteinen. In jedem Gen sind einige Tausend dieser Bausteine in unterschiedlicher, jeweils nur in diesem einen Gen realisierter Abfolge aneinandergereiht. Schon bei einer Länge von 1000 Bausteinen (die meisten Gene sind wesentlich länger) ergibt sich die unvorstellbare Anzahl von 4^{1000} Kombinationsmöglichkeiten der vier Grundbausteine. Daraus läßt sich leicht ableiten, daß mit hoher Wahrscheinlichkeit jede tatsächlich existierende Abfolge nur einmal in der gesamten Erdgeschichte vorkommt, daß also jedes Gen – und um so mehr jeder Organismus – einmalig ist.

Innerhalb jeder Zelle sind die Gene in jeweils identischen, langen Ketten miteinander verbunden. Zusammen bilden sie, in dichten Knäueln verpackt, das Genom, die vollständige Erbinformation des betreffenden Organismus. Bei jeder Zellteilung wird das Genom originalgetreu kopiert und an die neu entstehende Zelle (bei mehrfachen Wiederholungen an alle nachfolgenden Zellen) weitervererbt, allerdings mit der wichtigen Einschränkung, daß wenige Kopierfehler insgesamt sehr weitreichende Konsequenzen haben (Seite 138 f.).

Alle Zellen eines Individuums (mit seltenen, hier nicht relevanten Ausnahmen) enthalten dieselbe vollständige genetische Information. Diese Information wird durch einen komplizierten Mechanismus über mehrere Stufen in Proteine übersetzt, von denen jedes eine spezielle Funktion in der Zelle ausübt. Die meisten Proteine dienen entweder als Bausteine für die Zellstruktur oder als katalytisch aktive Enzyme (die molekularen Facharbeiter im Zellstoffwechsel). Jedes Enzym ist als spezifischer Katalysator (Reaktionsbeschleuniger) für eine bestimmte Stoffwechselfunktion zuständig: für einen Schritt bei der Bildung von Stärke im Mehlkörper eines Getreidekorns, von neuen Genkopien bei der Zellteilung, von Blütenfarbstoffen usw.

Die Intensitäten, mit denen die vielen verschiedenen Stoffwechselaktivitäten ablaufen, hängen vom Spezialisierungstyp der Zelle im Gewebeverband, vom Alter und Entwicklungsstadium des Organismus sowie von den äußeren Bedingungen ab (Lichtverhältnisse, Temperatur, Nährstoff- und Wasserversorgung). Entsprechend ändert sich ständig die benötigte Anzahl der jeweiligen Enzymmoleküle. Die dafür notwendige Feinsteuerung bei der Übersetzung der Gene in Proteine wird durch eine Zweiteilung des Aufbaus der Gene bewirkt. Jedes Gen enthält neben einem Abschnitt mit der Kopieranweisung für ein bestimmtes Protein (dem *Strukturgen*) eine Steuereinheit (den *Promotor*), die alle im Zellkern eingehenden Signale registriert und auf diese Weise die Aktivität des Gens reguliert.

Insgesamt besteht diese Form der Informationsverarbeitung aus einer bisher noch unübersehbaren Vielfalt von Signalmolekülen, Promotorstrukturen und Regelkreisen in einem äußerst komplexen Zusammenspiel von Wirkung und Gegenwirkung.

Es gibt derzeit wohl kein biologisches Forschungsgebiet, auf dem so intensiv gearbeitet wird wie auf diesem. Alle bisherigen Ergebnisse haben die schon frühzeitig gehegte Vermutung bestätigt, daß sich die ganze Mannigfaltigkeit, Komplexität, Dynamik, Variabilität und Plastizität biologischer Systeme auf dieser molekularen Ebene widerspiegeln.

Doch je genauer wir nach den molekularen Mechanismen der Regulation fragen, desto deutlicher stellt sich heraus, daß es so viele detaillierte Antworten wie Gene, Zellarten und Zellzustände gibt. Um so wertvoller und hilfreicher, für die Grundlagenforschung ebenso wie für die gentechnische Praxis, ist deshalb die eingangs erwähnte, vielleicht bedeutungsvollste Erkenntnis der Molekularbiologie:

Der »genetische Code« (die chemische Natur der vier Genbausteine und der in ihrer Abfolge verschlüsselte Informationsgehalt) gilt universell für alle Organismen, vom einfachsten Bakterium bis zum Menschen.

Weiter unten in diesem Kapitel werden einige Beispiele belegen, welch weitreichende Konsequenzen diese »Universalität des genetischen Codes« für die gentechnische Praxis hat. Zunächst soll jedoch ein kurzer Einblick in die methodischen Hilfsmittel das praktische Vorgehen erläutern.

Die Technik der Genübertragung

Während bei der sexuellen Vermehrung jeweils die Hälfte aller Gene der beiden Kreuzungspartner in einer einmaligen Zufallskombination miteinander vermischt wird, werden bei der Gentechnik nur einzelne, in ihrer Funktion bekannte Gene übertragen. Die wichtigsten Schritte sind in Abb. 25 (Farbseite VI) schematisch dargestellt.

Zunächst wird das genetische Material (die DNA = **d**esoxyribo**n**ucleic **a**cid) aus einem Organismus, der das gewünschte Gen enthält, isoliert. Das Zerteilen der langen Ketten in einzelne Genabschnitte (DNA-Fragmente) erfolgt mit Hilfe von *Restriktionsenzymen*. Diese erkennen bestimmte Bausteinabfolgen mit hoher Spezifität und spalten die Ketten an diesen Erkennungsstellen.

Restriktionsenzyme wurden ursprünglich in Bakterien als natürliche Schutzvorrichtung gegen das Eindringen fremder DNA (zum Beispiel von Viren) entdeckt und werden inzwischen in großer Zahl kommerziell hergestellt. Mit ihrer Hilfe läßt sich jedes beliebige Gen aus dem entsprechenden Abschnitt des Genoms heraustrennen und, falls erforderlich, in seine beiden funktionell unterschiedlichen Teile, Strukturgen und Promotor, zerlegen.

Der zweite Schritt (rechts in Abb. 25, Farbseite VI) besteht in der Verknüpfung des Strukturgens mit einem passenden Promotor, der die Ausprägung des Gens im Empfängerorganismus unter den gewünschten Bedingungen vermittelt. Beispiele für möglichst spezifische Ausprägungen eines Fremdgens in *transgenen* Pflanzen sind die Infektionsstellen bei Pathogenbefall oder die Fraßstellen bei Insektenbiß.

Im letzten Schritt wird dann das so präparierte Gen auf die Empfängerzellen übertragen. Bei Pflanzen stehen dafür meh-

rere Techniken zur Verfügung. Die einfachste ist die direkte
Zugabe der DNA zu einer Protoplastensuspension. Unter
geeigneten Kultivierungsbedingungen nehmen die meisten
Zellarten die zugegebene DNA bereitwillig auf.

Schon in einem frühen Stadium der Entwicklung dieser
Methoden wurde eine wichtige Entdeckung gemacht. Sie war
mitentscheidend für die weitere Entwicklung der Gentechnik
bei Pflanzen und anderen höheren Organismen und betraf das
Schicksal der eingeschleusten Gene in ihrer neuen Umgebung. Man stellte fest, daß sogar völlig artfremde Gene nicht
nur in die Zelle aufgenommen, sondern auch fest in das Genom der Empfängerzelle eingebaut (stabil integriert) werden
können. Damit werden sie vererbbar, und die genetische Veränderung bleibt über Generationen erhalten.

Daß Einbau, Ausprägung und Vererbbarkeit eines so übertragenen *Transgens* nur mit einer gewissen statistischen
Wahrscheinlichkeit erfolgen und daß die »stabile« Integration nicht notwendigerweise von unbegrenzter Dauer ist, sei
um der Genauigkeit willen hinzugefügt. Bemerkenswerter als
diese Einschränkung ist jedoch das Phänomen als solches: Es
beweist, daß einzelne Gene oder Genabschnitte in ein bereits
bestehendes Genom aufgenommen werden, in der neuen
Umgebung ihre ursprüngliche Funktion ausüben und weitervererbt werden können.

Nicht weniger bedeutungsvoll war eine weitere Beobachtung: Sofern das zusätzliche Gen einen entsprechenden Promotor besitzt, wird es im Empfängerorganismus auf die gleiche Weise ausgeprägt wie ein bereits vorhandenes Gen mit
einem funktionell gleichartigen Promotor.

Der obere Teil von Abb. 25 (Farbseite VI) und deren Ergänzung durch Abb. 24 (Farbseite V) veranschaulichen den weiteren Weg bis zur vollständigen Pflanze. Das derart verän-

derte Erbgut enthält ein oder wenige zusätzliche Transgene, bleibt aber im übrigen unverändert.

Entscheidend für die Durchführung dieses mehrstufigen Verfahrens ist die Möglichkeit, auf jeder Stufe die DNA bei Bedarf in eigens dafür gezüchteten Laborstämmen des Darm-bakteriums Escherichia coli in beliebiger Kopienzahl zu vermehren. Dafür werden Mutanten des Bakteriums verwendet, die nur unter künstlichen Nährstoffbedingungen lebensfähig sind, so daß ihre unkontrollierte Verbreitung außerhalb des Labors ausgeschlossen ist.

Ohne näher auf Details einzugehen, sei an dieser Stelle auch auf die gegenteilige Möglichkeit hingewiesen, einzelne Gene mit gentechnischen Mitteln auszuschalten. Ein weithin bekanntes Beispiel war vor einigen Jahren die gentechnisch veränderte Tomatensorte »FlavorSavor«, bei der die Frucht-fäule durch Ausschalten eines Gens erheblich verzögert war. Diese Tomaten mußten deshalb nicht, wie häufig praktiziert, unreif geerntet und vor der Auslieferung künstlich zur Schnellreife gebracht werden. Sie konnten bei natürlicher Reifung ihren vollen Geschmack und Nährstoffgehalt entwik-keln, ohne schon bald danach in Fäulnis überzugehen.

Insgesamt haben die Möglichkeiten von Molekularbiologie und Gentechnik unsere Kenntnisse der Biologie innerhalb weniger Jahrzehnte in vergleichbarer Weise revolutioniert, wie fast ein Jahrhundert zuvor Max Planck, Albert Einstein und andere unser physikalisches Weltbild revolutioniert ha-ben – jeweils mit ungeahnten Folgen in der technischen Um-setzung.

Anstelle einer umfangreichen Liste sollen einige ausge-wählte Beispiele den bisher erreichten Stand der praktischen Anwendung von Gentechnik veranschaulichen.

Gentechnik bei Bakterien

Bakterien waren diejenige Organismengruppe, an der die Gentechnik zunächst entwickelt und in der Praxis erprobt wurde. Sie hatten sich nicht nur als die ersten, relativ leicht zugänglichen Objekte der molekularbiologischen Grundlagenforschung bewährt, sondern sie dienten von Anfang an auch als unerläßliche Hilfsmittel bei der Vermehrung von DNA.

Bei der praktischen Anwendung geht es entweder um die Modifikation (Verstärkung, Beseitigung oder Abänderung) eines bereits vorhandenen, genetisch bedingten Merkmals oder um die Herstellung eines neuen Produktes, das von dem betreffenden Organismus normalerweise nicht gebildet wird. Während Modifikationen häufig auch mit konventioneller Züchtung erreichbar sind, ist die Herstellung eines artfremden Produktes, von Spezialfällen abgesehen, nur mit Gentechnik möglich. Das Vorgehen ist dabei im Prinzip das gleiche wie bei der Genübertragung auf Protoplasten (Abb. 25, Farbseite VI).

Eines der ersten und deshalb besonders weithin bekannten Beispiele ist die gentechnische Produktion von menschlichem Insulin in transgenen Bakterien. Insulin ist ein Hormon der Bauchspeicheldrüse, das bei höheren Tieren und beim Menschen eine wichtige Funktion bei der Regulierung des Blutzuckerspiegels ausübt. Insulinmangel führt zu Diabetes (Zuckerkrankheit), einer weit verbreiteten und oft erblichen Krankheit, deren Häufigkeit vor allem als Altersdiabetes ständig zunimmt. Neben einer strengen Diät besteht die einzige Therapiemöglichkeit in einer regelmäßigen Insulingabe.

Angesichts der Millionenzahlen von Patienten reichen jedoch die geringen Mengen menschlichen Insulins (Human-

insulin), die bisher aus den Bauchspeicheldrüsen von Verstor-
benen isoliert werden mußten, bei weitem nicht aus. Zwar
wurde auch Schweineinsulin als Ersatz verwendet, doch ist es
in seiner chemischen Zusammensetzung mit Humaninsulin
nicht völlig identisch und deshalb nicht frei von Nebenwirkungen. Andererseits ist die chemische Synthese von Humaninsulin sehr aufwendig und teuer, und die restlose Abtren-
nung von Nebenprodukten zu erträglichen Kosten ist praktisch unmöglich.

Humaninsulin ist ein sehr kleines Protein, das sich deshalb
als medizinisch wertvolles Produkt für die Ausarbeitung einer
gentechnischen Herstellungsmethode anbot. Das Ergebnis
war ein Markstein in der Geschichte der Gentechnik: 1979
wurde von der drei Jahre zuvor gegründeten Gentechnikfirma
»Genentech« in den USA eine Methode zur Produktion von
Humaninsulin in E. coli veröffentlicht; 1983 wurde das Produkt von einem etablierten Pharmakonzern unter dem Namen »Humulin« als erstes gentechnisch hergestelltes Arzneimittel auf den Markt gebracht.

Dieses Humulin ist in seiner klinischen Wirkung und chemischen Zusammensetzung mit menschlichem Insulin identisch. Inzwischen wird es nach laufend verbesserten Verfahren
weltweit in großen Mengen hergestellt. Obwohl auch in
Deutschland der Bedarf groß ist und bereits in den 1980er Jahren eine Anlage zur gentechnischen Herstellung errichtet
wurde, untersagte die damals zuständige Landesregierung die
Produktion. Damit setzte sie das Signal für eine bis heute
nachwirkende Verlagerung von pharmazeutischer Forschung
und Produktion mit gentechnischen Mitteln ins Ausland – mit
entsprechenden Konsequenzen für Arbeitsplätze und Steuer-
aufkommen in einem Industriesektor, in dem Deutschland als
Standort bis dahin weltweit führend war. Gleichzeitig wurde

der heimische Insulinbedarf durch legale Einfuhr des gentechnisch hergestellten Produkts aus dem Ausland gedeckt!

Inzwischen werden immer mehr Produkte für medizinische
oder andere, sogar großindustrielle Zwecke auf gentechni-
schem Weg in Bakterien hergestellt. Für die spätere Diskussion im 7. und 9. Kapitel sind zwei Schlußfolgerungen aus den
bisherigen Erfahrungen wichtig:

● Eine Ausbreitung gentechnisch veränderter Organismen
  mit möglicherweise nachteiligen Effekten für Mensch und
  Umwelt wird wirkungsvoll dadurch verhindert, daß routi-
  nemäßig Bakterienstämme verwendet werden, die nur unter speziellen Laborbedingungen vermehrungsfähig sind.

● Zahlreiche Hormone, Wachstumsfaktoren, Blutgerin-
  nungsfaktoren und andere lebensrettende Arzneimittel, die
  anderweitig kaum oder gar nicht zugänglich sind, wurden
  auf diese Weise erstmals verfügbar gemacht.

Medizinische Forschung

Auch bei höheren Einzellern, z. B. bei Hefen, sowie bei pflanzlichen, tierischen und menschlichen Zellen in Suspensions-
kultur haben gentechnische Veränderungen neue Anwen-
dungsgebiete eröffnet. In der medizinischen Forschung sind
vor allem tierische und menschliche Zellkulturen zu unersetzlichen Hilfsmitteln geworden. Darüber hinaus gewinnt
die gezielte Aufklärung von Genfunktionen bei einigen genetisch gut untersuchten Modellorganismen (Taufliege, Zebra-
fisch, Maus, Ratte) zunehmend an Bedeutung für die Erforschung von Krankheitsursachen auch beim Menschen.

Die bisherige Bilanz eröffnet ein breites Spektrum wertvoller Nutzungsmöglichkeiten der Gentechnik:

- Die Anwendung gentechnischer Methoden bedeutet einen großen qualitativen Sprung in der Erforschung von Krankheitsursachen und Therapiemöglichkeiten.

- Viruserkrankungen (einschließlich AIDS), die auf der Übertragung und Ausbreitung der genetischen Information von Viren im menschlichen Körper beruhen, können sinnvoll nur mit molekularbiologischen bzw. gentechnischen Methoden erforscht werden. Gleiches gilt für alle Arten von Krebs, bei denen Tumorwachstum durch eine Fehlsteuerung von Genaktivitäten ausgelöst wird.

- Die Mehrzahl aller menschlichen Erkrankungen kann bisher nicht wirkungsvoll behandelt werden und ist trotz intensiver Forschung in ihren spezifischen Ursachen nicht oder nur sehr unzureichend bekannt. Dazu gehören so weit verbreitete Volkskrankheiten mit teilweise äußerst komplexen Krankheitsbildern wie Grippe, Rheuma, Arthrosen, Krebs, AIDS, Alzheimersche Krankheit und Arteriosklerose (Herz-Kreislauf-Erkrankungen), außerdem die vielen selteneren, aber deshalb im Einzelfall nicht weniger gravierenden Fälle von genetisch, infektiös oder anderweitig bedingten Spezialerkrankungen.

- Eine gezielte und wirkungsvolle Therapie, die möglichst frei ist von Nebenwirkungen, ist nur bei genauer Kenntnis der Krankheitsursache möglich. Insofern ist Therapieforschung immer auch gleichbedeutend mit der Erforschung der zugrundeliegenden Krankheitsursachen und -mechanismen. Grundlagenforschung ist die unabdingbare Voraussetzung für praktische Nutzanwendung.

- Die Zahl der Organismen, einschließlich des Menschen, deren Genome vollständig oder zumindest in wesentlichen Teilen entschlüsselt sind, nimmt rapide zu. Vergleiche der Ergebnisse untereinander sowie im Zusammenwirken mit

Humangenetik und Krankheitsforschung an Versuchstieren, z. B. Krebs bei Mäusen, haben eine völlig neuartige Basis für das molekulare Verständnis dieser Erkrankungen und daraus abgeleitete Therapien geschaffen. Vor allem die Grundlagen vieler menschlicher Erbkrankheiten wären auf anderem Wege nicht zugänglich.

Gentechnik in der Pflanzenzüchtung

Neben der biologischen und medizinischen Grundlagenforschung sowie der Herstellung von Arzneimitteln und anderen Wertprodukten ist die Pflanzenzüchtung das dritte große Anwendungsgebiet der Gentechnik. Seit einigen Jahren hat die Pflanzenzüchtung mit Hilfe der »Grünen Gentechnik« in der Entwicklung einer leistungsfähigen und gleichzeitig umweltgerechten Landwirtschaft zunehmend an Bedeutung gewonnen. Zahlreiche Beispiele werden dies in den folgenden Abschnitten und im nächsten Kapitel belegen.

Die ersten kommerziell genutzten Züchtungsergebnisse, die nur mit gentechnischen Methoden erzielt werden konnten, sind von Bakterien auf Pflanzen übertragene Formen von Insektenresistenz und Herbizidtoleranz. Die daraus entwickelten Sorten werden seit einigen Jahren vor allem in den USA, Kanada, Brasilien, Argentinien und China in rasch zunehmendem Umfang angebaut (Seite 48).

Insektenresistenz

Das Bakterium Bacillus thuringiensis (Bt) hat die bemerkenswerte Eigenschaft, ein Protein auszuscheiden, das für einige Schadinsekten hochgiftig ist. Nach dem abgekürzten Namen des Bakteriums wird dieses Protein Bt-Toxin genannt. Wegen dessen selektiver Giftwirkung, die auf wenige Insektenarten beschränkt ist, wurde das Bakterium bisher durch großflächiges Versprühen zur biologischen Schädlingsbekämpfung in der Landwirtschaft eingesetzt.

Das Bt-Toxin ist ein sehr großes Protein, doch besitzt auch ein Teilstück noch die volle Giftwirkung. Deshalb wurde das Gen, das für die Bildung des Proteins verantwortlich ist, so weit verkürzt, daß das nun gebildete Teilstück nur noch etwa halb so groß, aber dennoch voll wirksam war. Dieses Genfragment wurde nach dem im unteren Teil von Abb. 25 (Farbseite VI) gezeigten Muster als Strukturgen verwendet und mit einem Promotor versehen, der die Ausprägung an Fraßstellen von Insekten vermittelt.

Das so modifizierte, ursprünglich aus dem Bakterium stammende Toxin-Gen wurde auf verschiedene Pflanzenarten übertragen, unter anderem auf Mais und Baumwolle, die ohne diesen Schutz stark vom Maiszünsler bzw. dem Baumwollkapselwurm befallen werden. Nach der Eiablage entwikkeln sich die Insektenlarven innerhalb der Pflanzenstengel und richten dabei große Fraßschäden an, die durch anschließenden Pilzbefall und die Bildung von Mykotoxinen noch erheblich verstärkt werden.

Für konventionelle, gezielt wirkende Bekämpfungsmittel ist das Stengelinnere schwer zugänglich. Dagegen wird in den transgenen Pflanzen das Bt-Toxin unmittelbar an den Fraßstellen gebildet und verhindert damit die weitere Entwicklung

Abb. 26 Vergleich einer Kontrollpflanze (links) mit einer transgenen, Bt-Toxin produzierenden Tabakpflanze (rechts) nach Insektenbefall.

des Schädlings direkt am Ort der Schädigung. Abb. 26 zeigt die Wirkung am Beispiel eines Versuchsobjekts.

Bevor diese indirekte Form von biologischer Schädlingsbekämpfung im Feldanbau kommerziell angewendet wurde, prüfte man mehrere Varianten des Bt-Toxins auf ihre Verträglichkeit für nützliche Insekten. Alle in der Praxis verwendeten Varianten wurden für toxikologisch unbedenklich befunden.

Inzwischen werden transgene Bt-Pflanzen in zahlreichen Industrie- und Entwicklungsländern angebaut. Nach einer Untersuchung von Clive James (*Preview: Global Status of Commercialized Biotech / GM Crops*) wurden im Jahr 2004 bereits zwei Drittel aller Baumwollfelder in China, einem der Hauptanbaugebiete, mit transgener Bt-Baumwolle bepflanzt. In Südafrika waren es sogar 85 %.

Eine Analyse von Matin Qaim und Ira Matuschke (*Impacts of genetically modified crops in developing countries: a survey*) galt der ergänzenden Frage, inwieweit der Anbau der transgenen Baumwollpflanzen tatsächlich den Entwicklungsländern und der Umwelt zugute kommt. Konkrete Daten dazu wurden für Argentinien, China, Indien, Mexiko und Südafrika erhoben. Demnach verringerte sich der Einsatz von Insektiziden beim Anbau von Bt-Baumwolle durchschnittlich um etwa 50 % (von 33 % in Südafrika bis zu 77 % in Mexiko), und die Erträge stiegen im Durchschnitt um 20 %. Dadurch wurden von den Nutzern trotz höherer Saatgutpreise in jedem dieser Länder erhebliche Gewinne erwirtschaftet, die pro Hektar von 18 US-Dollar in Südafrika bis zu 470 US-Dollar in China reichten. Der Gewinnanteil der Bauern im Vergleich zu den Saatguterstellern schwankte zwischen 21 % in Argentinien und 94 % in China; der Durchschnittswert für alle fünf Länder betrug 65 %. Bemerkenswerterweise (siehe 8. Kapitel) waren die Gewinne der Kleinbauern sogar größer als die der mittelgroßen und großen Betriebe.

Da der Baumwollanbau weltweit den größten Teil des Einsatzes von Pflanzenschutzmitteln insgesamt ausmacht, profitiert auch die Umwelt in entsprechendem Ausmaß – ganz abgesehen von den positiven Auswirkungen auf die Gesundheit der Bauern und Landarbeiter, die mit Spritzmitteln oft ohne die notwendigen Schutzmaßnahmen umgehen.

Herbizidtoleranz

Herbizidtoleranz kann auf verschiedenen Wegen erreicht werden. Wir hatten gesehen, daß Herbizide synthetische Wirkstoffe sind, die in bestimmten Konzentrationen für einige Nutzpflanzen verträglich, für Unkräuter dagegen toxisch sind (Seite 110). Die unterschiedlichen Herbizidempfindlichkeiten beruhen auf artspezifischen Unterschieden im Feinbau derjenigen pflanzlichen Proteine, an denen die Herbizidwirkung angreift. Da Herbizide definitionsgemäß toxisch für Pflanzen (lat. *herba* = Pflanze, Kraut), nicht aber für andere Organismen sind, handelt es sich dabei um Proteine, die nur in Pflanzen vorkommen und beispielsweise an der Photosynthese oder an der Aufnahme, dem Transport oder der Entgiftung des Herbizids durch pflanzenspezifische Mechanismen beteiligt sind. An diesen Reaktionen setzt die Züchtung mit Hilfe der Gentechnik an, zum Beispiel durch Übertragung

- einer zusätzlichen Kopie des Gens für das herbizidempfindliche Protein, das daraufhin in größeren Mengen produziert wird und die Herbizidwirkung »ausdünnt«;
- eines mit gentechnischen Mitteln modifizierten pflanzlichen Gens, das ein Protein mit verändertem Feinbau und geringerer Herbizidempfindlichkeit bildet;
- eines Gens aus Mikroorganismen mit ähnlicher Wirkung;
- eines Gens aus Mikroorganismen, mit dessen Hilfe die Pflanze ein ursprünglich nicht vorhandenes Enzym bildet und damit das Herbizid in eine unwirksame Verbindung umwandelt.

Ein typisches Ergebnis zeigt Abb. 27. Wiederum handelt es sich um einen Modellversuch, der dann auf verschiedene Nutzpflanzen übertragen wurde und schließlich nach den üblichen, umfangreichen Prüf- und Zulassungsverfahren zu marktreifen Sorten führte.

Mehr als drei Viertel der weltweit angebauten transgenen Pflanzen sind herbizidtolerante Soja-, Raps-, Mais- und

Abb. 27 Herbizidtoleranz einer gentechnisch veränderten Rapspflanze (links) im Vergleich zu einer unveränderten Kontrollpflanze (rechts).

Baumwollsorten. Davon macht Soja derzeit den Hauptanteil aller gentechnisch veränderten Pflanzen aus. Die finanziellen Vorteile beim Anbau transgener herbizidtoleranter Pflanzen sind zwar wesentlich geringer als bei Bt-Baumwolle, aber durch den Einsatz umweltverträglicherer Herbizide sind die ökologischen Gewinne ebenfalls groß.

Eine weitere transgene Pflanzenart, die sich seit einigen Jahren in der kommerziellen Nutzung bewährt hat, ist eine virusresistente Papaya. Sie wird im nächsten Kapitel als Beispiel für die erfolgreiche Anwendung eines neuartigen Resistenzmechanismus gegen Pflanzenviren dienen (Seite 201 f.).

Diagnostik

Nicht mehr wegzudenken aus der modernen Züchtung ist die Anwendung gentechnischer Methoden zur Identifizierung von Erbmerkmalen bei der Entwicklung neuer Sorten. Bisher mußten nach jedem Kreuzungsschritt diejenigen Individuen, die die gesuchten Eigenschaften in der gewünschten Kombination und Intensität enthielten, durch aufwendiges »Bonitieren« aus der Gesamtpopulation ausgelesen und vor dem nächsten Schritt gründlich getestet werden. Es läßt sich leicht ausrechnen, wie groß dieser Aufwand ist, wenn gleichzeitig mehrere umständlich zu prüfende Merkmale verfolgt werden sollen (z. B. Infektionen zur Prüfung auf Krankheitsresistenz und Frostperioden zur Prüfung auf Kältetoleranz).

Eine wesentliche Vereinfachung ist die »DNA-Markertechnologie«. Sie erlaubt es, Merkmale, deren genetische Grundlage bekannt ist, mit einfachen molekularbiologischen Methoden im Labor nachzuweisen. Das geschieht mit DNA- bzw. Genfragmenten, die aufgrund der hohen Spezifität ihrer Bausteinabfolge (Seite 163) zweifelsfrei anzeigen, welche Individuen die gesuchten Gene oder Genkombination enthalten.

In der züchterischen Praxis ist die Markertechnologie inzwischen ein etabliertes und methodisch gut ausgearbeitetes Routineverfahren. Allerdings sind gesicherte »DNA-Marker« bisher nur für eine sehr begrenzte Anzahl von Zuchtzielen verfügbar, da der eindeutige Nachweis kausaler Beziehungen zwischen einzelnen Merkmalen und den sie bestimmenden Genen erst in wenigen Fällen gelungen ist. Angesichts der großen Arbeitserleichterung und Kostenersparnis, die diese neuartige Methode der Merkmalserkennung bietet, ist jedoch auch auf diesem Anwendungsgebiet der Gentechnik mit raschen Fortschritten zu rechnen.

Zusammenfassung

Gentechnik ist die praktische Anwendung molekularbiologischer Erkenntnisse und Methoden. Im Gegensatz zur konventionellen Auswahl- und Kreuzungszüchtung, bei der Gene nur indirekt an den beobachteten Merkmalen erkennbar sind, verwendet Gentechnik einzelne, in ihrer molekularen Funktion bekannte Gene. Im Prinzip kann jedes beliebige Gen auf jeden beliebigen Organismus übertragen werden. Allerdings muß es eine artgemäße Steuereinheit (Promotor) besitzen, deren Wechselwirkung mit der jeweiligen zellulären Umgebung die Ausprägung des Gens spezifisch reguliert.

Pflanzen mit gentechnisch veränderter Erbinformation können – anders als bei Tieren – über die Kultivierung einzelner ungeschlechtlicher Körperzellen aus fast jeder Art von Gewebe (Blatt, Stiel, Wurzel usw.) gewonnen werden. Bei geeigneter Wahl des Promoters, der von einem beliebigen anderen Gen übernommen werden kann, wird das Fremdgen in der transgenen Pflanze so ausgeprägt, wie es die Spezifität des Promoters vorgibt.

Am weitesten fortgeschritten ist die kommerzielle Nutzung der Gentechnik bei Bakterien. Aber auch in der biologischen und medizinischen Grundlagenforschung, in der Arzneimittelherstellung sowie in der Züchtung von Nahrungspflanzen haben gentechnische Verfahren bereits ein zukunftweisendes Nutzungspotential erwiesen.

Die wichtigsten Neuerungen der Gentechnik gegenüber der konventionellen Züchtung sind: 1. die Übertragung einzelner oder mehrerer artfremder Gene, die auf sexuellem Weg nicht einkreuzbar sind, 2. die beliebige Kombination von Promotoren mit Strukturgenen zur gezielten zellspezifischen Merkmalsausprägung, 3. die selektive Inaktivierung

oder Beseitigung einzelner Gene und 4. die Veränderung bestimmter Genabschnitte zur gezielten Abänderung eines
Merkmals.

6. Alte und neue Züchtungsziele

Es gibt wichtige Gründe dafür, daß sich die Züchter weiterhin intensiv um Qualitäts- und Ertragsverbesserungen sowie um eine möglichst große Sortenvielfalt bei Nahrungs- und Futterpflanzen bemühen:

- das unverminderte Anwachsen der Weltbevölkerung,
- die begrenzte Verfügbarkeit landwirtschaftlicher Nutzfläche bei gleichzeitig fortschreitendem Schwund durch Stadt- und Verkehrsentwicklung sowie andere Formen der Landnutzung,
- die immer noch unzureichende Qualität einiger Hauptnahrungsmittel,
- die Umweltbelastung durch die Landwirtschaft,
- die rasche Anpassung von Schadorganismen an häufig und großflächig angebaute Pflanzensorten,
- der ökologisch bedenkliche Rückgang der Arten- und Sortenvielfalt in Regionen mit intensivem Pflanzenbau.

Zu den traditionellen Züchtungsmethoden ist die Gentechnik als neuartiges Hilfsmittel hinzugekommen. Die Grenzen ihrer praktischen Anwendung liegen nur noch in Ausnahmefällen in der Technik als solcher. Begrenzend sind vorerst noch die Anzahl funktionell eindeutig identifizierter Gene und die Kenntnis ihrer Regulationsmechanismen. Das erfordert weiterhin eine intensive Grundlagenforschung, vor allem bei komplexen, polygenen Erbmerkmalen.

Forschungsbedarf

Ähnlich wie im medizinischen Bereich (Seite 171) lassen sich
auch in der Pflanzenzüchtung Grundlagenforschung und Anwendung nicht voneinander trennen. Grundsätzlich kann
kein Züchter ohne ein breites Spektrum von Grundlagen-
kenntnissen auskommen. Allerdings werden die Grundlagen
in der Regel von anderen erarbeitet. Dem entspricht die traditionelle Aufgabenteilung zwischen Saatzuchtbetrieben und
Institutionen der zweckfreien, allein der wissenschaftlichen
Erkenntnis dienenden Grundlagenforschung, wie Universitäten, Max-Planck-Instituten und ähnlichen Forschungsein-
richtungen. Deren Forschungsergebnisse sind wesentliche
Voraussetzungen für methodische Fortschritte und neue An-
wendungsmöglichkeiten in der züchterischen Praxis.

Dazu einige Beispiele, die unmittelbar an das vorausgehende Kapitel anschließen. Dort hatten wir gesehen, wie de-
tailliert unsere Kenntnisse über Funktion und Wirkungsweise
der Gene bereits sind. Trotzdem wissen wir vieles Grundle-
gende nicht. Aber wir können die nächsten offenen Fragen
nun so gezielt stellen, daß sie konkrete Forschungsprojekte ergeben:

Wie nimmt eine Pflanzenzelle ein fremdes Gen in ihr Ge-
nom auf? – Erfolgt die Integration in bestimmte oder in zufäl-
lig sich ergebende Positionen? – Ist die Stabilität der Integra-
tion, der Vererbbarkeit und der Ausprägung von der Position
im Genom abhängig? – Wie steuert eine jeweils begrenzte
Anzahl von Signalmolekülen Tausende von verschiedenen
Genen gleichzeitig in exakt aufeinander abgestimmter Weise?
– Wie geschieht dies unter zusätzlicher Berücksichtigung der
Spezialaufgaben von Zellen oder Zellverbänden sowie des
Entwicklungsstadiums, der Ernährungslage und der Umwelt-

bedingungen des gesamten Organismus? – Wie kann ein fremder Promotor die Genausprägung in einer transgenen Pflanze genauso regulieren wie in der Ausgangspflanze, obwohl er in der transgenen Pflanze in exakt derselben Bausteinabfolge gar nicht vorkommt?

Und vor allem die Frage, für die es vermutlich so viele Antworten wie konkrete Einzelfälle geben wird: Welche Gene sind mit welchem Anteil an den züchterisch besonders interessanten polygenen Erbmerkmalen beteiligt und welche Bedingungen müssen für ihr optimales Zusammenwirken erfüllt sein?

So weit eine kleine Auswahl der vielen offenen Fragen, deren Beantwortung dem züchterischen ebenso wie dem wissenschaftlichen Fortschritt zugute kommen wird. Dabei wird Gentechnik weiterhin rasch an Bedeutung gewinnen – im Gegensatz zu einem verbreiteten Irrtum jedoch nicht als Ersatz, sondern immer nur als Ergänzung für die traditionellen Züchtungsmethoden.

Gentechnik: Hilfsmittel, nicht Ersatz für konventionelle Pflanzenzüchtung

Die Grüne Gentechnik hat zwar das Spektrum der züchterischen Möglichkeiten erheblich erweitert, kann aber die konventionelle Pflanzenzüchtung nicht ersetzen. Die eigentliche Neuerung, die Übertragung einzelner, auch artfremder Gene, ist nur der erste von zwei einander ergänzenden Schritten auf dem Weg zu einer neuen marktreifen Sorte. Ihm folgt der weitere Züchtungsgang bis zur Erfüllung aller vorgeschriebenen Kriterien für die Sortenzulassung.

Dieser zweite Schritt erfolgt auch weiterhin mit konventioneller Züchtung, unabhängig davon, ob der erste Schritt

mit oder ohne Gentechnik erfolgte. Auch die transgenen
Baumwoll-, Mais-, Raps- und Sojapflanzen mit gentechnisch
vermittelter Insektenresistenz oder Herbizidtoleranz (Seite
174 ff.) wurden mit traditionellen Methoden zu zulassungs-
fähigen Sorten weiterentwickelt.

Die Kreuzungszüchtung wird also auch weiterhin wesentlichen Anteil an der Sortenentwicklung haben. Trotzdem
werde ich, um die zu erwartenden Beiträge der Gentechnik
deutlich zu machen, bei den folgenden Beispielen den Schwer-
punkt auf solche Projekte legen, an denen die Grüne Gentechnik entscheidend beteiligt ist.

Zuvor soll jedoch auf eine oft zu wenig beachtete, auch weiterhin unverzichtbare Daueraufgabe der konventionellen
Züchtung hingewiesen werden.

Erhaltungszüchtung

Besonders in Europa, das von Klima und Bodenbeschaffenheit
außerordentlich begünstigt und deshalb in der Nahrungser-
zeugung überdurchschnittlich produktiv ist, wird immer wieder kritisch gefragt: Wozu brauchen wir überhaupt noch
Pflanzenzüchtung, wenn doch schon mit den existierenden
Hochleistungssorten finanziell und ökologisch kaum tragbare
Nahrungsüberschüsse produziert werden?

Aus diesem Blickwinkel erscheint die Frage gerechtfertigt.
Sie übersieht jedoch einerseits die Lage in vielen anderen Erdregionen, andererseits die einfache biologische Grundtatsa-
che, daß jede Merkmalskombination in einer neuen Sorte nur
so lange in der anfänglichen Form und Intensität erhalten
bleibt, wie der züchterische Selektionsdruck andauert. Deshalb muß jede erhaltenswerte Sorte durch *Erhaltungszüch-*

tung vor dem Verlust der sie auszeichnenden Eigenschaften –
und damit auch vor dem Verlust der Sortenzulassung – be-
wahrt werden, sofern sie nicht ohnehin als Ausgangsbasis für
die Entwicklung einer neuen Sorte mit weiter verbesserten
oder veränderten Merkmalen dient.

Grund dafür ist die in jedem lebenden Organismus unab-
lässig wirksame biologische Evolution: das immer wieder
neue Zusammenspiel von Mutation und Neukombination der
elterlichen Gene bei jedem Schritt der sexuellen Vermehrung.
Sobald der Selektionsdruck nachläßt, ist die unausweichliche
Folge eine stetige Abnahme der Sortenreinheit durch fortschreitenden Verlust der sortenspezifischen Merkmalskombinationen.

Erhaltungszüchtung ist somit ein umfangreiches Tätigkeitsfeld der Züchter. In der praktischen Durchführung
entspricht es dem oben geschilderten zweiten Schritt der Sor-
tenzüchtung, verwendet also ausschließlich konventionelle
Züchtungsmethoden.

Nahrungsqualität

In der Frühphase der Auslesezüchtung von Kulturpflanzen
war Erhaltungszüchtung sicher noch kein bewußt verfolgtes
Ziel, eher ein unbeabsichtigter Nebeneffekt der Auslese. Dagegen muß die gezielte Qualitätsverbesserung des Ernteguts
von Anfang an eine entscheidende Rolle gespielt haben. Dafür
dürften allein schon die verschiedenen Formen von Mangelerkrankungen oder Vergiftungen gesorgt haben, die bei einseitiger Ernährung mit den noch wenig entwickelten Kulturpflanzen auftraten.

Trotz aller züchterischen Erfolge enthalten selbst die heuti-

gen hochentwickelten Kultursorten unserer Hauptnahrungspflanzen nicht alle ernährungsphysiologisch notwendigen Inhaltsstoffe in ausreichenden Mengen. Nicht weniger proble-
matisch sind Nahrungsmittelallergien, die zunehmend an die
Stelle der unmittelbaren (nicht sekundär durch Mikroorganismen bedingten) Vergiftungen getreten sind.

Die wichtigsten Qualitätsanforderungen an unsere Ernährung und einige besonders häufig auftretende Mangelerkrankungen wurden bereits erwähnt (Seite 124 ff.). Auf die
Allergieproblematik werde ich weiter unten noch einmal zurückkommen (Seite 231). An dieser Stelle soll ein besonders
ausführlich behandeltes Beispiel der Qualitätsverbesserung
dazu dienen, einerseits die Grenzen der konventionellen
Züchtung, andererseits den bisher erreichten Stand der Grünen Gentechnik exemplarisch aufzuzeigen.

Für etwa die Hälfte aller Menschen ist Reis das vorherrschende Grundnahrungsmittel, das in günstigen Fällen durch
Gemüse, Obst, Fleisch und Fisch zu einer ernährungsphysiologisch vollwertigen Gesamtkost ergänzt wird. Diese Ergänzung fehlt jedoch entweder ganz oder teilweise für Hunderte
von Millionen Menschen der Armenbevölkerung in Asien,
Afrika und Lateinamerika. Die Folge sind gravierende Mangelerscheinungen.

Eine der auffälligsten Mangelerscheinungen bei einseitiger
oder ausschließlicher Ernährung mit Reis beruht auf dem
Fehlen von Provitamin A, einem Gemisch aus Beta-Karotin
und anderen, chemisch nahe verwandten Vorstufen von Vitamin A. Der menschliche Körper kann diese Vorstufen selbst
nicht bilden, wohl aber daraus das eigentliche Vitamin A.

Neben mehreren anderen Funktionen ist Vitamin A unerläßlich für die Ausbildung und den Erhalt des Augenlichts
und eines intakten Immunsystems. Unterversorgung mit

Provitamin A führt deshalb zu Sehschwächen bis zur völligen Erblindung sowie zur Schwächung der Immunabwehr und zu entsprechender Gefährdung bei Infektionen. Besonders stark betroffen sind Kleinkinder, schwangere Frauen und stillende Mütter. Aufgrund von Vitamin-A-Mangel erblinden in den Entwicklungsländern jährlich Hunderttausende von Vorschulkindern, von denen die Hälfte innerhalb eines Jahres stirbt. Die Todesfälle der Gesamtbevölkerung infolge von Mangelernährung werden auf jährlich 1–3 Millionen geschätzt.

Zwar sind für die Armenbevölkerung in einigen lateinamerikanischen und afrikanischen Ländern auch Mais oder Süßkartoffel nahezu ausschließliche Nahrungsquellen. Doch konnten bei Süßkartoffeln Sorten mit ausreichend hohem Gehalt an Provitamin A gezüchtet werden.

Reiskörner dagegen enthalten nicht einmal so geringe Mengen an Provitamin A, daß darauf ein konventioneller Züchtungsgang aufgebaut werden könnte. Den einzigen erkennbaren Ausweg bot die Gentechnik mit der Übertragung geeigneter Gene aus Bakterien oder Pflanzen. Die daraus entwickelten transgenen Reissorten bilden das Provitamin A nicht mehr, wie bisher, nur in den grünen Pflanzenteilen, sondern nun auch in den Körnern. Wegen deren veränderter, goldgelber Färbung wurde die transgene Pflanze unter dem Namen »Goldener Reis« bekannt.

Sowohl das Züchtungsverfahren selbst als auch die zahlreichen Schritte auf dem langen Weg bis hin zur Sortenzulassung geben einen interessanten Einblick in die zahlreichen Herausforderungen, denen sich die Grüne Gentechnik in der gegenwärtigen Phase ihrer Entwicklung stellen muß.

Der Goldene Reis

Im Jahr 2000 wurde erstmals die Herstellung einer neuen transgenen Reissorte mit Provitamin A-haltigen Körnern beschrieben. Zwar lag der Gehalt an Provitamin A in den Reiskörnern mit 1,6 μg (Mikrogramm) pro g Körnergewicht noch deutlich unter dem ernährungsphysiologisch erforderlichen Niveau, doch der entscheidende Schritt war getan: der Nachweis eines neuen Züchtungsverfahrens, das sich nun zur weiteren Optimierung anbot.

Da in der Ausgangssorte auch die unmittelbare Vorstufe des Provitamins fehlte, war die Übertragung von mindestens zwei zusätzlichen Genen notwendig, um die fehlenden Syntheseschritte zu ergänzen. Trotz dieser Komplexität und des entsprechend hohen Forschungs- und Entwicklungsaufwands konnte der Provitamin-A-Gehalt innerhalb weniger Jahre auf ca. 30 μg / g gesteigert werden (Abb. 28, Farbseite VII). Eine ausführliche Beschreibung der einzelnen Schritte geben Salim Al-Babili und Peter Beyer in *Golden Rice – five years on the road – five years to go?*

Von den bisher geschilderten Produkten der Grünen Gentechnik (Seite 174 ff.) unterscheidet sich der Goldene Reis in einigen wesentlichen Punkten, die neben den allgemein gültigen Anforderungen an transgene Pflanzen bei der weiteren Entwicklung berücksichtigt werden mußten:

- Das neue Merkmal beruht nicht mehr auf der Übertragung eines, sondern mehrerer, in ihrem Zusammenwirken voneinander abhängiger Gene;
- das gebildete Produkt ist unmittelbarer Bestandteil der menschlichen Ernährung;
- Zielgruppe sind mittellose Kleinbauern und die von ihnen abhängige Armenbevölkerung in Entwicklungsländern;

- die benutzten Materialien und Verfahren der Genübertragung sind durch unterschiedlich weitreichende Patente geschützt;
- in den betroffenen Entwicklungsländern gelten zum Teil sehr unterschiedliche rechtliche Regelungen für die Anwendung der Gentechnik;
- für den Anbau in Entwicklungsländern muß das neue Merkmal in dort nutzbare, an die jeweiligen Standortbedingungen angepaßte Sorten eingekreuzt werden;
- und schließlich haben traditionelle Eßgewohnheiten großen Einfluß auf die Akzeptanz ungewohnter Nahrungsmittel.

Die Übertragung von zwei oder mehr Genen war notwendig, weil die letzte im Reisendosperm, dem eßbaren Teil des Reiskorns, gebildete Vorstufe je nach Art und Herkunft der Gene bis zu fünf Syntheseschritte vom Provitamin A entfernt liegt. Die fehlenden Gene können zwar aus unterschiedlichen Quellen isoliert werden, doch muß für jede denkbare Genkombination erneut geklärt werden, ob sie sich günstig oder ungünstig auf den Gesamteffekt auswirkt. Die oben erwähnte Steigerung des Provitamingehalts von anfänglich 1,6 auf bisher 30 μg/g ist das Ergebnis entsprechender Optimierungsversuche, die damit jedoch keineswegs ausgeschöpft sind und bei Bedarf vermutlich auch weitere Steigerungen zulassen.

Als unmittelbarer Bestandteil der menschlichen Ernährung unterliegt die gentechnisch vermittelte Bildung von Provitamin A im zuvor Provitamin-A-freien Reiskorn besonders strengen Prüfungen. Vor allem muß sichergestellt sein, daß das Provitamin im menschlichen Körper seine Funktion auch tatsächlich ohne Nebenwirkungen erfüllt.

Weitere Kriterien sind die »Bioverfügbarkeit« und die

»Bioeffizienz«, d. h. der ernährungsphysiologische Wirkungsgrad des mit der Nahrung aufgenommenen Provitamins. Nicht nur die Aufnahme durch den menschlichen Körper, sondern auch die körpereigene Umwandlung in Vitamin
A hängen in starkem Maße von der Nahrungszusammenset-
zung insgesamt, besonders von der Art und Menge der beglei-
tenden Fette als Lösungsvermittler ab. Wenn sich bei den derzeit laufenden Tests herausstellen sollte, daß der Wirkungsgrad in etwa dem einer durchschnittlichen Mischkost (1:12)
entspricht, so würde der bisher erreichte Wert von 30 µg / g
bereits ausreichen.

Die mittellosen Kleinbauern in Entwicklungsländern können
angesichts der hohen Kosten für die Herstellung einer transgenen Sorte nur mit ungewöhnlichen und unkonventionellen
Mitteln erreicht werden. Die meisten der Betroffenen sind
nicht einmal in der Lage, das vergleichsweise billige Saatgut
für die traditionellen Reissorten zu bezahlen. Also mußte für
diese Fälle von Anfang an ein Weg beschritten werden, der
Unternehmensgewinne ausschloß.

   Die Lösung bestand in einem bisher einmaligen Zusammenwirken von Grundlagenforschung, privaten Stiftungen,
Wirtschaft und Politik. Zunächst stellten Wissenschaftler an
öffentlich geförderten (deutschen und schweizerischen) Uni-
versitätsinstituten in einem langjährigen und aufwendigen
Forschungsprojekt den Prototyp der transgenen Reispflanze
her. Ein wesentlicher Teil der Finanzierung wurde von der
Rockefeller-Stiftung getragen.

   Die Weiterentwicklung zu Sorten mit stetig erhöhtem Provitamin-A-Gehalt erfolgte durch eine Saatzuchtfirma, die bereit war, das verbesserte Produkt unter bestimmten Bedingungen kostenlos abzugeben. Dazu gehörte die Zusage der

zahlreichen Patentinhaber der benutzten Materialien und Methoden, im Fall der Nutzung durch arme Kleinbauern auf Lizenzgebühren zu verzichten.

Der Patentschutz hätte andernfalls eine kostenfreie Weitergabe des Saatguts unmöglich gemacht. Deshalb mußten alle Beteiligten für die beabsichtigte humanitäre Lösung gewonnen werden. Zu diesem Zweck wurde das »Golden Rice Humanitarian Board« gegründet, ein ehrenamtlich tätiges Gremium von international erfahrenen Vertretern aus Wissenschaft, Wirtschaft, humanitären Stiftungen, Entwicklungshilfeorganisationen und internationalen Reisforschungsinstituten. Als Verhandlungsergebnis konnte eine bisher einmalige Lösung gefunden werden: Alle beteiligten Firmen und Patenteigner verzichten auf mögliche Profite, solange das vom Kleinbauern erwirtschaftete Jahreseinkommen unter 10 000 US-Dollar liegt.

Damit war zwar eine hohe, aber immer noch nicht die letzte Hürde genommen. Denn als weitere Erschwernis kommt hinzu, daß in jedem der potentiell betroffenen Entwicklungsländer unterschiedliche Gesetze und Durchführungsbestimmungen für die Nutzung transgener Pflanzen gelten.

Die nationalen rechtlichen Regelungen der Gentechnik und ihre Durchführung in der Praxis entscheiden darüber, ob – und gegebenenfalls unter welchen Voraussetzungen – transgene Pflanzen für den kommerziellen Anbau zugelassen werden. Sie spiegeln jedoch selten die Bedürfnisse und Wünsche der Hungernden und Mangelernährten wider, sondern vor allem die Wünsche und Einflüsse von Interessengruppen, einschließlich mächtiger internationaler Handelspartner.

Kaum weniger wichtig ist die Akzeptanz gentechnisch veränderter Lebensmittel bei den Entscheidungsträgern und in

Abb. 2 Luftaufnahme einer norddeutschen Kulturlandschaft.

Abb. 16 Fünf Arten der Familie der Nachtschattengewächse (Solanaceen), bei denen jeweils verschiedene Organe bevorzugt »herausgezüchtet« wurden: die Blüten bei der Petunie, die Blätter beim Tabak, die Früchte bei Paprika und Tomate und die Knollen bei der Kartoffel.

Abb. 17 Fünf verbreitete Arten aus der Familie der Kreuzblütler (Brassicaceen), bei denen, ähnlich wie in Abbildung 16 (Farbseite II), verschiedene Organe durch Züchtung besonders hervorgehoben wurden: der Blütenstand beim Blumenkohl, die ölhaltigen Samen beim Raps, die Blätter beim Blattkohl, die Sproßachse beim Kohlrabi und die Hauptwurzel bei der Kohlrübe.

Abb. 23 Anzucht von Pflanzen (Beispiel Zuckerrübe) aus Zellkulturen in einem Pflanzenzuchtbetrieb: In Kalluskulturen wird auf geeignetem Nährmedium zunächst Sproßwachstum (oben links), dann Bewurzelung (oben rechts) angeregt. Die jungen Pflänzchen werden anschließend bis zum Auspflanzen im Gewächshaus angezogen.

Abb. 24 Regenerationsfähigkeit einzelner Pflanzenzellen oder Gewebestücke zu vollständigen, mit der Ausgangspflanze genetisch identischen Individuen (Klonen). Menschliche und die meisten tierischen Körperzellen besitzen diese Fähigkeit nicht.

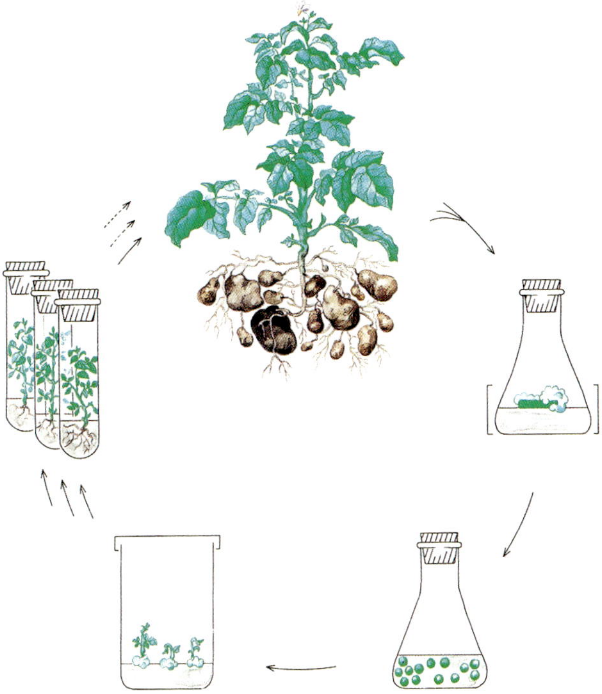

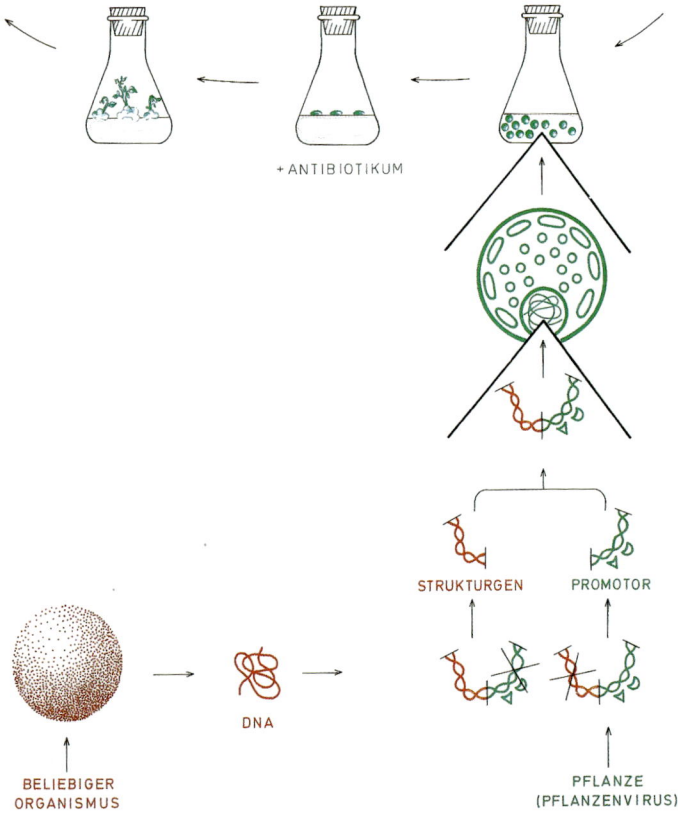

+ ANTIBIOTIKUM

STRUKTURGEN   PROMOTOR

DNA

BELIEBIGER
ORGANISMUS

PFLANZE
(PFLANZENVIRUS)

Abb. 25 Schematische Darstellung der Genübertragung auf Pflanzenzellen und deren Regeneration zu ganzen Pflanzen. Unverändert gebliebene Zellen werden in diesem Beispiel durch ein Antibiotikum abgetötet (Seite 232), so daß nur transgene Pflanzen entstehen.

Abb. 30 Von Gentechnikgegnern zerstörtes Versuchsfeld mit transgenen Kartoffelpflanzen.

Abb. 28 Reiskörner mit unterschiedlichem Gehalt an Provitamin A: unverändert (weiß, oben links); 1,6 µg/g (gelb, unten links); 30 µg/g (gelborange, rechts).

Abb. 29 Vergleich einer transgenen (links) mit einer genetisch unveränderten Kartoffelpflanze (rechts) nach Behandlung mit dem Erreger der Kraut- und Knollenfäule.

Abb. 31 Vergleich einer transgenen virusresistenten Papayasorte (rechts) mit der genetisch unveränderten Kontrollpflanze (links).

der Bevölkerung. Letztere wiederum beeinflussen einander wechselseitig, indem Gesetze und Vorschriften zur Risikoanalyse in der Bevölkerung paradoxerweise statt des Gefühls erhöhter Sicherheit den Anschein eines besonderen Gefahrenpotentials hervorrufen. Damit werden die ohnehin aus sachlicher Unkenntnis entspringenden Ängste nochmals verstärkt. Entsprechend aufwendig und zeitraubend sind trotz der drängenden Gesundheitsprobleme fast überall die Zulassungsanforderungen an den Goldenen Reis.

Das Einkreuzen des neuen Merkmals in lokal angepaßte Reissorten ist dann der letzte Schritt bis zur praktischen Nutzung durch die Bedürftigen. Dazu bieten die zahlreichen nationalen und internationalen Reisforschungsinstitute die besten Voraussetzungen. Sie verfügen über das geeignete Zuchtmaterial und die notwendige Erfahrung vor Ort. Vor allem aber sind sie als öffentlich geförderte Institutionen profitunabhängig und deshalb in der Lage, die kostenlose Weitergabe an Kleinbauern sicherzustellen.

Doch wie bereitwillig das Produkt auch tatsächlich angenommen wird, hängt dann immer noch davon ab, wie stark der Einfluß traditioneller Eßgewohnheiten ist.

Traditionelle Eßgewohnheiten bestimmen selbst in Mangelsituationen in starkem Maße die Akzeptanz ungewohnter Nahrungsmittel. Auf diese erstaunliche Beobachtung werde ich später noch einmal zurückkommen (Seite 278). Die Bereitschaft, gelbe statt weißer Reiskörner zu essen, kann nicht überall mit Selbstverständlichkeit vorausgesetzt werden.

Die drei letztgenannten Schritte werden derzeit mit Vorrang verfolgt: die Erfüllung der zum Teil sehr unterschiedlichen nationalen Zulassungskriterien, die Übertragung des neuen Merkmals auf lokal angepaßte Reissorten und die Überwindung möglicher Akzeptanzprobleme. Ergebnisse und damit auch verläßliche Zeitangaben für die ersten praktischen Erfolge stehen jedoch noch aus.

Doch selbst wenn der Goldene Reis das angestrebte Ziel einer Beseitigung der Provitamin-A-Defizite voll erreicht, ist damit erst einer von mehreren Qualitätsmängeln der traditionellen Reissorten beseitigt. Um auch die übrigen Defizite auszugleichen, hat nun die Gates-Stiftung erhebliche Mittel für ein umfangreiches Anschlußprojekt bereitgestellt, das vom international zusammengesetzten »ProVitaMinRice Konsortium« durchgeführt wird.

Das Kunstwort *ProVitaMinRice* faßt die Ziele des Projekts zusammen: durch Qualitätsverbesserung oder verbesserte Bioverfügbarkeit der *Pro*tein-, *Vita*min- und *Min*eralstoffanteile *Reis*sorten zu entwickeln, die ernährungsphysiologisch möglichst vollwertig sind. Gemeint ist damit,

1. den relativ geringen Proteingehalt, z. B. im Vergleich zum Weizen, mit den bereits erprobten gentechnischen Verfahren zu erhöhen und gleichzeitig den Anteil an essentiellen Aminosäuren (Seite 125) zu verbessern;

2. zusätzlich zum Provitamin A auch den Vitamin-E-Gehalt zu erhöhen, u. a. in der Erwartung, auf diese Weise die Stabilität und die Bioverfügbarkeit des Provitamins A zu verbessern;

3. den Gehalt an bioverfügbarem Eisen (gegen Blutarmut) zu erhöhen sowie die Mechanismen der Bioverfügbarkeit von Eisen und Zink (u. a. zur Stärkung der Immunabwehr) zu erforschen und daraus entsprechende Zuchtstrategien abzuleiten;

4. die transgenen Prototypen in lokal angepaßte Reissorten einzukreuzen und deren Zulassung für den Anbau zu erwirken.

Ein derart umfangreiches und anspruchsvolles Vorhaben kann nur durch Zusammenarbeit von mehreren, auf dem jeweiligen Teilgebiet besonders kompetenten Partnern verwirklicht werden. Entsprechend ist das Konsortium aus mehreren deutschen, amerikanischen und chinesischen Forscherteams sowie erfahrenen Reisforschungs- und Reiszüchtungsinstituten in Indien, Vietnam und den Philippinen zusammengesetzt.

Ob und in welchem Umfang die einzelnen Ziele erreichbar sind, muß die Zukunft erweisen. Nach der Erfahrung mit dem Goldenen Reis erscheint jedoch keines dieser Ziele unrealistisch oder gar utopisch, zumal das ernährungsphysiologisch vollwertigere Weizenkorn als Vorbild dienen kann.

Es wird nicht schwerfallen, sich anhand dieses Beispiels weitere Fälle von Qualitätsverbesserung unserer Nahrungsmittel vorzustellen. Zunächst wird es sich vorrangig um ähnliche Entwicklungen bei anderen Hauptnahrungspflanzen handeln. Konkrete Projekte mit Maniok, Sorghumhirse und einigen Bananenarten, die ebenfalls bei einseitiger Ernährung zu Mangelerscheinungen führen, wurden bereits begonnen. Ein weiteres wichtiges Züchtungsziel ist die qualitativ verbesserte Zusammensetzung der pflanzlichen Öle in Ölpflanzen.

Je erfolgreicher und überzeugender dabei die Beiträge der Gentechnik sind, desto eher werden auch andere Projekte folgen, die mit konventioneller Züchtung allein schwieriger oder gar nicht zu erreichen sind.

Ertragspotential

Die Höhe von Ernteerträgen hat zwei einander ergänzende
Voraussetzungen: das in der genetischen Konstitution der
Pflanze angelegte Ertragspotential und die äußeren Bedin-
gungen, unter denen dieses Potential zum Tragen kommt:
Klima, Bodenbeschaffenheit, Düngung, Pflanzenschutz, Was-
serversorgung. Vieles davon wurde bereits besprochen.

Einer der seltenen großen Sprünge in der Erhöhung des Ertragspotentials durch eine einzelne Merkmalsänderung war
die erfolgreiche Züchtung von Kurzstrohgetreiden in den
1960er Jahren. Sie bedingte die Umlenkung eines erheblichen
Anteils der Stoffwechselaktivitäten von der Halm- in die Körnerproduktion und war damit maßgeblich an den sprunghaf-
ten Ertragssteigerungen während der Grünen Revolution beteiligt (Seite 253).

Zwei besonders häufig genannte Züchtungsziele, die ähnlich hohen Gewinn bringen könnten, sind die Steigerung der
Photosynthese und die biologische Stickstofffixierung, letztere
vor allem bei Getreiden und einigen anderen Hauptnahrungs-
mitteln. In beiden Fällen sind konkrete Ansatzpunkte für die
Züchtung bisher nicht erkennbar. Dennoch sollen sie angesichts ihrer potentiellen Bedeutung nicht unerwähnt bleiben.

Photosynthese (die Umwandlung von Kohlendioxid und Was-
ser mit Hilfe von Lichtenergie in energiereiche organische
Verbindungen) besteht aus einer Kette von biochemischen
Reaktionen, die in allen grünen Pflanzenteilen in speziell da-
für abgetrennten Zellräumen, den Chloroplasten, ablaufen.
Chloroplasten enthalten als auffälligsten Bestandteil das
Chlorophyll (Blattgrün), dem Blätter und Stengel ihre cha-
rakteristische Färbung verdanken.

Die Photosynthese hat eine alles überragende Bedeutung für das pflanzliche Ertragspotential. Dennoch hat sie im Vergleich zu vielen anderen biochemischen Reaktionen einen sehr geringen Wirkungsgrad, der trotz großer Anstrengungen der Züchter bisher nicht wesentlich gesteigert werden konnte. Theoretisch wäre kaum eine wirkungsvollere Erhöhung des Ertragspotentials denkbar als die Effizienzsteigerung der Photosynthese.

Zahlreiche Forschergruppen sind deshalb intensiv bemüht herauszufinden, weshalb die Effizienz nicht höher liegt und ob sich daraus ein Hinweis auf mögliche gentechnische Veränderungen ableiten läßt. Die Erfolgsaussichten werden sehr unterschiedlich bewertet. Skeptiker weisen darauf hin, daß die Photosynthese bereits vor fast vier Milliarden Jahren von der biologischen Evolution »erfunden« wurde. Natürliche Mutationen hätten also längst zu Effizienzsteigerungen geführt, wenn eine Möglichkeit dazu bestanden hätte.

Nur ausreichende Detailkenntnisse der genetischen Grundlagen und molekularen Wirkungsweise der Photosynthese können diese Unsicherheiten in der Bewertung eventueller züchterischer Ansatzmöglichkeiten beseitigen.

Zur Stickstoffixierung direkt aus der Luft sind bisher nur wenige Pflanzenarten, vor allem Leguminosen (Hülsenfrüchtler), befähigt. Dazu bilden sie zusammen mit stickstoffixierenden Bakterien ein hochgradig spezialisiertes Symbioseorgan. Dieses »Knöllchen« bietet den Bakterien einen geschützten Lebens-, Vermehrungs- und »Arbeits«-Raum, von dem aus die Pflanze mit wertvollen Stickstoffverbindungen versorgt wird. Zum Ausgleich versorgt diese die Bakterienkolonien mit Photosyntheseprodukten, also mit organisch gebundenem Kohlenstoff.

Zwei wichtige Voraussetzungen müssen für die Knöllchen-
bildung erfüllt sein: Die stickstofffixierenden Bakterien müssen von der Pflanze als solche erkannt und die sonst üblichen
Abwehrreaktionen gegen Mikroorganismen unterbunden
werden. Dazu bedarf es einer hochspezialisierten, bis ins molekulare Detail abgestimmten Kommunikation zwischen den
beiden Organismen durch artspezifische Signalmoleküle und
Oberflächenstrukturen.

Dies könnte der Grund dafür sein, daß nicht darauf spezialisierte Pflanzen, wie alle Getreidearten und die meisten übrigen Nahrungspflanzen, solche Symbiosen nicht eingehen
können. Doch gerade eine solche Form der Steigerung ihres
Ertragspotentials wäre angesichts des großen Aufwands an
synthetischem Stickstoffdünger in der Landwirtschaft ein
enormer ökologischer und ökonomischer Gewinn.

Daß konventionelle Züchtung ein solches Ziel jemals erreichen könnte, ist äußerst unwahrscheinlich. Neben der Effizienzsteigerung der Photosynthese wird deshalb die Stickstofffixierung nicht selten als einer der großen Zukunfts-
träume für die Grüne Gentechnik genannt. Auch hier ist eine
unabdingbare Voraussetzung die detaillierte Kenntnis der molekularen Mechanismen und ihrer genetischen Grundlagen.

Vitalität und Ertragssicherheit

Die überragende Bedeutung von Vitalität und Ertragssicherheit in der Landwirtschaft wurde bereits im 3. Kapitel erläutert. Obwohl die beiden Begriffe unterschiedliche Phänomene
beschreiben, sind sie doch eng miteinander verknüpft: Vitalität als allgemeine Anpassungsfähigkeit an die Umwelt sowie
art- und sortenspezifische Leistungsfähigkeit und Wider-

standskraft; Ertragssicherheit als deren praktische Folge für
die landwirtschaftliche Nutzung.

Aus dieser komplexen Beschreibung von Vitalität geht bereits hervor, daß es sich um eine Vielzahl von Eigenschaften
handelt, die bei der Züchtung nach Möglichkeit berücksichtigt
werden sollen. Auch hier kann die Vielfalt nur durch eine ex-
emplarische Auswahl angedeutet werden. Dabei werde ich
wiederum bevorzugt auf solche Fälle eingehen, an denen die
Grüne Gentechnik entscheidenden Anteil hat oder sehr wahrscheinlich haben wird.

Die beiden ersten Fälle beschreiben zwei neuartige gentechnische Ansätze für die Züchtung von Pilz- und Virusresistenz. Zwei weitere Beispiele gelten dann Zielen, deren praktische Verwirklichung noch aussteht, die aber ebenfalls einen
hohen Stellenwert besitzen: Trocken- und Salztoleranz.

Pilzresistenz ist vor allem in gemäßigten Klimazonen, z. B. in
Europa, ein wichtiges Kriterium für Vitalität und Ertragssicherheit. Ein gutes Beispiel ist die Kartoffel. Deren bedeu-
tendster Krankheitserreger (Phytophthora infestans, ein pilz-
ähnlicher Oomycet), der Verursacher der Kraut- und Knollenfäule, trat in Europa zum ersten Mal massiv in den 1840er
Jahren auf und vernichtete in mehreren aufeinanderfolgen-
den Jahren große Teile der europäischen Kartoffelernte. Millionen Menschen verhungerten damals oder waren gezwun-
gen auszuwandern.

Noch heute ist die Resistenzzüchtung gegen Kraut- und
Knollenfäule dadurch stark beeinträchtigt, daß ständig neue
Varianten durch Mutationen des Krankheitserregers entstehen. Dagegen stehen für die Züchtung entweder nur kurzfristig wirksame, monogen vererbte Resistenzen zur Einkreu-
zung zur Verfügung, oder polygen vererbte, längerfristig

wirksame Resistenzen aus Wildformen lassen sich nur schwer im Zuchtgang nutzen. Dieses Problem wird durch den modernen Massenanbau der Kartoffel noch erheblich verschärft.

Aufgrund dieser Schwierigkeiten wurde mit gentechnischen Mitteln der Prototyp einer transgenen Kartoffelsorte mit einer neuartigen Form von Krankheitsresistenz entwickelt. Die Resistenz beruht auf einem gentechnisch abgewandelten, in der Evolution so nicht verwirklichten Mechanismus, für den nach dem heutigen Stand der Promotor- und Strukturgenforschung zahlreiche Modifikationen möglich, teilweise bereits in Erprobung sind.

Das Ergebnis war eine Kartoffelpflanze, auf der die Vermehrung von Phytophthora infestans gegenüber der Ausgangspflanze deutlich verringert war (Abb. 29, Farbseite VII), ein Effekt, der auch im Feldanbau zu einer Reduktion der Krankheitsausbreitung führen könnte.

Dieses Projekt verfolgte drei Ziele: 1. die Entwicklung neuartiger Resistenzmechanismen, die durch Mutation der Pathogene schwer zu durchbrechen sind; 2. die Mechanismen so zu gestalten, daß sie – analog zu breitenwirksamen Antibiotika – nicht nur gegen ein einzelnes Pathogen, sondern gegen verschiedene Pilze und Bakterien gleichermaßen wirksam sind; und 3. die Züchtung resistenter Kartoffelsorten.

Das Projekt wurde mit öffentlichen Mitteln vom damaligen Bundesministerium für Forschung und Technologie finanziert in der Erwartung, im Erfolgsfall zumindest teilweise auf den Einsatz umweltbelastender Pflanzenschutzmittel verzichten zu können. Trotz dieser umweltpolitischen Zielsetzung wurde schon der erste behördlich genehmigte Freilandversuch von Gentechnikgegnern zerstört, noch bevor die wissenschaftliche Auswertung begonnen hatte (Abb. 30, Farbseite VII). Das Projekt wurde daraufhin abgebrochen.

Auch für Virusresistenz sind häufig keine natürlich vorkommenden Resistenzgene bekannt, so daß konventionelle Züchtungsverfahren bisher meist erfolglos waren. Auch hier bestand daher der Züchtungsansatz in der Herstellung transgener Pflanzen, die in diesem Fall ein Gen für die Ausprägung eines viralen Proteins enthielten. Damit machte man sich das Phänomen zunutze, daß die Vermehrung von Viren durch deren eigenes Hüllprotein unterbunden wird, sofern dieses frei in der Pflanzenzelle auftritt.

Da Viren keine selbständigen zellulären Organismen sind, sind sie auf die Vermehrung in Wirtsorganismen angewiesen. Sie sind im Vergleich zu deren Zellen sehr einfach aufgebaut und bestehen lediglich aus der genetischen Information für ihre eigenen Bauelemente und einige weitere Funktionen sowie einer schützenden Proteinhülle.

Die Hüllproteine werden während der Entstehung des Virus in exakt der Menge gebildet, wie sie für den Zusammenbau der einzelnen Teile benötigt wird. Dagegen verhindern sie die Vermehrung des Virus vollständig, wenn sie ihm von der Pflanze bereits vorgefertigt angeboten werden.

Mit verschiedenen Hüllproteinen wurde auf diese Weise bei einigen Pflanzen nahezu vollständige Virusresistenz erzielt. Soweit bisher untersucht, richtet sich die Resistenz dabei teilweise sogar gegen andere Virusarten, die nicht dasselbe Hüllprotein besitzen. Einige der näher untersuchten transgenen Pflanzen zeigten gegenüber vergleichbaren Kontrollpflanzen weder Wachstums- noch Ernteeinbußen, selbst wenn sie relativ große Mengen an Virusprotein im Vergleich zu den zelleigenen Proteinen enthielten.

Das erste praktische Beispiel ist eine virusresistente Papayasorte, die seit dem Beginn ihrer kommerziellen Nutzung im Jahr 1998 auf Hawaii zunehmend den Markt erobert hat.

Inzwischen werden dort fast ausschließlich transgene Papaya-
sorten angebaut. Sie enthalten ein Gen für das Hüllprotein
des »Papaya ringspot virus« (PRSV), das sich Anfang der
1990er Jahre epidemieartig in den wichtigsten Anbaugebieten
Hawaiis ausgebreitet und einen großen Teil der Ernte ver-
nichtet hatte.

Zufällig hatte der transgene Prototyp nach mehrjähriger
Forschungsarbeit das Stadium des ersten Feldversuchs zeitgleich mit dem massierten Auftreten des Virus erreicht. Bereits wenige Jahre später existierten anbaufähige transgene
Sorten (Abb. 31, Farbseite VIII), die alle Zulassungskriterien
erfüllten und sich im Anbau so gut bewährten, daß der zwi-
schenzeitliche Niedergang der Papayaernte innerhalb kurzer
Zeit wieder ausgeglichen werden konnte. Diese Sorten waren
nicht nur PRSV-resistent, sie waren sogar ertragreicher als die
Ausgangssorte.

Trockentoleranz (genauer: Trockenstreßtoleranz) ist vor allem in Regionen mit geringen Niederschlagsmengen oder
länger anhaltenden Trockenperioden eine unerläßliche Voraussetzung für landwirtschaftliche Produktivität. Die sich
rasch ausdehnende Sahelzone und die wachsende Dürre-
region um den vom Austrocknen bedrohten Aralsee sind besonders eindrückliche Beispiele dafür, wie sehr dieses Problem
an Dramatik zunimmt. Da ich in anderem Zusammenhang
noch einmal darauf zurückkommen werde (Seite 271), beschränke ich mich hier auf einige Anmerkungen zum Stand
der Züchtung.

Zur Lösung des Problems der Trockentoleranz sind wesentliche Beiträge auch weiterhin von der konventionellen
Züchtung zu erwarten. Innovative gentechnische Ansätze erfordern zunächst noch genauere Erkenntnisse in der Grund-

lagenforschung. Die hohe Komplexität dieser Forschungsrichtung ergibt sich aus der Sonderrolle, die Wasser im pflanzlichen Stoffhaushalt innehat.

Wasser ist einerseits das universale Lösungsmittel für sämtliche Stoffwechselaktivitäten der Pflanze, für die Aufnahme aller Nährstoffe über das Wurzelsystem und für den umfangreichen Stofftransport von den Wurzel- bis in die Blattspitzen und umgekehrt. Andererseits ist Wasser aber auch selbst ein wichtiger und in großen Mengen benötigter Nährstoff als Substrat für die Photosynthese. Und schließlich erfolgt der Temperaturhaushalt der Pflanze fast ausschließlich über Wasserverdunstung, die damit indirekt den Stoffumsatz und das Wachstum regelt.

Um dies alles in der richtigen Balance zu halten, bedarf es einer zwischen allen Teilen des Systems exakt abgestimmten Feinregulierung des Wasserhaushalts innerhalb der Pflanze sowie zwischen der Pflanze und ihrer Umwelt. Wenn dieser diffizile Mechanismus hohem und anhaltendem Trockenstreß ausgesetzt ist, sind die meisten Pflanzen damit überfordert.

Die Evolution hat darauf mit der Entstehung verschiedener Pflanzenarten, wie Mauerpfeffer, Kakteen oder Kameldorn, reagiert, die spezifisch an unterschiedliche Trockenstandorte angepaßt sind. Diese Pflanzen haben im wesentlichen drei verschiedene Mechanismen gegen Trockenstreß entwickelt: die Verringerung von Wasserverlust durch veränderte Oberflächenstrukturen, die Erhöhung der Wasseraufnahme durch ein weiter verzweigtes Wurzelsystem und die Umstellung des Stoffwechsels auf Funktionsfähigkeit auch bei stark verringertem Wassergehalt.

Die Erforschung dieser Mechanismen ist aufgrund der Komplexität ihres Zusammenwirkens eine wissenschaftlich reizvolle, aber nicht leicht zu lösende Aufgabe. Inwieweit die

Ergebnisse neue Wege in der Züchtung mit Gentechnik eröffnen, ist noch nicht abzusehen. Jeder Fortschritt hat jedoch potentiell mehrfachen Wert, da zwischen Trockentoleranz, Salztoleranz und zum Teil auch Frosttoleranz eine enge Verbindung besteht. In jedem dieser Fälle muß dem Wasserverlust in der Zelle mit jeweils geeigneten Mitteln begegnet werden.

Salztoleranz teilt mit Trockentoleranz nicht nur den engen Bezug zum Wasserhaushalt der Pflanze, sondern auch eine zunehmende Bedeutung in der Züchtung. Der Bezug zur Balance des Wasserhaushalts ist offensichtlich: Fast alle Nährstoffe aus dem Boden sind in Wasser gelöste Mineralsalze. Sie dürfen innerhalb und außerhalb der Pflanze bestimmte Konzentrationsbereiche nicht über- oder unterschreiten, ohne den pflanzlichen Stoffwechsel nachteilig zu beeinflussen.

Für künstliche Bewässerung wird zwar Süßwasser mit deutlich geringerem Salzgehalt als Meerwasser verwendet, doch auch Süßwasser enthält immer noch nennenswerte Mengen an Mineralsalzen. Da vor allem in warmen Klimazonen ein erheblicher Anteil des auf die Felder geleiteten Wassers verdunstet, reichern sich dabei die Salze an der Oberfläche an und bilden teilweise feste Salzkrusten.

Eine andere Form von Salzstreß, die nicht unmittelbar den Wasserhaushalt der Pflanze betrifft, entsteht durch die Freisetzung von giftigen Aluminiumsalzen bei der Bodenversauerung oder durch den Eintrag von Schwermetallsalzen aus industriellen Prozessen. In diesen Fällen wird der Streß durch die unmittelbare Toxizität und nicht durch Wasserentzug ausgelöst. Auch dies ist ein zunehmendes Problem für die Landwirtschaft.

Mit diesen Situationen kommen nur wenige Pflanzen aufgrund spezifischer Toleranzmechanismen zurecht. Deren er-

höhte Toleranz kann auf unterschiedlichen Prinzipien beruhen, z. B. auf verringerter Aufnahme, speziellen Ausschei-
dungsmechanismen oder erhöhter Speicherkapazität. In keinem dieser Fälle sind die zugrundeliegenden Mechanismen
bisher so weit bekannt, daß aussichtsreiche Zuchtstrategien
daraus abgeleitet werden könnten.

Ertragssicherheit endet nicht mit dem Abernten eines Feldes.
Vor allem im feuchtheißen Klima tropischer Regionen geht
oft ein wesentlicher Teil des gelagerten Ernteguts durch In-
sektenfraß oder Befall mit Krankheitserregern verloren. Diese
Verluste sind ausgerechnet in den Gebieten mit Nahrungs-
mangel besonders groß. Um dem wirkungsvoll zu begegnen,
muß die Resistenzzüchtung über das bisher Dargestellte hinaus auch gegen solche Schadorganismen intensiviert werden,
die das gelagerte Erntegut befallen – ganz abgesehen von verbesserten Lager- und Transportbedingungen.

Impfstoffe in Nahrungsmitteln

Ein grundsätzlich neues Züchtungsziel sind Pflanzen, deren
eßbare Anteile Impfstoffe gegen schwer zu bekämpfende Infektionskrankheiten oder andere medizinisch wirksame Substanzen enthalten. Am weitesten fortgeschritten ist die Entwicklung transgener Pflanzen mit Impfstoffen gegen solche
Infektionskrankheiten, die massiert in Entwicklungsländern
auftreten.
   Als Impfstoffe, die das körpereigene Immunsystem zur Bildung von Antikörpern anregen, dienen traditionell entweder
abgetötete oder in ihrer Wirkung abgeschwächte Formen von
Krankheitserregern bzw. daraus isolierte Antigene. In jedem

Fall müssen die Impfstoffe bislang durch Injektions- oder Schluckimpfungen verabreicht werden – ein aufwendiges und in vielen Entwicklungsländern, besonders bei flächendecken- den Schutzimpfungen, praktisch kaum durchführbares Ver- fahren.

Wesentlich besser geeignet wären Impfstoffe in solchen Nahrungsmitteln, die von den betroffenen Bevölkerungs- gruppen ohnehin täglich verzehrt werden. Um dies zu errei- chen, wurden diejenigen Virus- oder Bakteriengene auf Pflanzen übertragen, die für die Bildung der antigen wirksa- men Proteine oder Proteinfragmente zuständig sind. Einige dieser Projekte befinden sich im Stadium klinischer Tests, nachdem eine erfolgreiche Immunisierung bei Versuchstieren nachgewiesen worden war.

In der Anfangsphase konzentrierte sich diese neue Ent- wicklung zunächst auf methodisch besonders leicht zugäng- liche Pflanzen und Pathogene, z. B. transgene Kartoffeln mit immunisierender Wirkung gegen Darminfektionen oder He- patitis B. Aufgrund der bisherigen Ergebnisse kann damit ge- rechnet werden, daß sich dieses Spektrum rasch erweitert. Antigenhaltige Bananen und Reiskörner, letztere auch zur Immuntherapie von Pollenallergie, gehören zu den besonders weit fortgeschrittenen Projekten.

Zielgruppe Entwicklungsländer

Mehrfach wurden in diesem Kapitel die Entwicklungsländer als vorrangige Zielgruppe herausgehoben. Auch in einigen der folgenden Abschnitte werden sie eine entscheidende Rolle spielen. Verbesserungen der Nahrungsqualität (z. B. der Gol- dene Reis), Trocken- und Salztoleranz, Resistenzen gegen

Schadorganismen und Impfstoffe in Nahrungsmitteln sind Projekte, die vor allem der Bevölkerung in den Entwicklungsländern zugute kommen sollen. (Eine detaillierte Übersicht über alle laufenden Forschungsprojekte mit transgenen Pflanzen in den Entwicklungsländern gibt Joel I. Cohen in seinem 2005 erschienenen Artikel *Poorer nations turn to publicly developed GM crops* [Ärmere Länder wenden sich öffentlich geförderten transgenen Nutzpflanzen zu].)

Zwei sehr unterschiedliche Gründe veranlassen mich, dies hier noch einmal ausdrücklich zu betonen: 1. die außerhalb der betroffenen Gebiete viel zu wenig wahrgenommene Dramatik der ständig steigenden Zahlen von Unterernährten und Verhungernden bei gleichzeitiger Bevölkerungszunahme und 2. die zunehmende Bedeutung der Grünen Gentechnik für die Bemühungen um Gegenmaßnahmen. Es ist beeindruckend, mit welchem Nachdruck international operierende Institutionen, wie die Weltbank, verschiedene Unterorganisationen der UNO, staatliche Hilfsorganisationen und private Stiftungen, beides in ihren Zustandsberichten und Förderprogrammen hervorheben, die Hungerproblematik ebenso wie das Potential der Gentechnik.

Der eindrückliche Appell *Why Africa needs agricultural biotech* des Direktors des »ISAAA AfriCenter« in Nairobi in Kenia, Florence Wambugu, beginnt mit dem Satz [in meiner Übersetzung]: »Die Entwicklung und Anwendung der pflanzlichen Biotechnologie in Afrika werden dringend benötigt, um Hunger, Umweltzerstörung und Armut zu bekämpfen«, und endet mit der Feststellung: »In der Vergangenheit haben viele ausländische Hilfsorganisationen aufwendige Projekte gefördert, die nicht lange vorhielten, weil die sozialen und wirtschaftlichen Aspekte, z. B. Veränderungen in den Anbaumethoden, nicht berücksichtigt wurden. Die Kritik an der

pflanzlichen Biotechnologie in Europa hat sozioökonomische
Gründe, und kein Nachweis rechtfertigt bisher die Meinung
mancher in Europa, daß Afrika transgene Nutzpflanzen vor-
enthalten werden sollten. Afrikaner können für sich selbst
sprechen.«

Zusammenfassung

Seit den Anfängen des Pflanzenbaus haben zwei vorrangige
Ziele die Züchtung von Nahrungspflanzen bestimmt: die
Qualität und die Quantität der menschlichen Ernährung. In
jüngster Zeit ist als drittes wichtiges Ziel der Umweltschutz
hinzugekommen, vor allem die Züchtung von Pflanzen mit
verringertem Bedarf an Pflanzenschutzmitteln. Die Höhe der
Ernteerträge ist einerseits von genetisch bestimmten Faktoren (dem Ertragspotential und der Vitalität einer Sorte), andererseits von den Kultivierungsbedingungen abhängig.

Während Sortenerhalt ein universales Tätigkeitsfeld der
Züchter ist, ist die Mehrzahl der sortenspezifischen Merkmale
von regional unterschiedlicher Bedeutung. Für viele spezifische, bisher unerreichbare Züchtungsziele hat die Grüne Gentechnik neue Zugangsmöglichkeiten eröffnet. Einige Beispiele
werden näher erläutert: ernährungsphysiologisch verbesserte
Reissorten, neue Formen der Pilz- und Virusresistenz, Trok-
ken- und Salztoleranz sowie Impfstoffe in Nahrungsmitteln.
Vorrangige Zielgruppe sind die Entwicklungsländer.

Wesentliche Fortschritte in der Züchtung basieren auf
Erkenntnissen der molekularbiologischen Grundlagenfor-
schung. Diese Forschung besitzt auch weiterhin ein hohes
Innovationspotential.

7. Ethische Bewertung der Gentechnik

Außerhalb der Fachwissenschaft wird mehr über die Verantwortbarkeit der Gentechnik debattiert als über ihren Inhalt und ihre Ziele. Das hat einen tieferen Grund: eine allgemeine, tiefsitzende Angst vor verantwortungslosem Umgang mit neuen technischen Möglichkeiten. Diese Angst ist nicht überraschend in einer Zeit, in der Wissenschaft und Technik revolutionierende Fortschritte machen, während die ethische Bewältigung dieser Revolution kaum begonnen hat.

Eine solche Disparität offenbart, wie sehr wir trotz aller vermeintlichen Vernunftbezogenheit unseres Handelns immer noch alten, instinktiv festgelegten Überlebensstrategien folgen. Das Motto »Wer wagt, gewinnt« (oder in Wissenschaft und Technik: »Versuch macht klug« und »Probieren geht über Studieren«) war sicher ein wesentlicher Schlüssel zum Überlebens- und Durchsetzungserfolg der Spezies *Homo sapiens*. Doch offenbar fällt es ihr nach so langer – subjektiv »ewiger« – Gültigkeit einer solchen Strategie nun um so schwerer, diese plötzlich in ihr scheinbares Gegenteil zu verkehren. Aus dem erfolgreichen Prinzip Wagnis soll unvermittelt ein wagnishemmendes Prinzip Verantwortung werden: eine völlige Kehrtwende?

Ja und nein: Ja, weil Wissenschaft und Technik einen Stand erreicht haben, der jedes zu große Wagnis weit über den Kreis der Verursacher hinauswirken läßt. Das gilt nicht erst seit den Tagen der Gentechnik, verlangt aber mit jedem weiteren

Schritt nach mehr Verantwortungsbewußtsein. – Nein, weil es sich nicht um den Wechsel von einem Prinzip zu einem gegenteiligen handelt, sondern lediglich um die gleichmäßigere Betonung von zusammengehörenden Teilen. Wissenschaft, Technik und Verantwortung sind eng miteinander verknüpft. Gentechnik ist die jüngste einer langen Reihe von technischen Neuentwicklungen, die diese Notwendigkeit bestärken.

Besonders eingehend hat der Philosoph Hans Jonas in seinem Buch *Technik, Medizin und Ethik* zum Verhältnis von Wissenschaft, Technik und Verantwortung Stellung genommen. Seine Formulierung des »Prinzips Verantwortung« bezieht sich in erster Linie auf die Gentechnik. Bemerkenswert ist in diesem Zusammenhang seine Auseinandersetzung mit der Utopie, die in ihren politisch-sozialen Erscheinungsformen von einem idealisierten Menschenbild ausgeht und deshalb der Entwicklung von Wissenschaft und Technik keine ausreichend sicheren Grenzen setzt. Insofern ist das »Prinzip Verantwortung« nicht nur eine Analyse der unmittelbaren Wechselbeziehung von (Gen-)Technik und Verantwortung, sondern auch eine Antwort auf Ernst Blochs *Prinzip Hoffnung* mit seiner marxistisch-utopischen Komponente.

Damit ist ein wichtiger Gesichtspunkt ins Blickfeld gerückt. Eine so sehr auf praktische Konsequenzen ausgerichtete ethische Fragestellung wie die nach der Verantwortung von Gentechnik in der Pflanzenzüchtung muß die jetzt geltenden Realitäten zugrunde legen und sich vor utopischen Idealen hüten.

Die ethische Bewertung beginnt mit der Quelle der neuen Technik, der Wissenschaft, und endet da, wo jeder einzelne über unsere gemeinsame Zukunft mitentscheidet.

Wissenschaft und Verantwortung

Wissenschaft ist Erkenntnissuche und -vertiefung. Eines ihrer Wesensmerkmale ist der Fortschritt: Wissenschaft stellt dem Wissensstand entsprechende Fragen und mehrt mit ihrer Antwort Erkenntnis, die somit zwangsläufig fortschreitet. Indem sie sich selbst verantwortet, verantwortet Wissenschaft also unausweichlich auch den Fortschritt. Bei jeder neuen wissenschaftlichen Erkenntnis – und erst recht bei ihrer praktischen Anwendung – stellt sich deshalb erneut die Frage, wie (und nicht ob) die Wissenschaft den Fortschritt verantwortet. Insofern machen wissenschaftliche Erkenntnis und ihre Verantwortung gemeinsam erst den wahren Fortschritt aus.

Martin Buber hat den schwer faßbaren Begriff »Verantwortung« in seiner Schrift *Zwiesprache: Traktat vom dialogischen Leben* auf besonders schöne und umfassende Weise beschrieben. Jeder verantwortet alles, wozu er in einer bewußten oder unbewußten Beziehung steht. Er ver*antwortet*, indem er konkret antwortet: »Echte Verantwortung gibt es nur, wo es wirkliches Antworten gibt ... auf das, was einem widerfährt, was man zu sehen, zu hören, zu spüren bekommt.« »Ein Hund hat dich angesehen, du verantwortest seinen Blick, ein Kind hat deine Hand ergriffen, du verantwortest seine Berührung, eine Menschenschar regt sich um dich, du verantwortest ihre Not.«

Im Kontext dieses Buches müßten wir fortfahren: Fast eine Milliarde Menschen hungern, wir verantworten ihren Mangel. – Millionen sterben jährlich an den Folgen des Hungers, wir verantworten ihre Hilfsbedürftigkeit. – Unsere Umwelt droht an unserem Bevölkerungswachstum zu ersticken, wir verantworten unsere Mißachtung der Natur. – Die Erde ist verwundet durch unseren Raubbau an ihren Ressourcen, wir verantworten unseren Lebensstil. – Die Dringlichkeit wirkungsvollen Handelns ist uns bewußt, wir verantworten unsere Tatenlosigkeit.

Was ist aber Verantwortung konkret im Zusammenhang mit Wissenschaft – wer verantwortet was?

Für die folgende Erörterung soll eine möglichst umfassende Definition gelten: »Wer« ist jeder Wissenschaftler als Individuum ebenso wie die Wissenschaft als tätiges Ganzes; »was« ist sowohl Art und Gegenstand der wissenschaftlichen Tätigkeit als auch der weitere Umgang mit den Ergebnissen. Jeder Wissenschaftler ist zunächst einmal – in demselben Maß wie jeder andere Mensch auch – persönlich verantwortlich für seine berufliche, in diesem Fall wissenschaftliche Tätigkeit, für die Qualität seiner Arbeit und für die Information der Öffentlichkeit über deren mögliche Auswirkungen auf andere.

Unter Berücksichtigung der individuellen Freiheit wird innerhalb des Fachgebiets, durch die Wissenschaft selbst, die Qualität durch fachliche Bewertung sichergestellt und somit nach außen gegenüber der Öffentlichkeit mitverantwortet. Dabei ist jeder Wissenschaftler innerhalb gemeinsam festgelegter und allgemein gültiger Grenzen in der Wahl seines Forschungsgegenstandes frei. Die Grenzen können rein praktischer Natur sein, etwa das gemeinsame inhaltliche Ziel eines Forscherteams oder ein nach übergeordneten Gesichtspunkten festgelegter Finanzierungsschwerpunkt. Häufig sind sie aber auch rechtlich und ethisch bedingt, zum Beispiel das Verbot unnötiger Tierexperimente oder gentechnischer Experimente an der menschlichen Keimbahn.

Die molekularbiologischen Voraussetzungen für die Entwicklung der Gentechnik waren Ergebnisse einer zweckfreien Grundlagenforschung. Keines dieser Ergebnisse war voraussehbar, schon gar nicht die Gentechnik als zusammengefügtes Ganzes. Ihre Grundlagen wurden nicht zu irgendeinem Zweck gesucht und gefunden (erfunden), sondern in zweckfreier Erkenntnissuche entdeckt und später zur Technik weiterentwickelt.

Diese zweckfreie Suche nach Natur- und Selbsterkenntnis – genauer: den Gegenstand, die Qualität und die Methoden dieser Suche – muß jeder Wissenschaftler vor allem anderen verantworten. (Reine Erkenntnissuche schließt übrigens Zweckorientierung grundsätzlich aus. Auch finanzieller Profit ist ein Zweck und somit ein Anwendungsbezug, der die Erkenntnismöglichkeiten einschränkt.)

Grundlagenforschung an Universitäten und vergleichbaren Forschungsinstituten wird in der Regel aus öffentlichen Mitteln finanziert. Sie steht damit unter der Auflage, die Ergebnisse zu veröffentlichen, also in öffentlich zugänglichen Fachzeitschriften zu publizieren. Zwar ist Grundlagenforschung im übrigen – in den genannten Grenzen – frei, doch setzen die fachinterne Qualitätskontrolle und die Bewilligung von Forschungsmitteln die regelmäßige Veröffentlichung der vorherigen Ergebnisse voraus. Insoweit ist die Verantwortung von Art und Gegenstand der Forschung innerhalb des Fachgebiets garantiert.

Wissenschaftler verantworten aber mehr als die Art und den Gegenstand ihrer fachbezogenen Tätigkeit. Sie sind auch – als die sachkundigen Experten – mitverantwortlich für die Nutzbarmachung ihrer Erkenntnisse, in erster Linie durch Information der Öffentlichkeit über Chancen und Risiken von Entwicklungen auf ihrem Gebiet, ob es sich nun um die Problemfelder Landwirtschaft und Umweltschutz, Strahlentherapie und Strahlenrisiko oder Arzneimittelsynthese und Chemieabfälle handelt. Worauf es ankommt, ist beides verglei-

chend zu bewerten: Tun und Lassen, Anwendung und Nichtanwendung einer Methode zu einem bestimmten Zweck.

Dieser Art von Verantwortung gegenüber der Öffentlichkeit kann die Wissenschaft jedoch in der Praxis kaum gerecht
werden. Zumindest in demokratischen Systemen ist die Öffentlichkeit zwar formal (über »öffentliche« Steuermittel) der
Kostenträger der Grundlagenforschung. Sie hat damit ein Informationsrecht, von dem sie jedoch denkbar schlechten Gebrauch macht. Dieses Problem ist von solch zentraler Bedeutung, ganz besonders auf einem so neuartigen Gebiet wie der
Gentechnik, daß es in einem gesonderten Abschnitt behandelt
werden soll (Seite 236). Dem muß aber eine etwas ausführ-
lichere Analyse der gegenwärtigen Situation vorausgehen.

Technik, Wirtschaft, Staat und Politik

Für die Mehrzahl derjenigen, die als »Öffentlichkeit« nicht
unmittelbar beteiligt sind, stehen zwischen der Grundlagen-
wissenschaft und ihnen selbst mehrere anonyme Glieder der
Verantwortungskette: die Anwendung (Technik), die Nutzung (Wirtschaft), die Verwaltung (Staat) und die Kontrolle
(Politik). Den meisten ist deshalb nicht bewußt, wie sehr die
so empfundene Anonymität auch Unkenntnis ihrer eigenen
Rolle ist.

Der Kulturphilosoph José Ortega y Gasset hat 1930 unter
dem Eindruck des aufkommenden Faschismus in Europa den
berühmten Essay *Der Aufstand der Massen* geschrieben.
Darin analysiert er den modernen Massenmenschen und
kommt zu dem Schluß, daß »man unter all denen, die wahr-
haft in dieses Jahrhundert gehören, keinen einzigen finden
[wird], dessen Haltung zum Leben sich nicht dahin zusam-

menfassen ließe, daß er jedes Recht und keine Pflicht zu haben glaubt ..., nach einigem Hin und Her wird er mit Entschiedenheit jede Verpflichtung ablehnen und sich ... als Träger unbeschränkter Rechte fühlen«.

Es ist es eine fatale und selbstverschuldete Preisgabe der individuellen Freiheit jedes einzelnen, wenn er Verantwortung bei allen übrigen Kettengliedern, nicht aber auch bei sich selbst anmahnt. Solange die Verantwortung nur bei »der Wissenschaft«, »der Technik«, »der Wirtschaft«, »dem Staat« oder »der Politik« gesucht wird (wo sie natürlich *auch* liegt), wird mit der Verantwortung auch die Macht abgegeben.

Die Macht des einzelnen besteht unter anderem darin, in eigener Verantwortung – über die Wahl von Politikern – auch über Staat und Wirtschaft und damit über die Anwendung oder Nichtanwendung von Techniken mitzuentscheiden. Unter vielen zählt der einzelne wenig, aber zusammen entscheiden einzelne alles und sind um so ohnmächtiger, je uninformierter und damit unsicherer und beeinflußbarer sie sind.

Dieses Argument soll die Verknüpfung von Macht und Verantwortung des einzelnen unterstreichen, nicht aber von der Konzentration beider bei ausgesuchten Personengruppen in Wissenschaft, Technik, Wirtschaft, Staat und Politik ablenken. Die vorübergehend herausgehobene Mittler- und Sachwalterrolle vor allem der Politiker kommt durch begrenzte Wahlperioden besonders zum Ausdruck.

Eine parlamentarische Initiative zur Bewertung von Chancen und Risiken der Gentechnik durch eine Enquete-Kommission des 10. Deutschen Bundestages entsprach dieser Rolle.

Chancen und Risiken der Gentechnik

Diese Kommission gab nach mehrjähriger Bestandsaufnahme durch Fachexperten 1987 einen mehr als 400 Seiten langen Abschlußbericht heraus. Der Titel *Chancen und Risiken der Gentechnologie* hat sicher zur häufigen Verwendung dieser Begriffskombination beigetragen. Die Gegenüberstellung von zwei so offenen Begriffen – Chancen und Risiken – macht deutlich, daß es sich bei den erhofften positiven ebenso wie bei den befürchteten negativen Aspekten zum damaligen Zeitpunkt noch überwiegend um Zukunftsperspektiven handelte.

Gentechnik wurde um ihrer Chancen willen entwickelt. Ein eindeutiger Nutzen hat sich bisher vor allem in der biologischen und medizinischen Forschung (Krebs, AIDS, Erbkrankheiten), bei der Herstellung von Arzneimitteln und in der Nutzpflanzenzüchtung erwiesen (Seiten 169 ff.). Mögliche Vorteile der Nutzung von Gentechnik können also inzwischen leicht aufgezählt werden. Dagegen ist die Risikoabschätzung wesentlich spekulativer. Sie soll deshalb in der Form eines Fragen- und Antwortenkatalogs erfolgen, der sich aus vielen Diskussionen ergeben hat. Dazu wird es nützlich sein, zuvor den Begriff des Risikos und den allgemeinen Kenntnisstand zu analysieren.

Ähnlich wie das Begriffspaar Chance / Nutzen soll hier Risiko / Schaden für den Grenzbereich zwischen Möglichkeit und Sicherheit stehen. In diesem Sinn ist Risiko ein Wagnis, das die Möglichkeit des Schadens einschließt. Vermutlich ist es aber hilfreich, sich zu vergegenwärtigen, daß Nutzen in einer Hinsicht immer auch Schaden in anderer Hinsicht bedeuten kann – und umgekehrt: intensive Landwirtschaft nützt den jetzt lebenden Menschen, schadet aber der natürlichen Artenvielfalt und damit möglicherweise späteren Generationen; Insekten- oder Pilzresistenz nützt der Pflanze und dem Menschen, schadet aber den betroffenen Organismen. Chance und Risiko sind also grundsätzlich nicht völlig voneinander trennbar.

Dieser Mangel an Eindeutigkeit durchzieht alle Bereiche der Ethik und belastet vor allem die Diskussion um den Stellenwert des Risikos und um das zulässige Ausmaß der Risikobereitschaft. Besonders schädlich ist die unsinnige Begriffskombination »kalkulierbares Risiko«. Ein Risiko ist definitionsgemäß nicht kalkulierbar (berechenbar). Daß aber Leben ohne Risiko nicht denkbar ist, wird wohl niemand anzweifeln.

Für die weitere Diskussion setze ich voraus, daß ein erkennbares Risiko der Gentechnik dann vermieden wird, wenn die Abwägung aller Vor- und Nachteile dies geboten erscheinen läßt. Das Problem, daß es sich dabei unvermeidlich um eine Ermessensentscheidung handeln muß, teilt Risikobewertung mit allen übrigen Aspekten der praktischen Ethik. Um so wichtiger sind das Bemühen um möglichst genaue Kenntnis der Umstände und ein unvoreingenommenes Urteil.

Ängste und Unkenntnis

Ein unvoreingenommenes Urteil zu fällen setzt Urteils*fähigkeit* voraus: sachbezogene Grundkenntnisse und eigenständiges Denken. Beide sind wechselseitig voneinander abhängig. Grundkenntnisse sind nicht spezielles Fachwissen, sondern Teil der Allgemeinbildung. Sie unterscheiden sich von Fachwissen in einem wesentlichen Punkt: Sie gehen nicht ins Detail, sondern sie beschreiben die Grundlagen unserer Lebensumstände und ihrer Zusammenhänge. Wo diese Grundkenntnisse fehlen, bestimmen Meinungen und Ängste statt abgewogener Beurteilungen das Bild.

Zur Veranschaulichung ein konkretes Beispiel aus der Grünen Gentechnik: Wer sich ein Urteil über gentechnische Veränderungen bei Pflanzen bilden will, muß wissen, daß Pflanzen – wie alle übrigen Organismen – Tausende von verschiedenen Genen enthalten, die mit Hilfe der Gentechnik um eines oder einige vermehrt oder vermindert werden; daß also nicht etwa aus einer zuvor vermeintlich genfreien Tomate plötzlich eine »Gen-Tomate« wird. Ferner setzt ein sachgerechtes Urteil über Grüne Gentechnik das Grundwissen voraus, daß prinzipiell Ähnliches bei der konventionellen Züchtung geschieht und daß unsere Nahrung auch ohne Gentechnik zu einem nicht unerheblichen Teil aus (ernährungsphysiologisch wertvollen!) Genen besteht.

Erst wenn diese einfachen Grundkenntnisse die mehrheitliche Beurteilung der Grünen Gentechnik bestimmen, verlieren so unsinnige Begriffe wie »Genfreie Zone« oder »Gen-Food« ihre auf Unkenntnis bauende, angst machende Wirkung.

Angst ist ein schlechter Ratgeber, sagt ein Sprichwort. Diese Aussage kann richtig oder falsch sein, in jedem Fall ist sie unvollkommen. Angst ist eine wertvolle, unter Umständen sogar lebensrettende Errungenschaft der Evolution. Sie ist die instinktive Reaktion auf Unsicherheit bei der Beurteilung von Unbekanntem. Angst muß also kein schlechter Rat sein. Aber er bleibt unvollständig, wenn nicht auch der implizit daraus folgende weitere Rat befolgt wird: die Unkenntnis und damit die Angst auslösende Unsicherheit zu beseitigen.

Es stimmt bedenklich, wenn in einem exportabhängigen Industrieland, das immer wieder seinen Mangel an materiellen und seinen Reichtum an geistigen Ressourcen, vor allem

in Naturwissenschaft und Technik, betont, die naturwissen-
schaftlichen Grundkenntnisse so mangelhaft sind, daß in Diskussionen über Gentechnik nicht selten die Frage gestellt
wird: Und was passiert, wenn ich ein Gen esse?

Im Schlußkapitel werde ich darauf eingehen, daß die Zukunft der Grünen Gentechnik nicht von den Fachwissen-
schaftlern, sondern von der Gesellschaft als Ganzes bestimmt
wird. Gefragt sind fundierte, eigenständige Urteile, nicht ma-
nipulierbare, angst- und fremdbestimmte Meinungen. Um so
dringlicher ist es, durch eine inhaltliche (nicht nur bürokra-
tisch-administrative) Bildungsreform die allgemeine Urteilsfähigkeit auf ein entsprechendes Niveau zu heben.

Die europäische Perspektive

Besonders in den Industrieländern Europas ist die öffentliche
Meinung über Grüne Gentechnik überwiegend negativ. Die
Mehrzahl der kritischen Äußerungen läßt erkennen, daß
Angst aus Unkenntnis nicht der einzige Grund dafür sein
kann. Neben den Kommunikationsschwierigkeiten zwischen
Wissenschaft und Öffentlichkeit, auf die ich noch näher ein-
gehen werde (Seite 236), ist der eingeschränkte Blickwinkel
offenbar ein wesentlicher Faktor.

Aus europäischer Perspektive fehlt es nicht an Nahrungsmitteln, sondern im Gegenteil an der politischen Entschei-
dungskraft für eine Beendigung einer kostspieligen Überpro-
duktion. Die kaum überschaubare Vielfalt luxuriöser Ange-
bote und Verlockungen in Supermärkten – bis hin zu langen
Regalen mit erlesenem Hunde-, Katzen-, Hamster- und Vo-
gelfutter – verstärkt diese Sicht.

Daß in Europa hinsichtlich der landwirtschaftlichen Produktivität paradiesische Zustände herrschen im Vergleich zu vielen anderen Regionen, in denen ein großer Teil der Bevölkerung hungert, wird selbst über den weltweiten Massentourismus nicht wahrgenommen. Dazu liegen die Ferien-»Paradiese« zu weit entfernt von den ausgedörrten oder überschwemmten Hungergebieten.

Die Spendenbereitschaft für Hilfsorganisationen, wie die »Welthungerhilfe«, »Brot für die Welt«, »Misereor« und viele andere, ist groß, hilfreich und anerkennenswert. Doch wie soll der Durchschnittseuropäer in einem sozialen Rechts- und Versorgungsstaat die Notsituation einer nahezu recht- und mittellosen Kleinbauernfamilie in Äthiopien, Sambia, Haiti oder Bangladesch während einer Serie von Dürre- oder Überschwemmungsjahren verstehen? Und wie soll er verstehen, daß Kinderreichtum für sie Arbeitskraft, Alterssicherung und vielleicht sogar Hoffnung auf eine erträglichere Zukunft bedeutet?

Im nächsten Kapitel werde ich mich konkreter dazu äußern, vor allem auch dazu, daß eine langfristig wirkungsvolle Lösung nur in der Hilfe zur Selbsthilfe bestehen kann. Dazu sind vor allem Europa, Nordamerika und Japan aufgerufen.

Vermutlich enthält die europäische Perspektive noch ein weiteres, moralisch-psychologisches Element. Vielen Europäern des 21. Jahrhunderts sind die Folgen der Eroberung und der wirtschaftlichen Ausbeutung ganzer Erdteile seit dem ausgehenden 15. Jahrhundert bewußt geworden. Das haben die vielen kritischen Medienberichte ebenso wie die bemerkenswert zurückhaltenden Äußerungen von Politikern anläßlich der 500-jährigen Wiederkehr der »Entdeckung Amerikas« deutlich gemacht.

In diese Richtung zielt vermutlich auch die fast stereotype Frage: Kommt die Grüne Gentechnik nicht doch nur den Industrieländern zugute, wieder zum Schaden der Entwicklungsländer? Gegenteilige Erfahrungen (Seite 176) und die laufenden Projekte (Seite 189 ff.), die diese Bedenken widerlegen, sind offenbar noch zu neu, um im allgemeinen Bewußtsein bereits eine Rolle zu spielen.

Besonders schwer zu beantworten ist die Frage, weshalb gerade in Deutschland die Grüne Gentechnik so kritisch gesehen wird, obwohl sie hier mitentwickelt wurde und die Grundlagenforschung auf diesem Gebiet nach wie vor weltweit anerkanntes Niveau besitzt.

Vielleicht hat uns Kurt Tucholsky eine Richtung gewiesen, die mehr Wahrheit und Tiefgang enthält, als die Oberfläche verrät: »Auch wenn ein Deutscher nichts hat, Bedenken hat er.« Ich besitze nicht die Kompetenz, diesen Satz psychologisch auszuleuchten, obwohl die Mehrdeutigkeit des Wortes »Bedenken« ins Auge springt. In diesem Sinne erschiene es einleuchtend, wenn der fatale historische Stolperschritt von einer außergewöhnlich produktiven und erfolgreichen Phase des konstruktiven Denkens und Be-denkens in Wissenschaft und Technik am Beginn des 20. Jahrhunderts in die ebenso außergewöhnliche Phase einer völlig bedenkenlosen destruktiven Diktatur nun zu einer Phase der Bedenklichkeit und Zurückhaltung geführt hätte.

Möglicherweise hat Tucholsky aber etwas viel Grundsätzlicheres ausdrücken wollen: Wo nur Bedenken übrigbleiben, fehlt es an Sicherheit und Selbstvertrauen sowie an der Fähigkeit und Bereitschaft zur Bildung eines klaren Urteils.

Befürchtete Auswirkungen

Die folgende Auswahl kritischer Fragen zur Grünen Gentechnik drückt vermutlich besonders deutlich die allgemeine Besorgnis gegenüber dieser inhaltlich weitgehend unbekannten wissenschaftlich-technischen Neuentwicklung aus.

Ich werde versuchen, jede Frage durch möglichst kurze Antworten und Kommentare auf ihren wesentlichen Kern zu begrenzen. Um aber dennoch auf jeden Aspekt einzugehen, werde ich teilweise zweimal antworten. Zunächst werde ich auf jede Frage unmittelbar und, soweit möglich, aus wissenschaftlicher Sicht eingehen. Dann werde ich die Antworten auf die mehr praxisbezogenen Fragen in den beiden folgenden Kapiteln noch einmal indirekt in einige praktische Schlußfolgerungen einbeziehen.

- *Was geschieht, wenn der Mensch durch künstliche Übertragung von Genen in die natürliche Evolution der Arten eingreift?*
Diese Frage (eine der häufigsten) ist sehr komplex. Sie zerfällt in drei Teile. Zwei Teilfragen sind allgemeiner Natur, die dritte wendet sich an die biologische Fachwissenschaft. Die erste Teilfrage lautet: Darf der Mensch in die natürliche Evolution eingreifen? Die Antwort kann nur eine pragmatische sein: Offenbar ja, denn das tut er seit Beginn der Neolithischen Revolution durch Züchtung von Pflanzen, Tieren und Mikroorganismen sehr wirkungsvoll und mit zunehmender Intensität.

Im übrigen sind wir selbst Teil und Ergebnis dieser Evolution. Unsere eigene massenhafte Vermehrung hat die Evolution sehr vieler weiterer Arten direkt oder indirekt tiefgreifend beeinflußt, wenn nicht sogar durch Aussterben beendet.

Die Frage muß also sein, wieweit – und nicht ob – wir in die
Evolution eingreifen dürfen bzw. wollen. Meine persönliche
Antwort darauf werde ich im 9. Kapitel geben.

Die zweite Teilfrage ergänzt die erste um eine neue Dimension: Darf der Mensch *mit Gentechnik* in die Evolution der
Arten eingreifen? Die Beantwortung dieses Teils der Frage
wird uns nicht mehr pragmatisch von unserer eigenen Kulturgeschichte abgenommen. Sie ist die eigentliche Kernfrage
und wird eine entsprechende Rolle in diesem und den folgenden Kapiteln spielen. Obwohl sie von der Fachwissenschaft
allein nicht beantwortet werden kann, wird vieles davon abhängen, wie die Antwort der Wissenschaft auf die folgenden
Fragen aussieht.

Dazu gehört die dritte Teilfrage, die sich direkt an die Fachwissenschaft richtet: Gibt es wissenschaftliche Gründe, die gegen eine künstliche Genübertragung als Eingriff in die natürliche Evolution der Arten sprechen? Die Antwort, ein beding-
tes Nein, wird sich ebenfalls aus allem weiteren ergeben.

• *Besteht die Möglichkeit einer unkontrollierten Ausbreitung von Genen, die mit gentechnischen Mitteln übertragen wurden?*
Soweit wir bisher aus der begrenzten Erfahrung schließen
können, besteht diese Möglichkeit in demselben Ausmaß wie
für Gene, die ohne menschlichen Einfluß übertragen werden,
das heißt, sie besteht im Rahmen der sexuellen Kreuzungs-
und Bastardierungssperren. Deshalb wird es wichtig sein, sich
außerhalb der Laboratorien zumindest vorerst bei der Übertragung von Genen möglichst weitgehend auf solche Organismen zu beschränken, die sich nicht in unerwünschter und un-
kontrollierbarer Weise in der freien Natur ausbreiten und
durch sexuelle Kreuzung mit Wildformen mischen.

Im übrigen muß auch hier pragmatisch festgestellt werden, daß der Mensch seit Jahrtausenden pflanzliche und andere Gene in riesigem Ausmaß weltweit verbreitet hat. Er hat – absichtlich oder unabsichtlich – alle wichtigen landwirtschaftlichen Nutzpflanzen und -tiere sowie Zier- und Begleitorganismen bis hin zu Krankheitserregern so weit über die Erde verteilt, wie Klima und sonstige äußere Umstände dies zuließen. Jeder dieser Organismen enthält in jeder Zelle Tausende von Genen, die potentiell auf andere Arten übertragen werden können.

- *Können mit Hilfe von Gentechnik absichtlich oder unabsichtlich Organismen hergestellt werden, die durch übermäßige Vitalität die bestehende Artenvielfalt gefährden?*
Dies ist kaum denkbar, schon gar nicht für unsere hochgezüchteten Hauptnahrungspflanzen. Zwar hat es schon immer besonders vitale Anpassungsstrategen gegeben, wie etwa in unseren Tagen die Fliege, die Ratte und uns selbst. Doch war deswegen, soweit wir wissen, niemals die Biosphäre als Ganzes in Gefahr – außer neuerdings durch unsere eigene Bedrohung der Umwelt.

Erhöhte Fitneß durch Anpassung an die sich laufend ändernden ökologischen Bedingungen ist in einer gesunden Biosphäre in der Regel nur ein vorübergehender Vorteil. Jede Mutation und jede neue Kombination von Genen, ob gentechnisch, sexuell oder anders erzeugt, ist einer von zahllosen Entwicklungsschritten, von denen einige wenige – vorübergehend wirksame – die Fortschritte (und Fehlentwicklungen bis zum Aussterben) der natürlichen Evolution ausmachen. Je größer die Artenvielfalt, desto geringer ist deren Gefährdung durch gentechnische oder die stetig fortschreitende natürliche genetische Veränderung.

• *Kann man mit gentechnischen Mitteln biologische Waffen herstellen?*

Vermutlich ist das möglich – zum Beispiel dadurch, daß man versucht, das Wirtsspektrum eines für Tiere gefährlichen Krankheitserregers auf den Menschen auszudehnen. Allerdings sind die in der bisherigen Evolution entstandenen Infektionsmechanismen schon bei den relativ »einfachen« Krankheitserregern, den Viren, so unglaublich raffiniert (Beispiel AIDS) und die natürlichen Mutationsmöglichkeiten so zahlreich und so wirkungsvoll, daß deren Nutzung mit hoher Wahrscheinlichkeit sehr viel leichter zum Ziel führen würde als ein Versuch mit Hilfe der Gentechnik.

Gerade deshalb halte ich es für dringend geboten, daß Biologen immer wieder auf die Möglichkeit, Gefährlichkeit und Schändlichkeit der Verwendung biologischer Waffen hinweisen, damit eine weltweite Ächtung – mit und ohne Gentechnik – erreicht wird. (In Deutschland sind die Entwicklung, die Herstellung, das Zurverfügunghalten und die Verwendung biologischer und chemischer Kriegswaffen durch das Kriegswaffenkontrollgesetz generell verboten.)

In diesem Zusammenhang wird häufig argumentiert, die Entwicklung der Gentechnik habe deren Einsatz auch für derartige Zwecke ermöglicht und damit, wenn auch unabsichtlich, diese Möglichkeit verschuldet; und diese Schuld verringere sich nicht durch den Hinweis darauf, daß das gleiche Argument auch für jede andere Art von Waffen gelte. Wenn aber Erkenntnissuche Bestandteil unserer Kulturentwicklung ist, besteht die Schuld doch wohl nicht in der Suche, sondern in der *Anwendung* der Erkenntnis *in verwerflicher Absicht* – und in der geringen Bereitschaft, ein dem Stand von Wissenschaft und Technik entsprechendes Maß an Verantwortung zu übernehmen. Darin liegt eine gewisse Analogie zur nächsten Frage.

- *Wird durch die Entwicklung von Gentechnik an Mikroorganismen, Tieren und Pflanzen auch der Weg für Gentechnik am Menschen geebnet?*

Abgesehen von geringfügigen artspezifischen Besonderheiten sind die gentechnischen Methoden in der Tat für alle Organismen dieselben. Deshalb wirkt sich die methodische Fortentwicklung grundsätzlich auf alle Bereiche einer möglichen Anwendung aus. Das verstärkt verständlicherweise die verbreitete Angst vor der Gentechnik am Menschen. Diese Angst hat zwei Komponenten: eine technische und eine ethische.

Die technische Komponente betrifft die möglichen Ziele und Ergebnisse einer gentechnischen Veränderung am Menschen. Da jedoch die ethische Komponente die weitaus stärkere ist und zumindest im gegenwärtigen Stadium unser Verhalten unabhängig von den technischen Möglichkeiten bestimmt, werde ich mich hier auf den ethischen Hintergrund der Frage beschränken.

Jeder gentechnische Eingriff ist eine gezielte genetische Veränderung und somit Züchtung. Menschenzüchtung hat es aus ethischen Gründen vermutlich nie gegeben – außer dem kurzzeitigen Versuch des totalitären Naziregimes, die arische Rasse durch Negativauslese »minderwertigen Erbguts« rein zu züchten. Offenbar ist den Verfechtern dieses Rassenwahns nicht einmal klar gewesen, wie sehr sie durch eine solche Form der Inzucht (Verringerung der genetischen Variationsbreite) ihre eigene Rasse biologisch geschwächt und damit gefährdet hätten.

Menschenzüchtung, also eine gezielte genetische Veränderung oder eine gezielte Auslese von Menschen, verstößt wegen der damit verbundenen Wertung (»Verbesserung« oder Zweckbestimmung) grundsätzlich gegen die Menschenwürde.

Die ethischen Gründe gegen Menschenzüchtung wurzeln tief. Sie bezeugen das eigene Selbstwertgefühl ebenso wie die Achtung der fremden Persönlichkeit. Diese Wertbetonung der menschlichen Individualität entspricht aus ökologischer Sicht dem arterhaltenden Wert der genetischen Vielfalt innerhalb von Populationen (Seite 93). Menschenzüchtung mit dem Ziel irgendeiner Form von genetischer Vereinheitlichung wäre also sowohl aus ethischer wie aus biologischer Sicht ein Wertverlust – im Gegensatz zur rassistischen Definition »unwerten« Lebens.

Die Verantwortung wäre untragbar, wenn der Mensch um bestimmter Züchtungsziele willen auf seine eigene genetische Konstitution direkten Einfluß nähme. Ob eines Tages die Therapie von Erbkrankheiten über die Keimbahn davon ausgenommen werden kann und soll, wird eine schwer zu entscheidende Frage sein, die allerdings hier nicht zur Debatte steht. Vorerst muß die menschliche Keimbahn vor gentechnischen Eingriffen einschränkungslos gesetzlich geschützt sein.

Kehren wir also auf dieser Basis zurück zu der eigentlichen Frage, ob die Wissenschaft verantworten kann, an schon lange mit anderen Mitteln gezüchteten Organismen eine Technik zu entwickeln, die auch beim Menschen angewendet werden kann und damit indirekt Menschenzüchtung leichter möglich macht. Die Antwort kann nur ein Verweis auf das oben Gesagte sein: Wissenschaft verantwortet gleichermaßen, was sie tut und was sie unterläßt. Wer überzeugt ist, daß Pflanzenzüchtung mit Gentechnik aus ethischen Gründen – für Umweltschutz und menschliche Ernährung – ein verfolgenswertes Ziel ist, der kann seiner Verantwortung nicht durch Hinweis auf die Ambivalenz allen Tuns ausweichen.

● *Kommt die Gentechnik nicht letztlich nur multinationalen Industriekonzernen zugute – zum Schaden der Umwelt und der Entwicklungsländer?*

Diese Frage wird ebenfalls sehr häufig gestellt, ist aber falsch formuliert. Denn sie unterstellt, daß unsere wirtschaftliche Machtkonstellation ursächlich aus dominierenden Industrie*konzernen* einerseits und deren Abhängigen andererseits bestünde. Doch das ist nur das scheinbare Ergebnis einer in Wirklichkeit anders verlaufenden Trennungslinie. Tatsächlich verläuft die Trennung doch wohl zwischen wirtschaftlich und politisch dominierenden Industrie*ländern* und *deren* Abhängigen.

Multinationale Industriekonzerne sind das Ergebnis, nicht die Ursache einer Wirtschaftsform, die von einer überwiegenden Mehrheit der Bevölkerung in allen politisch freien Industrienationen im regelmäßigen Turnus von Parlamentswahlen bestätigt und somit gewünscht wird. Die Unterschiede zwischen den meisten politischen Parteien sind in dieser Hinsicht unbedeutend: Die Industrieproduktion ist eine der tragenden Säulen unseres Wohlstands – unseres Steueraufkommens und unserer Arbeitsplätze.

Wer also die Anwendung der Gentechnik und einen angemessenen wirtschaftlichen Gewinn nicht den Industriekonzernen überlassen möchte, der muß entweder, wie beim Goldenen Reis (Seite 192), auf private, profitfreie Initiative, öffentliche Mittel und private Stiftungen setzen oder eine entsprechende Änderung unserer Wirtschaftsform herbeiführen.

Zur Änderung der bestehenden Wirtschaftsform gehört konsequenterweise, nicht in Ladenketten zu kaufen, auf Massenkonsumgüter (fast alle verarbeiteten Lebensmittel, Kleidung, Möbel, Elektroartikel, Autos, Spirituosen, Zigaretten und vieles andere) sowie auf ihren Transport und die dafür notwendige Verpackung zu verzichten und statt dessen den Einzelhandel und kleine Produzenten am Ort zu unterstützen. Das wiederum bedeutet, auch die finanziellen Lasten einer solchen Änderung selbst mitzutragen und eine politisch wirkungsvolle Zahl Gleichgesinnter dafür zu gewinnen.

Die bestehenden Industriekonzerne von der Nutzung der Gentechnik auszuschließen, ohne gleichzeitig die globale Wirtschaftsstruktur radikal zu verändern, würde lediglich bedeuten, das Entstehen neuer Industriekonzerne auf Kosten der alten zu fördern.

Schaden nehmen die Umwelt und die Entwicklungsländer – zumindest indirekt – durch fast jeden von uns, die Konsumenten in den Industrieländern, nicht etwa durch Industriekonzerne, mit denen wir, wie oft leichtfertig unterstellt wird, nichts zu tun hätten. Im übrigen verweise ich noch einmal auf die beiden vorausgegangenen und das folgende Kapitel, in denen diese Frage mehrfach angesprochen wird.

Besonders überzeugend dürften wohl die bisherigen Erfahrungen mit einer der ersten transgenen Nutzpflanzen (insektenresistenter Baumwolle) sein, die einen höheren Gewinn für die Kleinbauern und den Umweltschutz in den Entwicklungsländern als für den Saatguthersteller belegen (Seite 176).

- *Wird die »Terminatortechnologie« zum Schutz von Saatgut vor unlizensierter Verbreitung in der Praxis angewendet?*
Der in der Umgangssprache verwendete Ausdruck »Terminatortechnologie« (wissenschaftlich: GURT-Technologie) bezeichnet einen mit gentechnischen Mitteln erzeugten Mechanismus, der bewirkt, daß geerntete Samen steril sind und nicht erneut als Saatgut verwendet werden können. Diese

Technik wurde bisher nicht bis zur Zulassungsreife entwickelt und – unter anderem auf Betreiben sowohl von Umweltorganisationen als auch von einigen großen Saatgutherstellern – mit einem internationalen Moratorium belegt. Dieses Moratorium, das die praktische Nutzung der GURT-Technologie untersagt, wurde zuletzt im April 2006 durch die 8. Vertragsstaatenkonferenz des Übereinkommens über die biologische Vielfalt (CBD) verlängert.

Die GURT-Technologie soll einerseits den Saatgutproduzenten vor der unlizensierten Wiederverwendung einer mit hohem Kostenaufwand entwickelten Sorte schützen, andererseits eine unkontrollierte und aus ökologischen oder anderen Gründen unerwünschte Ausbreitung verhindern. Sie ist jedoch umstritten, da viele ohnehin schon existenzgefährdete Kleinbauern, die aus Geldmangel von der Verwendung selbstproduzierten Saatguts abhängig sind, nachteilig davon betroffen sein könnten. Im übrigen ist weder die methodische Entwicklung noch die biologische Sicherheitsprüfung so weit fortgeschritten, daß eine Zulassung für die kommerzielle Nutzung in absehbarer Zeit bevorstünde.

• *Erhöht die gentechnische Herstellung herbizidtoleranter Pflanzen nicht letztlich den Herbizidverbrauch, anstatt ihn zu reduzieren?*
Gemeint ist meistens, daß der Landwirt im »package deal« die herbizidtolerante Pflanze zusammen mit dem zugehörigen Herbizid abnimmt und nun – wegen der stark erhöhten Herbizidtoleranz seiner Nutzpflanze – mehr Herbizid einsetzen könnte. Er würde damit zwar die Sicherheit der Unkrautvernichtung erhöhen, aber auch die Umwelt stärker belasten als zuvor.

Gerade das Gegenteil ist jedoch beabsichtigt und wurde

durch die bisherige Erfahrung eindrucksvoll bestätigt: Wo transgene herbizidtolerante Pflanzen angebaut werden, hat sich der Herbizidverbrauch pro Flächeneinheit erheblich verringert. Außerdem werden weniger selektiv wirkende und statt dessen mehr Totalherbizide eingesetzt, die umweltverträglicher sind und zudem in geringeren Mengen angewendet werden. Allein aus ökonomischen Gründen wird kein Landwirt mehr Pflanzenschutzmittel einsetzen als unbedingt nötig.

Vorrangiges Ziel muß es sein, überall dort, wo Herbizideinsatz unvermeidlich ist, die Umweltbelastung durch den Einsatz geringerer Mengen oder weniger umweltschädlicher Herbizide zu reduzieren. Welche Beiträge die Gentechnik dazu leisten kann, wurde bereits ausgeführt (Seite 178).

- *Können Nahrungsmittel aus gentechnisch veränderten Pflanzen Allergien hervorrufen?*

Fast jedes Nahrungsmittel kann bei bestimmten Personen eine Allergie hervorrufen. Allerdings ist in den meisten Fällen lediglich das allergische Potential, nicht aber die dafür verantwortliche Substanz bekannt. Grundsätzlich kann bei jeder züchterischen Neukombination von Genen – ob mit konventionellen oder gentechnischen Mitteln – ein allergieauslösendes Prinzip übertragen werden. Es ist also nicht die Gentechnik als solche, sondern ein genetisch programmierter pflanzlicher Inhaltsstoff, auf den manche Personen allergisch reagieren.

In dem Maße, wie Allergien durch konventionelle Züchtungs- oder Naturprodukte ausgelöst werden können, trifft dies also auch auf Nahrungsmittel zu, die den gleichen, aufgrund gentechnischer Veränderungen gebildeten Inhaltsstoff enthalten. Wenn es sich dabei um eine Substanz (häufig ein Protein) handelt, von der bekannt ist, daß sie bei empfindlichen Menschen eine allergische Reaktion auslösen kann, sollte das Produkt entsprechend gekennzeichnet sein – genauso wie das konventionell hergestellte Ausgangsprodukt, dem das Gen entnommen wurde.

Es sollte jedoch betont werden, daß auch die Möglichkeit besteht, die allergieauslösende Substanz mit gentechnischen Mitteln zu beseitigen.

- *Können Resistenzgene, die bisher häufig als Erkennungsmerkmal für eine erfolgreiche Genübertragung auf Pflanzenzellen verwendet wurden, zur weiteren Ausbreitung von Antibiotikaresistenzen beitragen?*

Diese Möglichkeit kann nicht grundsätzlich ausgeschlossen werden. Deshalb wurde seit einiger Zeit das Resistenzgen im Anschluß an die Genübertragung durch einen eingebauten Mechanismus der Selbstzerstörung wieder beseitigt. Im übrigen handelte es sich meistens um Resistenzgene gegen die Antibiotika Kanamycin oder Neomycin, die heute kaum noch in der Medizin verwendet werden. Bereits die Darmbakterien gesunder Menschen enthalten Resistenzgene, die verbreitet in Bakterien vorkommen und mit der Nahrung aufgenommen werden.

Inzwischen erübrigt sich diese Frage allerdings, da dieses Erkennungsmerkmal nicht mehr verwendet wird.

- *Was passiert mit dem zusätzlichen Gen beim Verzehr eines gentechnisch veränderten Nahrungsmittels oder beim Verrotten einer transgenen Pflanze?*

Die erste der beiden Fragen wird überraschend häufig gestellt und ist leicht zu beantworten: Unsere gesamte pflanzliche und tierische Nahrung enthält Milliarden von Genen, die im Magen und im Darm in ihre Bausteine zerlegt und entweder für unseren eigenen Bedarf als solche wiederverwendet oder weiter abgebaut und zum Teil als Harnsäure ausgeschieden werden. Das gilt für alle Gene, auch für die mit gentechnischen Mitteln übertragenen.

Die Frage nach der Verrottung ist bisher weniger eindeutig geklärt. Zwar werden Pflanzen oder Pflanzenteile mitsamt ihren Genen im Boden durch Kleintiere, Pilze und Bakterien weitgehend oder vollständig abgebaut und in nährstoffreichen Humus umgewandelt. Doch kann nach bisherigen Erkenntnissen nicht ausgeschlossen werden, daß unter bestimmten Bedingungen auch intakte Gene oder Bruchstücke davon über kurze oder sogar längere Zeiträume erhalten bleiben. Da jedoch die mit gentechnischen Mitteln übertragenen Gene in aller Regel natürlicher Herkunft sind, teilen sie ihr Schicksal im Boden mit den Genen aller übrigen Organismen.

• *Wird Gentechnik die Sortenverarmung bei den wichtigsten landwirtschaftlichen Nutzpflanzen befördern?*
Die Sortenverarmung ist vor allem beim Massenanbau von Nahrungs- und Futterpflanzen in der Tat ein Problem, das bei der Verwendung transgener Pflanzen im Prinzip noch weiter verstärkt werden könnte. Biologische Zwänge, gestützt von praktischer Erfahrung, sprechen jedoch dagegen.

Einerseits verlangen unterschiedliche Standortbedingungen jeweils lokal angepaßte Sorten. Transgene Merkmale, die in Prototypen entwickelt wurden, müssen deshalb genauso wie andere neue Züchtungsergebnisse in entsprechende Sorten eingekreuzt werden. Für den Goldenen Reis wurde bereits erörtert, welch breit angelegter Züchtungsaufwand getrieben werden muß, um die notwendige Sortenvielfalt für die unterschiedlichen Anbaugebiete bereitzustellen.

Die möglichen ökologischen und ökonomischen Nachteile einer starken Sortenverarmung waren schon vor dem Aufkommen der Gentechnik, besonders im Zusammenhang mit der Grünen Revolution, deutlich zutage getreten. Eine langfristig produktive, umweltschonende Landwirtschaft ist ohne Sorten- und Artenvielfalt der Nutzpflanzen nicht denkbar (Seite 270). Das gilt für alle Produkte der Pflanzenzüchtung, ob mit oder ohne Gentechnik.

- *Befördert eine verbesserte Nahrungsversorgung durch Grüne Gentechnik das Bevölkerungswachstum und verhindert damit dessen Beendigung?*

Bereits 1798 stellte Thomas Robert Malthus die häufig, allerdings unvollständig und nur teilweise richtig zitierte Hypothese auf, das Bevölkerungswachstum sei unmittelbar abhängig von der Nahrungsversorgung. Diese Hypothese wurde inzwischen vielfach widerlegt, auch wenn sie unter bestimmten Bedingungen zutreffen kann und Malthus mit einem Pauschalurteil in der einen oder anderen Richtung unrecht getan würde.

Gerade die jetzige Situation zeigt deutlich, wie wenig Anlaß zu derartigen Befürchtungen besteht. Eher ist das Gegenteil zu erwarten: Das derzeit stärkste Bevölkerungswachstum findet in den Hungerregionen statt, während in den Ländern mit guter und für alle zugänglicher Nahrungsmittelversorgung die Bevölkerungszahlen stabil oder sogar rückläufig sind.

Selbstauferlegte Regeln und abgeleitete Rechtsvorschriften

Gentechnik begann mit der Erkenntnis, daß molekularbiologische Methoden die genetische Veränderung von lebenden Organismen – zunächst von Bakterien – erlaubten. Als diese Möglichkeit offenkundig wurde, stellten die auf diesem Gebiet tätigen Wissenschaftler in eigener Initiative und Verantwortung Regeln für Sicherheitsbedingungen auf, unter denen seitdem alle molekularbiologischen und gentechnischen Arbeiten durchgeführt werden. Dazu gehören unter anderem die Verwendung besonderer, in der freien Natur nicht lebensfähiger Laborstämme von Bakterien (Seite 171) und das Arbeiten in Kontrollbereichen, die je nach Organismengruppe in unterschiedliche Sicherheitsstufen eingeteilt werden. Die höchste Stufe gilt für Arbeiten mit gefährlichen Krankheitserregern höherer Tiere und des Menschen. Solche Arbeiten werden weltweit nur in wenigen Speziallabors durchgeführt.

Die Regeln wurden 1975 auf einer Fachkonferenz in den USA aufgestellt und verbindlich festgelegt. Bis zur Verabschiedung nationaler Gesetze oder Richtlinien – fast überall in enger Anlehnung an die selbstauferlegten Regeln – wurden diese von den Wissenschaftlern freiwillig eingehalten. Sie waren aus Vorsicht zunächst strenger abgefaßt worden, als man aus damaliger Sicht für notwendig erachtete. Nach mehrjähriger Erfahrung wurden sie dann in einigen Punkten gelockert und gelten seitdem in den meisten Ländern in der neuen Fassung. Diese hat sich in umfangreicher Praxis bewährt.

Bisher ist kein Fall bekannt geworden, in dem die Gentechnik als solche zu einer Gefährdung von Mensch oder Umwelt geführt hätte.

In der Bundesrepublik Deutschland galten auf der Basis

dieser Regeln seit 1978 sogenannte Genrichtlinien (»Richtlinien zum Schutz vor Gefahren durch in vitro neukombinierte Nukleinsäuren«). Diese Richtlinien wurden von einem 1990 verabschiedeten »Gentechnikgesetz« weitgehend übernommen. Seitdem prüft und bewertet eine bei der zuständigen Bundesbehörde eingerichtete »Zentrale Kommission für biologische Sicherheit« (ZKBS) alle sicherheitsrelevanten Fragen gentechnischer Experimente.

Das Gentechnikgesetz wurde zu Beginn des Jahres 2005 so weit verschärft, daß Freilandversuche zu Forschungszwecken erheblich erschwert sind und ein kommerzieller Anbau transgener Pflanzen in Deutschland praktisch ausgeschlossen ist. (Zeitgleich mit dem Beginn der parlamentarischen Beratungen dieser Gesetzesnovellierung hatte die Gates-Stiftung 437 Millionen Dollar für biotechnische Hilfsprojekte für die Entwicklungsländer bereitgestellt, darunter elf Millionen Dollar für weitere gentechnische Verbesserungen am Goldenen Reis [Seite 194].)

Wissenschaft und Öffentlichkeit

Zu den tiefgreifenden Veränderungen seit der Zeit der Aufklärung gehört – trotz aller vorübergehenden Rückschritte – die weltweit fortschreitende Demokratisierung der politischen Systeme als Konsequenz der individuellen Mündigkeit des einzelnen Menschen. Dadurch ist eine Öffentlichkeit entstanden, die als »breite Masse« das Gemeinwesen darstellt und mit entsprechenden Rechten ausgestattet ist. Unter anderem hat sie ein umfassendes Informationsrecht über alles, was den Staat und dessen Mittel betrifft.

Dieses Informationsrecht erstreckt sich auch auf die öffentlich finanzierte, in gewissen Grenzen sogar auf die privat finanzierte Wissenschaft. Das hat gute und gewichtige Gründe. Der einzelne Wissenschaftler kann heute Wissenschaft mit einem Wirkungspotential betreiben, das weit über ihn selbst hinausreicht. Also muß der potentiell Betroffene informiert sein können. Daß er nicht informiert sein muß, aber trotzdem in vielfältiger Weise ein direktes oder indirektes Mitwirkungsrecht an grundsätzlichen Entscheidungen – auch über die Wissenschaft – besitzt, beispielsweise durch Wahlen, Vereinsmitgliedschaften oder Spenden an Lobbygruppen, ist ein ungelöstes Problem.

Im Fall der Gentechnik wird das besonders deutlich. Der Laie nimmt sein Informationsrecht, wenn überhaupt, fast ausschließlich über die Massenmedien Fernsehen, Internet, Rundfunk, Zeitschriften und Illustrierte, in geringem Umfang auch über populärwissenschaftliche Zeitschriften wahr. Das hat gravierende Mängel, die nur teilweise in der Wissenschaft selbst begründet sind:

- Viele Wissenschaftler sind zur Information entweder nicht bereit, vor allem wegen des großen Zeitaufwands im Vergleich zur geringen Erfolgsquote, oder nicht ausreichend befähigt (ausgebildet);
- finanzielle Förderung ist leichter für die Forschung als für deren allgemeinverständliche Darstellung zu erhalten;
- wissenschaftliche Inhalte können nur direkt richtig wiedergegeben werden (nicht indirekt durch umschreibende Beispiele) und verlangen deshalb eine für Laien ungewohnte Gründlichkeit und Nüchternheit in der Darstellung;
- viele Laien sind zu einer derartigen Informationsaufnahme nicht oder zu wenig bereit;
- die heutige Art des Medienkonsums hat eine Sensationsschwelle erreicht, die eine ausgewogene, neutrale und sach-

lich richtige Darstellung von wissenschaftlichen Inhalten
erschwert, wenn nicht gar unmöglich macht;

● sensationsbedingte Verfälschung wird oft durch unvoll-
ständiges, hektisches Recherchieren noch erheblich verstärkt;

● die häufige Verwendung von Trickaufnahmen als Stilmittel
selbst in Dokumentarfilmen hat das Unterscheidungsver-
mögen zwischen Echt (science) und Unecht (fiction) stark
beeinträchtigt.

Das bedeutet: Alle drei Teile der Informationskette (Wissenschaft – Medien – Öffentlichkeit) sind verbesserungsbedürf-
tig. Nur eine Intensivierung und eine Qualitätsverbesserung
des Informationsflusses können die Barrieren beseitigen, die
für jeden dieser Teile entstanden sind.

Viele Wissenschaftler sind nicht bereit, ihren Part als Infor-
mationsquelle auszufüllen, solange das Ergebnis ein sachlich
unrichtiges, sensationell aufgemachtes Spiel mit der Angst ist
– wie die Mehrzahl der mir bekannten Darstellungen von
Gentechnik in Fernsehen, Rundfunk, Zeitschriften und Illu-
strierten. Andererseits stehen viele Journalisten (um so be-
achtlicher die Ausnahmen!) offenbar vor dem Problem, daß
sie ihre Berufsaussichten negativ beeinflussen, wenn sie sachlich richtige, aber beim Zuschauer, Hörer oder Leser als emotional reizlos empfundene Berichte verfassen. Und die vielen
unzureichend Informierten beklagen zwar zu Recht den Mangel an verläßlicher Sachinformation, merken aber oft kaum,
wie sehr sie ihn durch ihr eigenes Verhalten als unkritische
Konsumenten mitverursachen.

Die ethische Bewertung der Gentechnik verlangt Verantwortung in jeder Hinsicht. Auch wenn Wissenschaftler und
Medien den Informationsfluß verbessern müssen, so verant-

wortet doch jeder einzelne Abnehmer die Art und den Umfang seiner Informationsaufnahme ebenso wie seine Schlußfolgerungen.

Die Verantwortung des Wissenschaftlers wiegt am schwer-
sten. Sie bleibt jedoch folgenlos, wenn ihr nicht durch die
Bereitschaft entsprochen wird, seine Ergebnisse unvoreinge-
nommen in die gemeinsame Verantwortung aller einzubezie-
hen. Das drängende Problem eines wirkungsvollen Umweltschutzes bei gleichzeitiger und ausreichender Ernährung der
Menschheit bewältigen wir weder durch Angstmacherei noch
durch Schönfärberei.

Relative Maßstäbe

Wir besitzen keine absoluten Maßstäbe für ethische Bewertungen. Die einzig mögliche Alternative, die normative Festlegung relativer Maßstäbe, ist um so schwieriger, je offener
die zu bewertende Frage ist – je geteilter also die Meinungen
dazu sind. »Du sollst nicht töten« ist ein Gebot, über das weitgehend Einigkeit besteht. Es bezieht sich auf alle Menschen
und in seinem Ursprung wohl vor allem auf jeden einzelnen
selbst als den potentiell Betroffenen und deshalb zu Schützenden. Es offenbart in mehrfacher Hinsicht die Relativität des
Maßstabs: Der Bezugspunkt ist der Mensch, in erster Linie
das eigene Ich, und sogar dieses Maß wird im Grenzfall so
weit relativiert, daß Selbsttötung sowie Tötung in Notwehr
oder in Nothilfe ausgenommen, Tötung im Krieg sogar gefordert ist.

Die Tötung von Tieren in fremdem Besitz galt bis vor kurzem als *Sach*beschädigung. Inzwischen wurde dieses Delikt
gesetzlich spezifischer geregelt. Doch können Tiere im übri-

gen – unter gewissen Tierschutzauflagen – zur Nahrungsversorgung, für Forschungszwecke, in vielen Fällen sogar achtlos oder mutwillig, jedenfalls ohne Verbot, getötet werden, sofern sie nicht ausdrücklich unter Arten- oder generellem Naturschutz stehen. Für Pflanzen und Mikroorganismen gilt Entsprechendes mit noch geringeren Einschränkungen.

Das Verbot zu töten ist ein Verbot, das Falsche zu tun, also ein indirektes Gebot, das Richtige zu tun. Viele unserer ethisch motivierten Handlungsorientierungen sind als Rechtssätze in den klareren Formulierungen von Verboten anstelle von Geboten ausgedrückt, beispielsweise nicht zu stehlen, sondern fremdes Eigentum zu achten, oder bei einer roten Ampel nicht weiterzufahren, sondern bei Grün. Schon die unterschiedlichen Arten und Höhen der angedrohten Strafen in verschiedenen Kulturkreisen zeigen die Relativität der Wertmaßstäbe an.

Auch für die Gentechnik können nur relative Maßstäbe gelten. Das wird besonders dadurch deutlich, daß in zahlreichen Ländern mit vergleichbaren Forschungsaktivitäten Freilandversuche und der Anbau von gentechnisch veränderten Organismen sehr unterschiedlich geregelt und von der Öffentlichkeit bewertet werden. Gültige Normen müssen jedoch rechtzeitig festgelegt und international möglichst einheitlich angewendet werden. Dafür könnten die folgenden ethischen und biologischen Gesichtspunkte als Maßstäbe dienen.

- Aus ethischer Sicht muß – zumindest vorerst ohne Ausnahme (Seite 227) – die menschliche Keimbahn vor gentechnischen Eingriffen geschützt sein. Bei allen übrigen Organismen könnten pragmatische Grundsätze gelten:
  - Gentechnik kann bei solchen Organismen angewendet werden, die auch mit anderen Methoden gezüchtet wer-

den, sofern dies mehr Vor- als Nachteile für die Umwelt,
die menschliche Ernährung oder die menschliche Gesundheit bietet.

– Eine normative Entscheidung über die Ziele und Grenzen des menschlichen Eingriffs in die Evolution von Organismen ist dringend erforderlich angesichts der zunehmenden Möglichkeiten durch neue Züchtungsmethoden
(Zellkulturtechnik, künstliche Befruchtung, Klonieren,
Gentechnik) sowie der drängenden übergeordneten Probleme (Umwelt, Ernährung, Gesundheit).

• Soweit Gentechnik von derartigen Entscheidungen betroffen ist, können drei Stufen der genetischen Veränderung
von Organismen unterschieden werden:
1. Übertragung, Entfernung, Aktivierung oder Inaktivierung von im übrigen unmodifizierten Genen, die auch
mit herkömmlichen Methoden ein- oder wegkreuzbar
bzw. in ihrer Aktivität veränderbar sind;
2. Modifikationen arteigener Gene, die nur mit gentechnischen Mitteln möglich sind;
3. entsprechende Reaktionen oder Modifikationen, die nur
mit gentechnischen Mitteln unter Verwendung von artfremden oder synthetischen Genen bzw. Teilen davon
möglich sind.

• Ferner können verschiedene Organismengruppen nach
dem möglichen Gefahrenpotential gentechnischer Veränderungen unterschieden werden:
1. Organismen, die in der freien Natur nicht überleben
können, z. B. »Laborstämme« von Bakterien;
2. Organismen, die nicht oder nur sehr begrenzt ohne
menschliche Kultivierung in der freien Natur überleben

können, wie viele unserer wichtigsten Nahrungspflanzen und -tiere, einige Zierpflanzen und Haustiere;
3. alle übrigen Organismen, nicht aber
4. Krankheitserreger aller Organismen mit Ausnahme von
   Krankheitserregern des Menschen;
5. Krankheitserreger des Menschen.

Weitere Unterscheidungen sind zwar möglich, im gegenwärtigen Stadium und in unserem Zusammenhang aber unnötig.
Schon so dürfte ausreichend deutlich geworden sein, daß ethische Bewertungen nicht rein theoretisch – ohne Bezug zur re-
lativierenden Praxis – abgeleitet werden und deshalb auch
nicht eindeutig sein können. Im Schlußkapitel werde ich auf
dieser Basis einige Vorschläge für das praktische Vorgehen
machen.

Zusammenfassung

Ethische Wertmaßstäbe sind relativ und richten sich nach der
Definition der Ziele. Entscheidendes Kriterium für die ethische Bewertung der Grünen Gentechnik ist die Gegenüberstellung eines verstärkten Eingriffs in die Evolution von Nahrungspflanzen (durch Überschreiten von Artgrenzen) und
einer ökologischen Katastrophe durch Übernutzung der Biosphäre für die menschliche Ernährung.

Obwohl die Gentechnik noch in einem frühen Stadium
ihrer praktischen Anwendung steht, hat sie ihren Nutzen für
die menschliche Gesundheit (medizinische Forschung, Herstellung von Arzneimitteln) und die Landwirtschaft (Ertragssteigerung, verringerte Umweltbelastung) bereits vielfach bewiesen. Aufgrund bisheriger Erfahrung sind Schäden für

Mensch und Umwelt *bei richtiger Handhabung* der Gentechnik nicht zu erwarten. Gegenteilige Befürchtungen ohne
sachlich fundierte Begründung sind Ausdruck mangelnder
globaler Verantwortung und Ergebnis einer sensationellen
oder ideologischen Verfälschung von Inhalten und Zielen der
Gentechnik. Eine unvoreingenommene Bewertung von
Chancen und Risiken der Gentechnik setzt eigenständige Urteilsfähigkeit auf der Basis entsprechender Grundkenntnisse
voraus und erfordert eine verbesserte Kommunikation zwischen Wissenschaft und Öffentlichkeit.

8. Grundvoraussetzungen für die Sicherung der menschlichen Ernährung

Bisher hätte die Erde 6 Milliarden, vermutlich sogar noch mehr Menschen ausreichend ernähren können. Daß dennoch fast eine Milliarde Menschen hungern, viele von ihnen sogar verhungern, liegt nicht an einem Mangel an Nahrungsmitteln. Es liegt am Mangel an Teilhabe. Die Hungernden sind so bettelarm, daß ihnen selbst für das lebensnotwendige Minimum an Nahrung die Mittel fehlen. Doch auch unabhängig davon sind erhebliche Korrekturen an der derzeitigen Nutzung der verfügbaren Ressourcen unerläßlich, um die menschliche Ernährung auch für die Zukunft zu sichern.

Die Zukunft ist immer offen. Zukunftsprognosen können nicht mehr sein als Wahrscheinlichkeitsannahmen über die Fortentwicklung bisheriger Trends oder absehbare Veränderungen. Trotz ihrer begrenzten Aussagefähigkeit sind sie jedoch wertvolle Handlungsanweisungen für Vorsorgemaßnahmen. Das vielfach prognostizierte Bevölkerungswachstum auf 8–10 Milliarden Menschen innerhalb der nächsten Jahrzehnte kann nur als dringende Warnung und als Aufforderung zu sofortigem Handeln verstanden werden.

Wie schon in den vorausgehenden Kapiteln, werde ich auch im folgenden auf detaillierte Zahlenangaben so weit wie möglich verzichten. Was zählt, ist die Art des Umgangs mit der Herausforderung, nicht die absolute Zahl, die auch bei noch so gründlicher Analyse immer anfechtbar bleibt.

Wer sich für Einzelheiten interessiert, findet ausführliches

Datenmaterial und umfangreiche Quellenangaben in drei gründlichen und dennoch gut lesbaren Abhandlungen, auf die ich mich weitgehend beziehen werde: *Outgrowing the Earth. The Food Security Challenge in an Age of Falling Water Tables and Rising Temperatures* von Lester R. Brown [in möglichst direkter Übersetzung: Herauswachsen aus der Erde. Die Herausforderung von Nahrungssicherheit in einer Zeit fallender Wasserstände und steigender Temperaturen]; *The Doubly Green Revolution. Food for all in the 21st Century* von Gordon Conway [Die doppelt grüne Revolution. Nahrung für alle im 21. Jahrhundert]; *Feeding the Ten Billion. Plants and Population Growth* von Lloyd T. Evans [Die zehn Milliarden ernähren. Pflanzen und Bevölkerungswachstum].

Alle drei Autoren stützen sich neben eigenen Recherchen überwiegend auf die regelmäßig im Internet veröffentlichten Datenerhebungen und Prognosen des »International Food Policy Research Institute« (IFPRI) der Weltbank, der »Food and Agricultural Organization« (FAO) der Vereinten Nationen sowie auf weitere öffentlich zugängliche Quellen, die jeweils ausführlich zitiert werden. Diese und weitere Literaturhinweise zu diesem Kapitel finden sich am Ende des Buches.

Die globale Perspektive

Auf die Ausnahmebedingungen für die landwirtschaftliche Produktivität in Europa habe ich bereits hingewiesen (Seite 219). Durch Vergleich der Hektarerträge in einigen der weltweit wichtigsten Weizenanbaugebiete lassen sie sich besonders gut veranschaulichen. Diese lagen im Jahr 2002 in Frankreich etwa 2½-mal so hoch wie in den USA und überstiegen die Erträge in Argentinien, Kanada, Australien und Rußland sogar um mehr als das Dreifache.

Diese Sonderstellung verdanken vor allem die westlichen Länder Europas dem Zusammentreffen von drei einander ergänzenden Faktoren: 1. dem warmen Golfstrom, der im Vergleich zu anderen Regionen gleicher geographischer Breite für ein ausgeglichenes, niederschlagsreiches Klima mit relativ milden Winter- und Sommertemperaturen sorgt, 2. einer langen Tageshelle während der Wachstums- und Reifezeit im Sommer sowie 3. fruchtbaren humusreichen Böden.

Ein Blick auf die beiden bevölkerungsreichsten Erdteile Asien und Afrika macht den Unterschied deutlich. Harte Kontraste zwischen Zonen mit üppiger Vegetation und riesigen, buchstäblich staubtrockenen Wüsten treffen zusammen mit überwiegend nährstoffarmen Böden, nahezu gleichbleibender Tageshelle in Äquatornähe und großen Temperaturunterschieden zwischen heißen, trockenen Sommern und sehr kalten Wintern in äquatorferneren Gebieten. Ausgerechnet für diese Erdteile, die schon jetzt übervölkert sind, sind die Prognosen besonders ungünstig: das stärkste Bevölkerungswachstum, die größten Armutsprobleme, der größte Nahrungs- und Wassermangel und eine rasche Ausbreitung der Wüsten.

Bevölkerungswachstum

Auch wenn die Absolutwerte für das prognostizierte Bevölkerungswachstum zum Teil erheblich voneinander abweichen und zunehmend nach unten korrigiert werden, gehen doch die meisten Voraussagen von etwa 9 Milliarden Menschen im Jahr 2050 aus. Dabei wird im wesentlichen eine Fortsetzung von gegenwärtigen Trends unterstellt. Demnach würde die Zunahme fast ausschließlich in den Entwicklungsländern, vor allem in Asien und Afrika, stattfinden.

Unter den 20 ohnehin schon bevölkerungsreichsten Ländern wird das stärkste relative Wachstum mit jeweils mehr als einer Verdoppelung der Bevölkerung innerhalb der nächsten 50 Jahre für Pakistan, Nigeria und Äthiopien prognostiziert. Noch stärkeres Wachstum auf das Drei- bis Vierfache der jetzigen Bevölkerung und damit ein »Aufstieg« unter die 20 bevölkerungsreichsten Länder wird für Uganda, die Republik Kongo und den Jemen vorausgesagt.

Doch die Frage, wie das möglich sein soll, wird nicht beantwortet. Alle sechs Länder liegen nach dem *Bericht über die menschliche Entwicklung 2005* schon jetzt im untersten Bereich (letztes Viertel) des »Index für menschliche Entwicklung« und haben große Probleme mit der Nahrungs- und Wasserversorgung, mit Armut und Bildungsrückstand sowie mit Grenz-, Stammes- und religiösen Konflikten bis hin zu Bürgerkriegen, Vertreibungen und Massenflucht hungernder Volksgruppen. Und es sind ausgerechnet diese Länder, die bereits jetzt durch Bodenerosion und Wüstenbildung große Flächenanteile ihres Acker- und Weidelands verlieren (Seiten 266 und 271).

Das mit Abstand stärkste absolute Bevölkerungswachstum wird für Indien vorausgesagt: von etwas mehr als 1 auf 1½ Milliarden Menschen. Damit wäre Indien im Jahr 2050 noch vor China das bevölkerungsreichste Land der Erde. Auch hier stellt sich die Frage, wie ein derartiger Sprung bewältigt werden sollte. Schon heute ist die Bevölkerungsdichte Indiens nicht sehr viel geringer als diejenige der Niederlande, der dichtest besiedelten Region Europas. Der Ganges führt kaum noch Wasser bis zur Mündung, die Grundwasserspiegel sin-

ken fast überall dramatisch, die Reis- und Weizenerträge sta-
gnieren seit etwa zehn Jahren, mehr als die Hälfte der indischen Bevölkerung lebt unterhalb der Armutsgrenze, ein
Viertel ist unterernährt, und viele verhungern.

Mehr Menschen bedeuten nicht nur einen höheren Bedarf
an Nahrungsmitteln, sondern auch an Siedlungsraum und
sonstigen Ressourcen. Jeder zusätzliche Mensch braucht neben qualitativ und quantitativ ausreichender Ernährung auch
Trink-, Wasch- und sonstiges Brauchwasser, Wohnraum, verschiedene Formen von direkt oder indirekt genutzter Energie,
Anteil an Verkehrswegen, Ausbildungs- und Arbeitsplatz mit
Einkommen. Er produziert Abfall und sucht Wohlstand statt
Armut und Existenzbedrohung.

Jedes dieser Bedürfnisse geht auf Kosten der landwirtschaftlichen Nutzfläche sowie der großen Mengen an Wasser
und Energie, die direkt oder indirekt für die Produktion und
Verarbeitung von Nahrungsmitteln gebraucht werden. Fast
alle menschlichen Siedlungen, vom Bauernhof bis zur Millionenstadt, entstanden und entwickeln sich auf landwirtschaftlich besonders ergiebigen Böden.

Hinzu kommt der seit Jahrzehnten anhaltende Trend zu
immer größeren Städten mit entsprechend dichter Besiedlung
und allen Folgeerscheinungen, wie Versorgungs-, Abfall-,
Hygiene- und Verkehrsproblemen, sozialen Konflikten und
nicht zuletzt der Gefahr der Entstehung und Ausbreitung von
Infektionskrankheiten. Selbst in den Elendsvierteln der europäischen Großstädte herrschen geradezu paradiesische Zustände im Vergleich zu den riesigen Slums und Favelas afrika-
nischer, asiatischer oder lateinamerikanischer Megastädte wie
Lagos, Kalkutta, São Paulo und viele andere.

Das wahre Grauen von Armut und Hunger läßt sich wohl
nur begreifen, wenn man ihm unmittelbar in die Augen gese-

hen hat: den verzweifelten hungernden, bettelnden und medizinisch kaum versorgten Krüppeln auf den Straßen einer indischen Millionenstadt oder den apathischen Indios in den südamerikanischen Anden, die neben Kloakenrinnsalen hokken und versuchen, ihren Hunger durch Kauen von Kokablättern zu betäuben.

Armut und Reichtum

Die konfliktbeladene, leid- und wechselvolle Geschichte von Armut und Reichtum ist vermutlich so alt wie die menschliche Kulturgeschichte. Jared Diamond hat dies in seinem Bestseller *Arm und Reich* eindrücklich beschrieben. Heute verfügen 10 % der Bevölkerung über 54 % des Welteinkommens, während 40 % mit weniger als 2 US-Dollar – viele davon sogar mit weniger als 1 US-Dollar – am Tag auskommen müssen und zusammen mit nicht mehr als 5 % am Welteinkommen beteiligt sind (Abb. 32). Aus dem *Bericht über die menschliche Entwicklung 2005* geht hervor, daß die reichsten 500 Einzelpersonen zusammen ein größeres Einkommen als die ärmsten 416 Millionen haben.

Die Schere zwischen Arm und Reich öffnet sich stetig weiter. Auf die gravierenden Folgen für die Mangelernährung der Armenbevölkerung in den Entwicklungsländern habe ich bereits im Zusammenhang mit dem Goldenen Reis und den Zielsetzungen einiger großer humanitärer Stiftungen hingewiesen (Seite 189 ff.). Doch bei aller Anerkennung derartiger Initiativen wird auch ein verbesserter Zugang zu qualitativ hochwertigen Nahrungsmitteln das Problem der Massenarmut in den Entwicklungsländern allein nicht lösen können.

Der große Kontrast zwischen Arm und Reich ist nicht nur

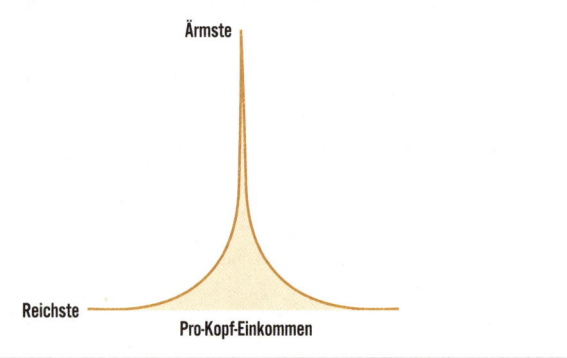

Abb. 32 Verteilungspyramide des Welteinkommens im Jahr 2000 auf Reich (unten) und Arm (oben).

Symbol für den weiten Weg, den die Kulturentwicklung der »zivilisierten Welt« noch vor sich hat. Er zeigt auch in aller Deutlichkeit die Größe des Problems an: Abgesehen von der Katastrophe des Hungerns oder Verhungerns einer knappen Milliarde Menschen – nicht selten begleitet von kriegerischen Auseinandersetzungen, Flucht, Vertreibungen und Massakern –, betreffen auch uns die Folgen des immer noch andauernden Bevölkerungswachstums in den Hungerregionen einer demographisch, wirtschaftlich und politisch eng vernetzten Welt sehr direkt.

Kehren wir zum besseren Verständnis dieser Aussage noch einmal zurück zum Beispiel Indiens und gehen – trotz aller Bedenken – von einem weiteren Anwachsen der Bevölkerung auf 1,5 Milliarden Menschen innerhalb der nächsten 50 Jahre aus. Nehmen wir ferner an, das erklärte, wenn auch utopisch erscheinende Ziel der Vereinten Nationen, die Zahl der Hungernden bis 2015 zu halbieren, würde tatsächlich oder zumindest teilweise erreicht. Und unterstellen wir schließlich für die

Bevölkerungsentwicklung in den kommenden Jahrzehnten ähnliche Rahmenbedingungen, wie sie in der jüngeren Vergangenheit geherrscht haben, und damit die Zulässigkeit der gängigen Prognosen. Dann ergäbe sich eine Situation, deren globale Folgen diejenigen der jüngsten Entwicklung Chinas noch weit übertreffen könnten.

In China verhungerten während der kommunistischen Zwangskollektivierung und Industrialisierung in den Jahren 1959–1961 nach Schätzungen etwa 30 Millionen Menschen. Seitdem war die Nahrungsversorgung eines der vorrangigen Ziele jeder chinesischen Regierung. Die Reis-, Mais- und Weizenproduktion stieg bis 1999 auf das Vierfache des damaligen Wertes an, so daß China sogar vorübergehend zum Exportland wurde. Dieser Trend hat sich seitdem jedoch wieder umgekehrt, nicht zuletzt aufgrund der zunehmenden Bewässerungsprobleme in den nördlichen Weizenanbaugebieten (Seite 272). Innerhalb weniger Jahre wurde China vom Selbstversorger zum weltweit bedeutendsten Importland für Weizen und Soja.

Chinas Exportüberschüsse ermöglichen diese Nahrungsmittelimporte ebenso wie die Importe von Erdöl, Stahl, Edelmetallen und anderen Gütern für die rasante wirtschaftliche, zivile und militärische Entwicklung des Landes. Wer den Bauboom in den Zentren der großen Städte und in den vielen neu entstehenden Vorstädten mit komfortablen Reihen- und Einzelhäusern, den allgegenwärtigen Straßen- und Autobahnbau sowie den rapide zunehmenden Auto- und Flugverkehr in den letzten Jahren verfolgt hat, kann auch die folgende Gegenrechnung nachvollziehen.

Allein die derzeit etwa 25 Millionen Autos in China bedeuten ca. 500 000 ha Straßen und Parkplätze – so viel wie von der Landwirtschaft gebraucht würde, um mehrere Millionen

Menschen zu ernähren. Eine weitere Motorisierung pro Kopf der chinesischen Bevölkerung bis zu derjenigen Japans würde nach Berechnungen von Lester Brown in *Outgrowing the Earth* etwa $^2/_3$ der gesamten Reisanbaufläche Chinas entsprechen. Analoges gilt für die Ausweitung der städtischen Bebauung mit entsprechend erhöhtem Land-, Wasser- und Energieverbrauch.

Mit dem rasch steigenden Wohlstand der oberen und mittleren Einkommensgruppen in China ist zwar auch die Zahl der Armen und Hungernden gesunken. Doch bei allen Gruppen steigt mit dem Wohlstand auch der Anspruch auf höherwertige Nahrung: Gemüse, Obst, Fisch und Fleisch, letztere mit entsprechendem Futterverbrauch auf Kosten einer unmittelbar pflanzlichen Kost – also ebenfalls zu Lasten der Produktion von Grundnahrungsmitteln (Seite 280).

Wenn dieser Trend anhält und Chinas steigender Wohlstand die Verknappung und damit die Preise für Nahrungs- und Futtermittel ebenso in die Höhe treibt wie für Stahl und Erdöl, kann dies nicht ohne Auswirkungen auf den Rest der Welt bleiben. Vor allem würde es um so härter werden für die prognostizierte halbe Milliarde zusätzlicher Inder, ganz zu schweigen von den weiteren 2½ Milliarden Menschen, die fast ausschließlich in den ärmsten Entwicklungsländern dazukommen sollen.

Die Situation erscheint paradox: Armut und Mangel befördern das Bevölkerungswachstum – ihre Beseitigung beeinträchtigt die Nahrungsproduktion und steigert damit den Mangel. Das fiktive Beispiel einer Japan äquivalenten Motorisierung Chinas oder gar des flächenmäßig dreifach kleineren Indiens zeigt die einzig denkbare Lösung:

Die Beseitigung von Armut als Quelle des Bevölkerungs-
wachstums ist vordringlich. Das Ergebnis kann aber nicht
bedeuten, daß Lebensqualität und Wohlstand in Zukunft
dieselbe Erscheinungsform haben wie heute.

Die Grüne Revolution

Daß die Zahl der Hungernden und Mangelernährten trotz des
extrem steilen Bevölkerungsanstiegs in der jüngsten Vergangenheit (Abb. 1, Seite 32) heute nicht noch wesentlich höher
liegt, ist einem gleichzeitigen, bisher einmaligen Sprung in
der Produktivitätssteigerung der Landwirtschaft zu verdanken: der »Grünen Revolution«.

Die Grüne Revolution war das Ergebnis einer konzertierten
Aktion von landwirtschaftlicher Forschung und Praxis, humanitären Stiftungen, Entwicklungshilfe und staatlichen Pro-
grammen der Empfängerländer. Gemeinsames Ziel war die
Bekämpfung von Hunger und Armut. Ausgangspunkt war
ein 1943 von der Rockefeller-Stiftung und dem mexikani-
schen Landwirtschaftsministerium begonnenes Projekt zur
Verbesserung von Mais- und Weizensorten für den Anbau in
Mexiko.

Durch die erfolgreiche Anpassung US-amerikanischer Sorten an die dortigen Standortbedingungen war Mexiko bereits
nach wenigen Jahren von Maisimporten unabhängig geworden. Ähnliche Erfolge wurden bald darauf mit neuen Weizensorten erzielt. In beiden Fällen spielten neben der Züchtung
effizientere Anbaumethoden, vor allem die Intensivierung
von Düngung, Pflanzenschutz und Bewässerung, eine wichtige Rolle.

Den entscheidenden Durchbruch beim Weizen brachte je-

doch die Verwendung einer zuvor in Japan gezüchteten Kurz-
strohsorte. Diese Sorte besaß zwei einander ergänzende
Eigenschaften, die den Weizenanbau inzwischen weltweit revolutioniert haben: hohe Körnererträge auf Kosten der Halmlänge und hohe Standfestigkeit auch unter ungünstigen Witterungsbedingungen.

Weitere züchterische Verbesserungen kamen hinzu: erhöhte Krankheitsresistenz, weitgehende Unabhängigkeit von
der Tageslänge und anderen Umweltfaktoren, gute Dünger-
verwertung und die Erschließung bisher ungeeigneter Standorte. Innerhalb kurzer Zeit waren die Erfolge und die daraus
resultierenden Verbesserungen der Ernährungslage in zahlreichen Entwicklungsländern so beeindruckend, daß der In-
itiator und Gründungsdirektor des international operierenden Mais- und Weizenforschungsinstituts »Centro International de Mejoramiento de Maíz Trigo« (CIMMYT) in Mexico
City, Norman Borlaug, 1970 mit dem Friedensnobelpreis aus-
gezeichnet wurde.

Diesem wegweisenden Schritt folgte eine ähnlich rasante
Entwicklung beim Reis. Wieder spielte die Verwendung von
Kurzstrohsorten eine entscheidende Rolle.

Eine Besonderheit beim Reis ist die kurze Generationszeit,
vor allem in warmen Anbaugebieten. Bei frühreifenden und
jahreszeitunabhängigen Sorten sind zwei oder sogar drei Ernten im Jahr möglich. Auch dem versucht die Züchtung weiter
nachzuhelfen. Rechnet man ferner die verschiedenen Resis-
tenz- und Toleranzeigenschaften, effiziente Nährstoffver-
wertung und Standortanpassung – vor allem an die unterschiedlichen Bewässerungsformen – hinzu, so ergibt sich eine
kaum übersehbare Vielfalt an leistungsfähigen Reissorten, die
heute für eine ähnliche Vielfalt von Anbaubedingungen und
Verwendungszwecken zur Verfügung stehen.

Um eine rasche Verbreitung der neuen ertragreicheren Reissorten zu erreichen, wurden sie in einigen Entwicklungsländern, unter anderem auf den Philippinen, zunächst kostenlos an Kleinbauern abgegeben. Nach kurzer Zeit wurde daraus ein kombiniertes Paket von Saatgut, Dünger und Pflanzenschutzmitteln in den passenden Mengenverhältnissen. Auf diese Weise konnten sich auch Bauern, die keine Erfahrung mit den neuen Anbaumethoden hatten, an diese Neuerung gewöhnen.

Das Gesamtergebnis dieser Grünen Revolution war ein historisch einmaliger Sprung in der landwirtschaftlichen Produktivität: Zeitgleich mit dem steilsten Bevölkerungsanstieg in der zweiten Hälfte des 20. Jahrhunderts (Seite 35) wurden die größten jemals erreichten Zuwachsraten bei den Ernteerträgen aller drei Hauptnahrungsmittel – Weizen, Reis und Mais – erzielt. Ausgerechnet in den Jahren von 1970 bis 1995, gegen Ende des kürzesten Zeitraums, in dem sich die Bevölkerungszahl jemals verdoppelte, fiel die Zahl der Hungernden leicht ab, anstatt proportional anzusteigen.

An diesen Erfolgen waren neben vielfältigen staatlichen Hilfsprojekten der Industrieländer und Investitionsprogrammen der betroffenen Entwicklungsländer einige große humanitäre Stiftungen maßgeblich beteiligt. So wurde mit Unterstützung der Rockefeller- und der Ford-Stiftung in mehreren Entwicklungsländern nach dem CIMMYT eine Reihe weiterer internationaler Forschungsinstitute gegründet, unter anderem das »International Rice Research Institute« (IRRI) in Manila auf den Philippinen. Dieses Institut hatte wesentlichen Anteil an dem steilen Anstieg der Reiserträge und ist auch in jüngster Zeit wieder an der Entwicklung des Goldenen Reis beteiligt (Seite 193).

Neben großen Erfolgen gab es aber auch nachteilige Be-

gleiterscheinungen der Grünen Revolution. In zwei der vom
Hunger am stärksten bedrohten Regionen, in Südasien und
den afrikanischen Ländern südlich der Sahara, erreichte sie
die besonders Bedürftigen entweder kaum oder benachteiligte
sie sogar. Denn nun öffnete sich die Schere auch innerhalb der
Schicht der sozial Schwachen: Die Lage der Ärmsten der Armen, besonders des ohnehin schon hohen Anteils an Hungernden, verschlimmerte sich noch.

Auch ökologische Schäden blieben bei der starken Intensivierung von Düngung, Pflanzenschutz und Bewässerung
nicht aus. Vor allem in der Anfangsphase der Grünen Revolution, als viele Kleinbauern noch keine Erfahrung mit den
neuen Anbautechniken hatten, wurden Böden und Gewässer
mit Dünger und Pflanzenschutzmitteln überlastet. Dazu kamen die Übernutzung der Wasserressourcen, teilweise bis
zum endgültigen Versiegen (Seite 271), und die Ausbreitung
von Pflanzenkrankheiten und Schadinsekten durch den Massenanbau neuer Hochleistungssorten, wodurch der Einsatz
umweltschädigender Pflanzenschutzmittel nochmals verstärkt wurde.

Dagegen steht allerdings die Tatsache, daß in großen Teilen
Asiens eine Verdoppelung der Getreideproduktion auf einer
lediglich um 4 % ausgeweiteten Anbaufläche erreicht wurde.
Zum ersten Mal in der Menschheitsgeschichte konnte die
Nahrungsproduktion mit einem massiven Bevölkerungs-
wachstum Schritt halten, ohne daß die landwirtschaftliche
Nutzfläche entsprechend ausgeweitet wurde.

Doch eine derartige Produktivitätssteigerung läßt sich mit
den bisherigen Mitteln nicht länger fortsetzen, weder in
Asien noch anderswo. Die Grüne Revolution muß selbst revolutioniert werden.

Vision einer zweiten Grünen Revolution

»Doubly Green Revolution« läßt sich nicht ohne inhaltlichen Verlust ins Deutsche übertragen. Der Ausdruck wurde von der »Konsultationsgruppe für internationale landwirtschaftliche Forschung« (CGIAR) unter dem Vorsitz von Gordon Conway, dem Autor von *The Doubly Green Revolution*, für die Konzeption einer neuen Grünen Revolution geprägt. Gemeint ist einerseits eine noch effizientere, aber dennoch ökologisch verträgliche, in diesem Sinne also »doppelt grüne« Landwirtschaft. Andererseits wird nach der ersten nun eine ergänzende, zweite Revolution der Nahrungsproduktion gefordert.

Die Konsultationsgruppe geht davon aus, daß eine gesicherte Zukunft der menschlichen Ernährung grundsätzlich möglich ist, allerdings nicht ohne drastische Veränderungen der bisherigen Praxis. Dafür stellt sie drei unabdingbare Forderungen:

1. Eine nochmals deutlich erhöhte Produktivität, die seit dem Ende der großen Steigerungen durch die Grüne Revolution, also etwa seit 1990, vielfach stagnierte oder sogar rückläufig war.
2. Strenges Einhalten der Nachhaltigkeit, also Nahrungsproduktion ohne langfristig wirksame Schädigung der Umwelt.
3. Gesicherter Zugang aller Menschen zu ausreichend Nahrungsmitteln.

Um dies zu erreichen, wird eine Reihe konkreter Vorschläge gemacht. Die wichtigsten sind

- die Erforschung und Beseitigung der Gründe für die zunehmenden Ertragseinbußen bei intensivem und einseitigem Getreideanbau;
- die Nutzung sowohl konventioneller als auch gentechni-

scher Methoden zur Entwicklung neuer Sorten und Zuchtformen, die höhere Erträge bei geringeren Ansprüchen und
erhöhter Resistenz oder Toleranz gegenüber Umweltstreß
ermöglichen;

- die Entwicklung integrierter, umweltschonender Pro-
  gramme für Düngung und Pflanzenschutz;
- die Entwicklung bzw. Nutzung effizienter Methoden der
  Bewässerung, Wassereinsparung, Schonung der Wasserressourcen und Sicherung der Wasserqualität;
- die verringerte Produktion von Treibhausgasen, vor allem
  von Methan, und von Stickoxiden in der Landwirtschaft
  (Seite 265);
- die Intensivierung der Ökosystemforschung, insbesondere
  in ökologisch sensiblen Gebieten;
- die Entwicklung von Alternativen zu Brandrodung und
  Wanderfeldbau auf unergiebigen Böden;
- die Schaffung von Arbeitsplätzen bei Verarbeitung und
  Vertrieb von Nahrungsmitteln;
- die Schaffung von Arbeitsplätzen und Einkommensmög-
  lichkeiten in der nachhaltigen Nutzung von Wäldern,
  Fischgründen und anderen natürlichen Ressourcen.

Insgesamt ist die Liste wesentlich länger und schließt zahlreiche spezifische Maßnahmen zur Lösung regionaler oder anderweitig begrenzter Probleme ein. Besonders hervorgehoben
wird die Dringlichkeit einer verbesserten schulischen und be-
ruflichen Ausbildung, medizinischen Versorgung, Aufklärung in Fragen gesunder Ernährung und Schulung in modernen landwirtschaftlichen Techniken in ländlichen Gebieten
von Entwicklungsländern.

   Im Kern zielen alle Vorschläge darauf ab, »Nahrung für alle
im 21. Jahrhundert« (wie es der Untertitel des oben genannten

Buches so prägnant formuliert) sicherzustellen und dafür der landwirtschaftlichen Produktivität neue Wege zu eröffnen, nachdem ihre biologischen Grenzen immer deutlicher erkennbar und vielfach bereits überschritten wurden.

Biologische Grenzen der landwirtschaftlichen Produktivität

Der landwirtschaftlichen Produktivität sind zwei unterschiedliche Arten von biologischen Grenzen gesetzt:
1. die Belastbarkeit der Biosphäre durch Eingriffe in die Stabilität und dynamische Entwicklung von Ökosystemen und
2. die physiologische Leistungsfähigkeit von Organismen bzw. einzelnen, der Nahrungsproduktion dienenden Organen.

Auf die Grenzen der Belastbarkeit von Ökosystemen bin ich bereits eingegangen (Seite 88 ff.), die Gefährdung der Biosphäre als Ganzes ist Gegenstand der folgenden Abschnitte. Auch die Grenzen der physiologischen Leistungsfähigkeit wurden mehrfach erörtert, besonders eingehend im Zusammenhang mit dem Herauszüchten einzelner Organe bei verschiedenen Nachtschatten- und Kohlgewächsen (Seite 130 ff.) sowie mit der erhofften, wenn auch fraglichen Effizienzsteigerung der Photosynthese (Seite 197).

Die verschiedenen Getreidearten als unsere wichtigsten Grundnahrungsmittel sind besonders treffende Beispiele, an denen die Grenzen der physiologischen Leistungsfähigkeit erkennbar werden. Ihre Sonderstellung als Grundnahrungsmittel verdanken sie unter anderem (Seite 144 ff.) zwei spontanen Mutationen, also genetisch fixierten Veränderungen, die ihre Evolution als Kulturpflanzen nachhaltig bestimmt haben.

Die erste und wichtigste dieser Mutationen markierte den

Beginn der Neolithischen Revolution. Sie betraf den Wechsel von der Brüchigkeit zur Festigkeit der Ährenspindel und hat die Züchtungsgeschichte aller landwirtschaftlich genutzten Getreidearten entscheidend beeinflußt (Seite 145). Die zweite Mutation, die Verkürzung der Halmlänge zugunsten der Körnererträge bei Weizen und Reis, wurde erst kürzlich zu einem der tragenden Elemente der Grünen Revolution.

Beide Mutationen sind äußerst nachteilig im Sinne der Arterhaltung, da sie die Konkurrenzfähigkeit unter natürlichen Fortpflanzungsbedingungen beeinträchtigen. Die Brüchigkeit der Ährenspindel ist eine Voraussetzung für die Verbreitungsform der Samen, wie sie sich im Lauf der Evolution herausgebildet hat. Auch die natürliche Halmlänge hat sich über lange Evolutionszeiträume an die Anforderungen der jeweiligen Lebensbedingungen optimal angepaßt (Lichteinfang, Windbestäubung usw.). Beide Mutationen sind zwar von großem Vorteil für die Kultivierungsbedingungen des Menschen, würden aber, von Sondersituationen abgesehen, in der vom Menschen unbeeinflußten Natur zum Aussterben der betroffenen Individuen führen.

Spontane Mutationen mit derart entscheidenden Auswirkungen auf die menschliche Ernährung sind äußerst selten und haben sowohl biologische als auch praktische Grenzen. Einerseits gibt es eine klare biologische Grenze, bis zu der eine Pflanze (oder jeder andere Organismus) die Umprogrammierung des Stoffwechsels und des anatomischen Bauplans toleriert. Andererseits muß die landwirtschaftliche Praxis die Toleranzgrenze der Biosphäre für die menschlichen Kultivierungs- und Anbaumethoden einhalten.

Die biologischen Grenzen der Ertragsleistung dürften bei den meisten unserer heutigen Hochleistungssorten weitgehend erreicht sein. Bei vielen Getreide-, Gemüse-, Obst- und

Kartoffelsorten werden die künftigen Züchtungsziele überwiegend der Verbesserung ihrer Qualitäts-, Resistenz- und sonstigen Eigenschaften und kaum noch weiteren Ertragssteigerungen gelten.

Belege dafür sind nicht nur die verschiedenen Gemüsepflanzen in Abb. 16 und 17 (Farbseiten II und III), sondern auch die Tatsache, daß bei den heutigen Getreidesorten der »Ernte-Index«, der relative Anteil der geernteten Körner an der Gesamttrockenmasse der Pflanze, bereits mehr als die Hälfte ausmacht. Da für die Körnerproduktion gesunde und funktionsfähige Wurzeln, Stengel und Blätter unerläßlich sind, kann dieser Wert, ähnlich wie bei den abgebildeten Gemüsepflanzen, wohl auch bei Weizen, Reis und Mais kaum noch wesentlich gesteigert werden.

Soweit Ernteerträge überhaupt noch durch genetische Veränderungen verbessert werden können, dürften sie eher bei den wenigen noch verbliebenen Nahrungspflanzen zu suchen sein, die trotz ihres vorhandenen Potentials noch nicht bis zu extremen Leistungen gezüchtet wurden, beispielsweise Quinoa und Amarant, zwei alte südamerikanische Kulturpflanzen, die in Deutschland bisher vor allem aus »Eine-Welt-Läden« und Reformhäusern bekannt sind.

Auch die – schwer definierbare – Toleranzgrenze der Biosphäre wurde bereits mehrfach angesprochen und wird im folgenden weiterhin eine wichtige Rolle spielen. Ich beschränke mich daher an dieser Stelle auf einige grundsätzliche Bemerkungen. Vorab jedoch eine Definition des Begriffs »Toleranzgrenze der Biosphäre«: Im Zusammenhang mit einer langfristig gesicherten Nahrungsproduktion stellt sie die Grenze dessen dar, was die irdische Biosphäre insgesamt an Eingriffen toleriert, ohne daß die menschlichen Lebensbedingungen nachhaltig beeinträchtigt werden.

Denn es geht um wesentlich mehr als den bloßen Erhalt einer wie auch immer gearteten Biosphäre als solcher. Es geht um den Erhalt einer Biosphäre, die sechs oder mehr Milliarden Menschen geeigneten Lebensraum und ausreichend Nahrung bietet.

Eines von vielen jüngeren Beispielen für eine großräumige, möglicherweise irreversible Grenzüberschreitung in diesem Sinne war die Umwandlung riesiger Grassteppen im Süden der ehemaligen Sowjetunion in Ackerland, das nur kurzfristig für den Weizenanbau tauglich war und nun großenteils öd und brach liegt. Winderosion und Staubstürme haben inzwischen weite Teile des ursprünglichen Weidelands für jegliche land- und viehwirtschaftliche Nutzung unbrauchbar gemacht. Soweit überhaupt noch Weizenanbau möglich ist, liegen die Hektarerträge (im heutigen Kasachstan) weit unter dem weltweiten Durchschnitt. Die Biosphäre wird lange brauchen, um diese Wunde zu schließen – sofern sie sich nicht sogar noch weiter öffnet.

Statt der Ausweitung unergiebiger Flächen für landwirtschaftliche Nutzung muß sich die Nahrungsproduktion in Zukunft stärker als bisher auf diejenigen Flächen konzentrieren, die langfristig ergiebig sind. Das bedeutet einerseits, wo immer möglich, Mehrfachnutzung durch doppelte oder dreifache Jahresernte, andererseits eine stetige Effizienzsteigerung durch Züchtung sowie durch Verbesserung der Anbaumethoden, der Lagerhaltung und des Vertriebs der Ernteprodukte. In jedem dieser Bereiche besteht vor allem in Entwicklungsländern noch erheblicher Spielraum.

Mehrfachnutzung erfordert geeignete Anbaubedingungen sowie Sorten mit kurzen Wachstums- und Reifezeiten. Bestes Beispiel ist der Reisanbau in wasserreichen, klimatisch begünstigten Gebieten, wo selbst über lange Zeiträume bis zu drei

Ernten im Jahr erzielt werden. Für die meisten anderen Feldfrüchte kommt eher eine wechselnde Fruchtfolge in Frage, möglichst unter Einschluß einer Hülsenfrucht zur Verringerung der Stickstoffdüngung, z. B. Mais und Soja. Eine andere, vor allem bei Selbstversorgern in Entwicklungsländern übliche Praxis besteht in gemischten Anpflanzungen unterschiedlicher Arten, wie sie schon von den Griechen und Römern des klassischen Altertums erfolgreich angewendet wurden, etwa Oliven, Wein und Weizen.

Das größte Potential für Ertragssteigerungen liegt jedoch in der Toleranz- und Resistenzzüchtung und in der Verbesserung von Anbaumethoden, Lagerhaltung und Vertrieb. Vor allem im feuchtwarmen Klima der tropischen und subtropischen Regionen geht bis zur Hälfte, in Extremfällen sogar ein noch größerer Anteil der möglichen Erträge durch Krankheitsbefall und tierische Schädlinge vor und nach der Ernte sowie durch mangelnde Infrastruktur verloren. Diese Verluste können und müssen erheblich verringert werden.

Insgesamt liegt in diesem Bereich, zusammen mit weiteren züchterischen Verbesserungen, einer der Schlüssel zur Sicherung der menschlichen Ernährung. Zwei unerläßliche Voraussetzungen müssen allerdings erfüllt sein:

• Die Beeinträchtigungen von Klima und Umwelt dürfen die Toleranzgrenze der Biosphäre nicht überschreiten und

• politische Maßnahmen müssen für geeignete Forschungs-, Entwicklungs- und Ausbildungsprogramme, für die Verbesserung der sozialen, medizinischen und wirtschaftlichen Verhältnisse sowie für die notwendige Infrastruktur sorgen (Seite 286 ff.).

Wetter, Klima und Umwelt

Wir sind gewohnt, Sonne und Wärme als »gutes« und Niederschläge als »schlechtes« Wetter zu bezeichnen. In der
Landwirtschaft gelten andere Maßstäbe. Hier sind in erster
Linie die pflanzlichen Bedürfnisse während der unterschiedlichen Entwicklungsstadien von der Keimung bis zur Blatt-,
Knollen-, Rüben- oder Fruchtreife maßgebend. Stark vereinfacht bedeutet das: Feuchtigkeit und Wärme während des
Wachstums, Sonne und Wärme in der Reifezeit – außerdem
günstige Bedingungen für Aussaat und Ernte.

Je verläßlicher diese Bedingungen erfüllt sind und je seltener sie durch »Unwetter« gestört werden, desto sicherer sind
die zu erwartenden Ernteerträge. Bestimmend dafür sind das
vorherrschende Klima und dessen Stabilität bzw. Schwankungen. Näheres dazu beschreibt Mojib Latif in dem Band *Bringen wir das Klima aus dem Takt?* in dieser Buchreihe.

Seit einigen Jahren ist der drohende Klimawandel ein vieldiskutiertes Thema. Anlässe sind rasch steigende Jahresdurchschnittstemperaturen, abschmelzende Gletscher, Schneefelder
und Polkappen sowie eine Häufung von »Jahrhundertereignissen« wie extrem starke Regenfälle, extreme Hochwasser
und Überschwemmungen, extrem trocken-heiße Sommer, extrem heftige und zerstörerische Wirbelstürme usw.

Die Nahrungsproduktion ist davon in doppelter Hinsicht
betroffen. Einerseits sind alle Kulturpflanzen und standortangepaßten Sorten von bestimmten Klima- und Witterungsbedingungen abhängig. Andererseits ist die Landwirtschaft
selbst maßgeblich beteiligt an der Produktion von Treibhausgasen sowie an der Beseitigung klimastabilisierender Biotope,
vor allem der tropischen Regenwälder und anderer großräumiger Waldflächen (Abb. 33).

Abb. 33 Großflächige Abholzung des Amazonas-Urwalds in Mato Grosso, Brasilien.

Die von der Landwirtschaft produzierten Treibhausgase sind vor allem Methan und Kohlendioxid, außerdem werden Stickoxide als Säurebildner und Katalysatoren für chemische Reaktionen in der Atmosphäre freigesetzt. Diese Gase entstehen in großen Mengen bei der Brandrodung und bei der sonstigen Verbrennung von Holz, Gras oder Stroh. Die Mengen von Kohlendioxid, die insgesamt auf diese Weise gebildet werden, sind zwar etwas geringer als die Mengen, die weltweit durch die Verbrennung fossiler Brennstoffe in die Atmosphäre gelangen – aber auch daran ist die Ernährungswirtschaft nicht unerheblich beteiligt. Große Mengen von Methan entstehen außerdem durch biologische Prozesse in den Reisfeldern und in den Mägen von Wiederkäuern. Etwa gleichviel Stickoxide wie durch Brandrodung und andere Formen der Verbrennung werden aus stickstoffhaltigen Düngemitteln freigesetzt.

Insgesamt trägt damit die Nahrungsproduktion, einschließlich der Brandrodung und des Energieverbrauchs, stärker zu den mutmaßlichen Ursachen der globalen Erwärmung
und damit zu möglichen großräumigen Klimaveränderungen
bei als jede andere Wirtschaftsform. Auch daraus folgt eine
zunehmende Bedrohung durch das Bevölkerungswachstum.

Zusätzlich befördert wird dieser Beitrag der Nahrungsproduktion zum Klimawandel durch massive Eingriffe in den
Wasserhaushalt (Seite 271 ff.) sowie durch großflächige Bodenerosion und Wüstenbildung. Jede Form der Übernutzung
von Acker- oder Weideland gefährdet den Erhalt des fruchtbaren Mutterbodens.

In Afrika und Asien erleidet die Landwirtschaft die größten
Schäden (Abb. 34). So verliert beispielsweise Nigeria, das be-
völkerungsreichste Land Afrikas, jährlich einige hunderttau-
send Hektar land- und viehwirtschaftlicher Nutzfläche durch
Wüstenbildung. Insgesamt werden in jedem Jahr mehrere
Milliarden Tonnen ehemaligen Mutterbodens in Form von
Staubstürmen von Afrika in den Atlantik und sogar bis in die
Karibik getragen.

Ähnlich ist die Situation in China (Seite 272), Kasachstan
(Seite 262), Indien, Äthiopien und zahlreichen anderen asiatischen und afrikanischen Ländern. Auch der Mittlere Westen
der USA litt in den 1930er Jahren unter gewaltigen erosions-
bedingten Staubstürmen (»Dust Bowl«), die bis nach Washington und New York reichten. Sogar im klimatisch begünstigten Westeuropa ist der Südosten Spaniens seit einigen
Jahren von einer anhaltenden Dürre betroffen.

Die Zusammenhänge und Rückkopplungsmechanismen
zwischen Wetter, Klima, Umwelt und menschlichen Eingriffen sind viel zu komplex, als daß konkrete Voraussagen über
langfristige regionale oder globale Auswirkungen möglich

Abb. 34 Vordringen der Sandwüste in die Oase von Kebili in Tunesien.

wären. Sicher ist allerdings die Prognose, daß die Klimaerwärmung und die großflächige Beseitigung klimastabilisierender Wälder und Feuchtgebiete erhebliche Auswirkungen auf die landwirtschaftliche Produktivität haben werden. Jede Region kann davon betroffen sein – auch das bisher so begünstigte Westeuropa.

Warnende Beispiele für den Verlust produktiver Flächen, für die Unumkehrbarkeit großräumiger Veränderungen und für die Empfindlichkeit von Wetter, Klima und Ökosystemen selbst gegenüber scheinbar geringfügigen Störungen existieren in ausreichender Fülle und Deutlichkeit, um daraus die notwendigen Schlüsse zu ziehen.

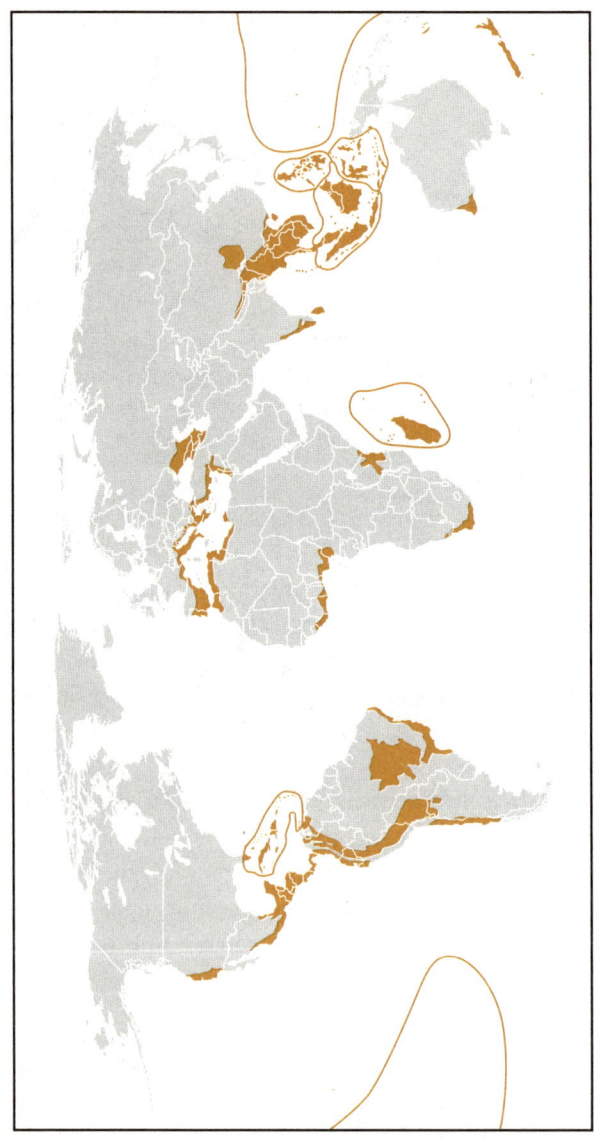

Artenreichtum – Biodiversität – Sortenvielfalt

Die Bedeutung der biologischen Vielfalt für die Stabilität der verschiedenen Ökosysteme sowie der Biosphäre als Ganzes wurde bereits besprochen (Seiten 37 und 94 ff.). Die komplexen ökologischen Zusammenhänge zu verstehen und zu respektieren, ist eine der wichtigsten Grundvoraussetzungen für die Sicherung der menschlichen Ernährung. Eingehend erläutert werden diese Zusammenhänge von Hansjörg Küster in *Das ist Ökologie*.

Üblicherweise nehmen wir biologische Vielfalt (Biodiversität) als Artenreichtum wahr. Tatsächlich reicht sie jedoch weit über das unmittelbar Sichtbare hinaus: Sie umfaßt das gesamte Spektrum der genetischen Vielfalt, die in allen Arten aufgrund der genetischen Variabilität enthalten ist (Seite 127).

Der Wert der Vielfalt und *Die Zukunft des Lebens* sind die treffenden Titel von zwei einander ergänzenden Bestsellern des Harvard-Professors und Pulitzer-Preisträgers Edward O. Wilson, in denen er höchst eindrucksvoll den ökologischen und – bei rücksichtsvoller Nutzung – den wirtschaftlichen und sozialen Wert der Biodiversität beschreibt. Besonders eindrücklich schildert er die gravierenden Folgen der fortschreitenden Zerstörung der letzten noch weitgehend unberührten *biodiversity hotspots* – Regionen mit außergewöhnlich reicher biologischer Vielfalt.

Die meisten dieser *biodiversity hotspots* liegen in tropischen oder subtropischen Gebieten, die sowohl von Klimaveränderungen als auch von verschiedenen Formen wirtschaftlicher Übernutzung besonders stark bedroht sind (Abb. 35).

Abb. 35 Globale Verteilung von *biodiversity hotspots*.

Vor allem durch die großflächigen Rodungen tropischer Regenwälder sowie die fortschreitende Zerstörung von Korallenriffen und anderen artenreichen Meeres- und Feuchtbiotopen werden unzählige Arten ausgerottet, noch bevor sie jemals von Menschen »entdeckt« wurden. Abgesehen von ihrem unermeßlichen Wert an sich, geht mit jeder unbekannten Art auch ein unbekannter und deshalb unschätzbarer Wert an ökologischer Stabilität und Anpassungsfähigkeit, an genetischen Ressourcen für die Züchtung, an potentiellen Heilmitteln und an sonstigen Möglichkeiten der wirtschaftlichen Nutzung verloren.

Das extreme Gegenteil von der großen genetischen Vielfalt der *biodiversity hotspots* ist die genetische Einheitlichkeit beim Feldanbau einer modernen Hochleistungssorte, etwa der Weizensorte in Abb. 3 (Seite 38). Entsprechend weit liegen die Extreme an ökologischer Stabilität auseinander, deren Verlust bei landwirtschaftlichen Monokulturen durch intensive Schutz- und Pflegemaßnahmen kompensiert werden muß (Seite 104 ff.). Die daraus resultierende Umweltbelastung auf ein ökologisch verträgliches Maß zu reduzieren, ist eines der Hauptziele der zweiten Grünen Revolution.

Mit dem Schutz der natürlichen Biodiversität muß eine größtmögliche Arten- und Sortenvielfalt in der Landwirtschaft einhergehen. Dieses Ziel kann durch mehrere aufeinander abgestimmte Maßnahmen erreicht werden:

- durch Erhöhung des Sortenangebots und einer entsprechenden Sortenvielfalt und Rotationshäufigkeit im Anbau auf benachbarten Feldern, ergänzt durch Begrenzung der Feldgröße;
- durch Mischanbau ähnlicher Sorten mit bestimmten Merkmalsunterschieden, z. B. unterschiedlichen Resistenzen, um einerseits das Befallsrisiko bei wechselndem Krank-

heitsdruck, andererseits die Gefahr der Entstehung neuer
virulenter Pathogenstämme zu verringern (Seite 112);

- durch Erhöhung nicht nur der Sorten-, sondern ebenso der
Artenvielfalt im Anbau sowie durch häufigeren, regional
und überregional koordinierten Wechsel der Fruchtfolgen
(ohne Behinderung durch staatliche Lenkungsmaßnah-
men);

- durch Einrichtung und Erhalt von Biotopkorridoren, z. B.
Hecken und unbehandelten Ackerstreifen, sowie von ausreichend großen Verbundsystemen, die Tieren einen unge-
hinderten Biotopwechsel ermöglichen.

Ressource Wasser

Auch die Bedeutung des Wassers und die Gefährdung der
Wasserressourcen wurden bereits mehrfach angesprochen.
Beides wird von Wolfram Mauser in *Wie lange reicht die Ressource Wasser?* innerhalb dieser Buchreihe näher beschrieben.

Wiederum ist es die Landwirtschaft, die mit Abstand die
größten Mengen des vom Menschen genutzten Wassers verbraucht – fast 70 % im weltweiten Durchschnitt. (Für die Produktion von einem Kilo Getreidekörner setzt eine Weizen-,
Mais- oder Reispflanze etwa tausend Liter, ein Kaffeebaum
für ein Kilo Kaffeebohnen sogar 20 000 Liter Wasser um!)

Die zunehmende Übernutzung – nicht zuletzt während der
Grünen Revolution (Seite 256) – hat in vielen ehemals fruchtbaren Regionen zur Verknappung oder zum Versiegen sowie
zu hohen Schadstoffbelastungen vieler Wasserressourcen geführt. Zahlreiche große Flüsse, in deren ehemals fruchtbaren
Niederungen die Neolithische Revolution ihren Ursprung

nahm, sind heute mit Schadstoffen überlastet und führen
kaum noch Wasser bis zur Mündung: Indus, Ganges, Gelber
Fluß und viele andere.

Wie die meisten von ihnen, leidet auch der Gelbe Fluß im
Norden Chinas nicht nur unter erheblicher Schadstoffbela-
stung und übermäßiger Wasserentnahme, sondern er verliert
zusätzlich durch ein dramatisches Absinken des umgebenden
Grundwasserspiegels einen immer größeren Anteil seiner
Wasserfracht. Aus dem großen Mündungsbecken des Hai und
des Gelben Flusses, in dem einschließlich Peking insgesamt
etwa 100 Millionen Menschen leben, wird mit immer tieferen
Bohrungen wesentlich mehr Grundwasser entnommen, als
nachgebildet wird. Von den durch Wassermangel ausgedörrten Feldern und überweideten Steppen im Westen und Norden dieses Großraums kommen Wüstenbildung, Sand- und
Staubstürme Peking und anderen Millionenstädten bereits
bedrohlich nahe. Tausende von Dörfern hat der Treibsand bereits unter sich begraben und viele Millionen Menschen vertrieben und heimatlos gemacht.

Weitere Beispiele für die Auswirkungen schwindender
Wasserressourcen auf die Landwirtschaft und damit auf die
Welternährung habe ich bereits angeführt, und viele ließen
sich hinzufügen. Die Konsequenz kann nur ein wesentlich
schonenderer Umgang mit dieser unersetzlichen Ressource
und eine wirksame Prioritätensetzung zwischen landwirtschaftlicher und anderweitiger Nutzung sein.

Selbst in vielen Regionen mit ähnlich hohen Niederschlägen im Jahresdurchschnitt wie in Europa muß die Bewässerung sehr viel sparsamer geregelt werden, weil ausgeprägte
Regen- und Trockenperioden miteinander abwechseln. Charakteristische Beispiele sind die terrassenförmig angelegten
Reisfelder in vielen Teilen Asiens (Abb. 36), die durch ein

Abb. 36 Zur Bewässerung terrassierte, durch niedrige Böschungen abge-
stützte Reisfelder im Pokhara-Tal in Nepal.

dichtes Netz von Wasserläufen aus einem See, Fluß oder
künstlichen Auffangbecken bewässert und mit Schwemm-
stoffen gedüngt werden.

In Regionen mit geringen Niederschlägen und Wasservor-
räten wird in Zukunft verstärkt eine gezielte und verlustarme,
allerdings kapitalintensive Bewässerungstechnik eingesetzt
werden, die z. B. auf Zypern und in Israel schon jetzt mehr als
die Hälfte der landwirtschaftlichen Bewässerung ausmacht.
Sie besteht aus einer genau dosierten, durch feine Schläuche
direkt an das Wurzelwerk der Pflanzen abgegebenen Tropfen-
bewässerung, wie sie auch in Gewächshäusern verwendet
wird. Auch die Wiederaufbereitung von Brauchwasser und
die Entsalzung von Meerwasser werden in zunehmendem
Umfang eine Rolle spielen, wobei jedoch die Kosten und die
Verfügbarkeit von Energie mitentscheidende Faktoren sind.

Ressource Energie

Am weltweiten Energieverbrauch ist der Nahrungsmittelsektor regional sehr unterschiedlich beteiligt. Am geringsten ist der Verbrauch in den Entwicklungsländern bei Kleinbauernfamilien, die als Selbstversorger weder Transportbedarf noch Geld für den Erwerb von Pflanzenschutzmitteln, Dünger oder mechanischen Hilfsmitteln haben. Besonders hoch ist er in denjenigen Industrieländern, in denen alle Glieder der modernen Produktionskette für hochwertig verarbeitete Lebensmittel voll ausgenutzt werden.

Diese Produktionskette beginnt mit der hochtechnisierten Saatgutherstellung, mechanischer Bodenbearbeitung und Aussaat und endet mit dem Transport und der – oft tiefgekühlten – Lagerung der Endprodukte, die wiederum mit aufwendigen technischen Mitteln hergestellt wurden. Dazwischen liegen die ebenfalls energieaufwendige Herstellung und das motorisierte Ausbringen von Dünge- und Pflanzenschutzmitteln, die vollmechanische Ernte, eine oder mehrere Zwischenlagerungen und nicht selten weite Transportwege.

Diesem Energieverbrauch steht die Möglichkeit eines Beitrags der Landwirtschaft zur Energiegewinnung gegenüber. Das größte, bisher weitgehend ungenutzte Potential steckt in der Energiegewinnung aus überschüssigen Pflanzenteilen in effizienten Verbrennungsanlagen. Zunehmende Bedeutung wird auch der Herstellung von »Biokraftstoff« oder »Biodiesel« aus Zuckerrohr, Mais oder Raps beigemessen. In Brasilien wird bereits ein wesentlicher Anteil des Energiebedarfs durch die Herstellung von Äthanol aus Zuckerrohr gedeckt, und in Europa wird in zwar noch vergleichsweise geringem, aber steigendem Umfang Rapsöl zum Betreiben von Dieselmotoren verwendet. Auf mehr als 10 % der landwirtschaftlich genutzten Fläche werden in Deutschland »nachwachsende Rohstoffe« angebaut; etwa 4 % des gesamten Dieselverbrauchs werden aus Rapsöl gedeckt.

Doch für die Landnutzung zur Energiegewinnung gilt prinzipiell das gleiche wie für menschliche Siedlungen, Verkehrswege, Fabrik- und Freizeitanlagen usw. (Seite 248): Eine ausreichende Produktion von Nahrungsmitteln für eine wachsende Bevölkerung auf schrumpfenden Anbauflächen ist um so schwerer vorstellbar, je mehr diese Flächen auch anderweitig beansprucht werden. Im übrigen würde das ohnehin schon gravierende Problem eines globalen Ungleichgewichts zwischen einflußreichen Zentren landwirtschaftlicher Produktivität und dem großen Rest der davon Abhängigen nur noch vergrößert.

Zentren der Produktion und Zentren des Bedarfs

Die weltweit wichtigsten landwirtschaftlichen Produktionszentren sind Europa, der Mittlere Westen Nordamerikas, die mittleren und südöstlichen Gebiete Südamerikas, der Osten und Süden Australiens und große Teile Süd-, Ost- und Südostasiens. Mit Ausnahme Asiens sind diese Produktionszentren auch die Exportzentren für die wichtigsten transport- und lagerfähigen Nahrungs- und Futtermittel, vor allem für Getreide, Fleisch und Sojabohnen. Hauptimportland war über mehrere Jahrzehnte Japan, das in dieser Hinsicht inzwischen von China abgelöst wurde (Seite 251).

Flächenstillegungen haben in Europa und Nordamerika – mehr aus ökonomischen als aus ökologischen Gründen – Produktionsreserven geschaffen, die im Bedarfsfall mobilisiert werden können. Inwieweit von einer Rekultivierung ökologische Belange berührt würden, wäre vor allem eine Frage der Nutzungsart.

Anders ist die Situation in Südamerika, besonders in Brasilien. Etwa zeitgleich mit der Ablösung Japans durch China als Hauptimportland von Weizen und Sojabohnen löste Brasilien die USA als Hauptexportland von Sojabohnen ab. Vordergründig betrachtet könnte Brasilien diese Position noch erheblich ausweiten und auch im Weizenexport die Spitzenstellung übernehmen. Kultivierbare Flächen wären im Prinzip vorhanden, allerdings unter Inkaufnahme großer ökonomischer und ökologischer Risiken.

Mitentscheidend darüber, ob dieses Potential genutzt wird, dürfte die weitere Preis- und Bedarfsentwicklung auf dem Weltmarkt sein. Derzeit liegen die – schwankenden – Weltmarktpreise, bezogen auf die Hektarerträge, für Sojabohnen und Sojaschrot wesentlich höher als für Weizen. Ein Marktvorteil Brasiliens gegenüber den meisten Industrieländern sind die vergleichsweise niedrigen Energie- und Lohnkosten.

Aus ökologischer Sicht hätte jedoch eine Ausweitung der brasilianischen Landwirtschaft durch weitere Flächenausdehnung auf Kosten der subtropischen Regenwälder mit hoher Wahrscheinlichkeit katastrophale Folgen. Vor allem der besonders profitable Sojaanbau konzentriert sich im wesentlichen auf ökologisch wertvolle, aber erosionsgefährdete Gebiete im zentralbrasilianischen Bundesstaat Mato Grosso und breitet sich von dort immer weiter in das nördlich angrenzende Amazonasgebiet aus. Dieses Gebiet ist ohnehin durch staatliche Erschließungsmaßnahmen und sonstige Formen der Nutzung besonders stark bedroht – mit unabsehbaren Folgen für Klima und Artenschwund.

Das Zusammenspiel von ökonomischen Anreizen und ökologischen Konsequenzen ist komplex, unberechenbar und

deshalb besonders wirkungsvoll: Die Weltmarktpreise und
Produktionsbedingungen für Sojabohnen und Sojaschrot liegen derzeit so günstig, daß weder die Kosten für den weiten
Transport aus dem meeresfernen Inneren Brasiliens noch die
niedrigen Grundstückspreise und Erschließungskosten eine
gravierende Rolle spielen, zumal der Ausbau des Energie-,
Straßen- und Schiffahrtsnetzes von staatlicher Seite massiv
gefördert wird. Hinzu kommt ein – vorerst noch – günstiges
subtropisches Klima mit ausreichend Regenfällen für überdurchschnittlich hohe Ernteerträge.

Damit sind die weitere Entwicklung und deren Folgen vor-
gezeichnet: fortschreitende Abholzung der Regenwälder, entsprechend hoher Artenschwund, Bodenerosion, regionale und
globale Klimaveränderungen, Rückgang der Produktivität,
ökologischer und ökonomischer Kollaps.

Nicht weniger als die ökologischen könnten auch die ökonomischen Schäden erheblichen Einfluß auf die Welternäh-
rungslage haben. Je mehr Südamerika, ähnlich wie bisher
Nordamerika und Europa, sich zu einem wichtigen Produkti-
ons- und Exportzentrum von Nahrungs- und Futtermitteln
entwickelt, desto abhängiger und gefährdeter ist die anderswo
wachsende und hungernde Bevölkerung von der Stabilität
dieser Versorgungsquelle.

Die Menschheitsgeschichte war immer gekennzeichnet von
Ungleichgewichten zwischen Produktionszentren für Nahrungsmittel und Rohstoffe einerseits und deren Verbrauchs-
und Verarbeitungszentren andererseits. Die bekanntesten
Beispiele, allerdings als Ergebnisse militärischer Eroberungen
und wirtschaftlicher Ausbeutung, sind Ägypten und Westeuropa als »Kornkammern« Roms und später die außereuropäischen Kolonien als Nahrungs- und Rohstofflieferanten für die
europäischen Kolonialmächte.

Die wirtschaftlichen, politischen und sozialen Folgen für die betroffene Bevölkerung haben jeweils viele Generationen überdauert und wirken teilweise bis heute nach. Nicht selten gipfelten sie in menschlichen Katastrophen wie Deportation, kollektiver Zwangsarbeit oder der Versklavung ganzer Völker oder Volksgruppen – sogar noch während und nach der Verkündung individueller Freiheitsrechte für die eigenen privilegierten Bürger in der Folge von »Aufklärung« und »Humanismus«.

Regionale Ungleichgewichte zwischen Nahrungsproduktion und -verbrauch werden auch in Zukunft unvermeidbar sein, allein schon aus klimatischen und ökologischen Gründen. Diese Ungleichgewichte jedoch ökologisch, ökonomisch und sozial so verträglich wie möglich zu gestalten, ist eine der vordringlichen Zukunftsaufgaben. Das doppelte Ziel besteht darin, Klima und Biosphäre für eine nachhaltig produktive Landwirtschaft zu erhalten und gleichzeitig menschenwürdige Lebensbedingungen für alle zu schaffen.

Dazu bedarf es vor allem geeigneter politischer Maßnahmen (Seite 286), doch müssen auch tiefsitzende Gewohnheiten, Traditionen und kulturelle Unterschiede berücksichtigt werden.

Eßgewohnheiten

In Ostasien gelten geräucherte Heuschrecken, Ameisen oder Bienen als nahrhaft und wohlschmeckend, gut zubereitete Bienen- oder Käfermaden sogar als Delikatesse. Fast alle Europäer ekeln sich schon beim bloßen Gedanken daran. Viele von ihnen betrachten dagegen Froschschenkel, Weinbergschnecken, Austern oder Tintenfische als Leckerbissen, die wiederum anderswo Ekel hervorrufen.

In der europäischen Margarineherstellung werden je nach Exportziel unterschiedliche Geschmackstoffe verwendet. So werden beispielsweise für einige Länder Asiens Aromen zugesetzt, die den dort gewohnten ranzigen Geruch und Geschmack vermitteln. Wir würden das Produkt als ungenießbar ablehnen.

Ob bewußt oder unbewußt, jeder Mensch entscheidet auf sehr komplexe Weise darüber, ob ein Nahrungs- oder Genußmittel attraktiv oder unattraktiv, genießbar oder ungenießbar ist. Dieses »organoleptische Verhalten« berücksichtigt ebenso wie Anblick (Farbe, Konsistenz, Zusammensetzung), Geruch und Geschmack auch kulturell tradierte, emotional und instinktiv festgelegte Reaktionen.

Angesichts dieses fest verankerten, rational oft nicht erklärbaren Verhaltens sollte es uns nicht wundern, daß in einigen afrikanischen Ländern weißer Mais oder weiße Süßkartoffeln als willkommene menschliche Nahrung, die gelben Varianten dagegen als Tierfutter gelten. Sogar von hungernden Menschen wurde nahrhafter gelber Mais abgelehnt, als er ihnen im Rahmen einer internationalen Hilfsaktion angeboten wurde. Auf ähnlicher Erfahrung basiert die vorerst noch offene Frage, ob der Goldene Reis trotz wesentlicher Qualitätsverbesserung von solchen Kulturkreisen angenommen wird, die traditionell nur weißen Reis als Nahrungsmittel gekannt und anerkannt haben (Seite 193).

Entsprechendes gilt für alle Arten von Fleisch und Fisch sowie für deren traditionell sehr unterschiedliche Zubereitungsformen. Für die meisten Europäer ist das Essen von Hunde-, Katzen- oder Rattenfleisch eine unerträgliche Vorstellung, anderswo ist es eine gewohnte Tradition oder gar eine Frage des Überlebens.

Fleisch und Fisch haben noch aus einem anderen Grund

eine besondere Bedeutung: Der rapide wachsende Konsum hat durch den großen Futter- und Wasserbedarf gravierende Auswirkungen auf die langfristige Sicherung der menschlichen Ernährung.

Fleisch- und Fischkonsum

Etwa ein Drittel der weltweit landwirtschaftlich genutzten Fläche dient dem Pflanzenbau, zwei Drittel sind Weideland. Der weitaus größte Anteil des Weidelands besteht aus natürlicher Steppenvegetation in niederschlagsarmen, semiariden Gebieten. Wie wenig sich diese Gebiete für den Pflanzenbau eignen, hat der fehlgeschlagene Versuch in Kasachstan und einigen Nachbarländern eindrücklich bewiesen (Seite 262).

Für viele Millionen Menschen sind die Rinder-, Ziegen- oder Schafherden auf diesem kargen, trockenen Weideland die einzige Nahrungsquelle. Durch Übernutzung infolge des Bevölkerungswachstums sind diese Weidegründe allerdings zunehmend bedroht. Die rasch fortschreitende Wüstenbildung in Nigeria (Seite 266) und im Norden Chinas (Seite 272) sind zwei deutliche Beispiele für die stete Gefahr eines ökologischen Kollaps – mit entsprechenden, nicht selten tödlichen Konsequenzen für die betroffene Bevölkerung.

Dieser Form von Tierhaltung auf natürlichen Weiden in zahlreichen Entwicklungsländern steht eine in doppelter Hinsicht gegensätzliche Praxis in den Industrieländern gegenüber: Hier stammt das Viehfutter fast ausschließlich von den gleichen fruchtbaren Böden wie die pflanzlichen Produkte für die menschliche Ernährung, und der größte Teil der Nutztiere – vor allem Rinder, Schweine und Geflügel – wird nicht unter naturnahen Bedingungen im Freien, sondern in voll- oder

Abb. 37 Anzucht von Putenküken in einer Großhalle in Deutschland.

teilautomatisierter Form auf engstem Raum gehalten (Abb. 37 und 38).

Diese Form der Tierhaltung, verbunden mit einem rasch ansteigenden Fleischkonsum, vor allem in China und anderen

Abb. 38 Rinderhaltung in einem mehrstöckigen Stallgebäude in Japan.

Entwicklungs- und Schwellenländern, hat dazu geführt, daß
sowohl die Gesamtzahl als auch das Gesamtgewicht der Nutztiere die Zahl und das Gewicht der menschlichen Bevölkerung
um ein Mehrfaches übertreffen. Die Tiere werden – neben
eigens dafür gezüchteten Futtergräsern – hauptsächlich von
Mais, Soja, Weizen und Gerste ernährt. Ein wesentlicher Anteil der Weizenproduktion und der weit überwiegende Teil der
Mais-, Soja- und Gersteproduktion werden als Viehfutter verwendet.

Noch mehr als die 6 Milliarden Menschen sind die über 20
Milliarden Nutztiere eine gewaltige Belastung für die irdische
Biosphäre: durch direkte oder indirekte Verdrängung zahllo-
ser anderer Arten, durch den enormen Aufwand an Ackerflä-
che, Wasser, Energie, Dünger und Pflanzenschutzmitteln für
die Futterproduktion, durch den Wasser- und Energieaufwand
für die Tierhaltung, durch die Unmengen an Exkrementen,
die in Böden und Gewässer gelangen, durch die Entstehung
und Verbreitung tierischer (und potentiell menschlicher)
Krankheitserreger infolge der hohen Populationsdichte (BSE,
Vogelgrippe) sowie durch die massive Anwendung von Antibiotika in der tierischen Krankheitsprophylaxe und -therapie.

Die Produktion von Futter zur Erzeugung von 1 kg Fleisch
benötigt je nach Tierart das Drei- bis Zehnfache der Fläche,
die für die Produktion von 1 kg Weizen oder Reis für den
menschlichen Konsum gebraucht würde. Hinzu kommt der
hohe zusätzliche Wasserverbrauch (zunächst für die Futterpflanzen und dann für die Tiere) – bei vielerorts schwinden-
den Wasserressourcen (Seite 271). Viele weitere Details beschreibt Josef Reichholf in *Der Tanz um das goldene Kalb*.

Im Vergleich dazu sind bei den meisten Fischarten die Futterverwertung und der Wasserverbrauch wesentlich effekti-
ver. Entsprechend steil ist seit einigen Jahrzehnten der An-

stieg der Fischproduktion in Aquakulturen (künstlichen
Fischbecken bzw. abgeteilten See-, Fluß- oder Meeresarealen).
Besonders effizient ist die Futterverwertung bei einer ausgewogenen Mischfütterung mit einem passend dosierten Anteil
an proteinreichem Sojaschrot. In günstigen Fällen ergeben
1–2 kg Futter 1 kg Zuwachs an Fischgewicht.

Im Jahr 2002 erreichte die Fischproduktion in Aquakulturen bereits fast die Hälfte des – stark rückläufigen – Fischfangs
in den Ozeanen. Mehr als zwei Drittel davon stammten aus
China, das eine jahrtausendealte Tradition in dieser besonders
effizienten Form der Fischzucht besitzt. In sehr wasserreichen
Gebieten Südostasiens werden sogar intensiv bewässerte Felder gleichzeitig für die Reis- und Fischproduktion genutzt.

Prinzipiell gelten für die Fischproduktion in dicht besetzten
Aquakulturen die gleichen ökologischen Bedenken wie für die
Fleischproduktion in engen Stallpopulationen – mit gewissen
Einschränkungen bezüglich Futter- und Wasserumsatz. Da-
gegen steht der Wert von Fleisch, Milch, Milchprodukten,
Eiern und Fisch als qualitativ hochwertiger Nahrung mit ho-
hen Anteilen an Proteinen, Vitaminen, essentiellen Fettsäu-
ren und Spurenelementen außer Frage (Seite 124).

Analog zu den Steppenbewohnern, die sich überwiegend
oder ausschließlich vom Fleisch und der Milch ihrer Viehher-
den ernähren, sind viele Küstenbewohner vom Fischfang abhängig. Doch ihre Fischgründe sind durch Überfischung
ebenso bedroht wie die Weidegründe der Hirtenvölker durch
Überweidung. In diesem Fall sind es allerdings nicht nur die
Küstenbewohner selbst, sondern großenteils die Fangflotten
einer weltweit operierenden Fischindustrie, die viele Bestände
bis an die Grenze der Ausrottung dezimiert haben.

Gleichzeitig mit der Grünen Revolution (zwischen 1950 und
1990) wurden die Erträge der Meeresfischerei um nahezu das

Fünffache auf jährlich über 80 Millionen Tonnen gesteigert. Diese Menge entsprach fast dem Doppelten der Rindfleischproduktion. Für viele Speisefischarten sind die Bestände seitdem um über 90 % zurückgegangen. Ein gezielter Wiederaufbau der Fischpopulationen wird zumindest vorübergehend zu einem weiteren Rückgang der Meeresfischproduktion führen.

Wie bei der pflanzlichen Nahrungsproduktion, kann auch bei der Fleisch- und Fischproduktion die Lösung nur darin bestehen, der ökologischen Nachhaltigkeit den Vorrang vor Genuß- und Statusfragen zu geben. Das muß erst recht dann gelten, wenn die ökologische Realität nichts anderes zuläßt, als eine ausreichende menschliche Ernährung durch Einschränkungen in der Fleisch-, Milch- und Fischproduktion zugunsten pflanzlicher Nahrungsmittel sicherzustellen.

Dagegen gibt es allerdings in vielen Kulturen erheblichen Widerstand. Er wird nur langsam zu überwinden sein, da er durch »eingefleischte« Eßgewohnheiten weitgehend emotional oder ökonomisch begründet ist – direkt durch Fleischkonsum aus Überzeugung oder Sozialprestige, indirekt durch wirtschaftliche Existenz oder finanzielle Vorteile bei subventionierten Exporten oder Billigimporten. Die Realisierbarkeit dürfte wohl am ehesten von der Härte des Zwangs durch die Realitäten abhängen. Schließlich ist die Aufgabe von Gewohnheiten schon immer mehr eine Frage des Müssens als des Könnens oder Wollens gewesen.

Doch selbst wenn es gelänge, diesen Beitrag voll zu leisten, wäre er immer noch bescheiden im Vergleich zur Größe der Aufgabe – der langfristig gesicherten Ernährung einer *wachsenden* Bevölkerung. Wie immer eine tragfähige Lösung aussehen wird, sie muß von wirksamen politischen Entscheidungen auf nationaler und internationaler Ebene vorbereitet, unterstützt und durchgesetzt werden.

Politische Entscheidungen

Zumindest in demokratischen Systemen basieren wichtige politische Entscheidungen auf einer mehrheitlichen öffentlichen Meinung und gesellschaftlichen Akzeptanz (Seite 236). Um so wichtiger ist es, daß sich Politik und Gesellschaft der überragenden Bedeutung und der Dringlichkeit wirkungsvoller Maßnahmen bewußt werden.

Bei der folgenden Zusammenfassung der wichtigsten Forderungen beziehe ich mich wiederum auf die CGIAR-Konsultationsgruppe (Seite 257) sowie deren ausführliche Begründungen und Erläuterungen in *The Doubly Green Revolution*. Ausdrücklich betont das Expertengremium die Größe der Herausforderung und die essentielle Bedeutung jeder einzelnen Forderung, die dennoch nur bei gleichzeitiger Erfüllung aller anderen Forderungen ihre volle Wirkung haben kann:

- eine Wirtschaftspolitik ohne Diskriminierung der Landwirtschaft
- die Liberalisierung des Weltmarkts für alle landwirtschaftlichen Bedarfsgüter und Produkte
- wirksame Finanzierungsmechanismen, die auch den Kleinbauern in abgelegenen Regionen Zugang zu Krediten, Einlagen und Dienstleistungen bei der Vermarktung ermöglichen
- gegebenenfalls Landreformen oder -neuverteilungen
- angemessene Infrastrukturen in ländlichen Regionen, einschließlich Wasserversorgung, Transport und Vermarktung
- Investitionen in Bildung, Gesundheit, Familienplanung, Versorgung mit sauberem Wasser und Aufklärungsprogramme für gesunde Ernährung
- Verbesserung der Rolle und Rechte der Frauen sowie ethnischer und anderer Minderheiten

- Entwicklung bzw. Verbesserung und Verbreitung geeigneter Anbautechniken in Zusammenarbeit mit ortsansässigen Landwirten oder Kleinbauern.

Die beiden zuerst gestellten Forderungen betreffen die Industrieländer mindestens ebenso sehr wie die Entwicklungsländer. Alle weiteren Forderungen gelten zwar im wesentlichen den Entwicklungsländern, bedürfen aber direkt (durch Neuorientierung der Entwicklungshilfe) und indirekt (durch Vorbild und Unterstützung) der Mithilfe der Industrieländer.

Allzu häufig wird in den Industrieländern die Ablösung der einstigen Kolonisierung durch eine kaum weniger entwicklungshemmende neue Form der wirtschaftlichen Abhängigkeit vieler Entwicklungsländer übersehen. Es würde auch für die Industrieländer fatale Folgen haben, wenn sie die globalen politischen, demographischen, ökonomischen, ökologischen und sozialen Auswirkungen eines andauernden Bevölkerungswachstums, einer fortgesetzten Umweltzerstörung und der sich weiter öffnenden Schere zwischen Armut und Reichtum nicht als Aufforderung zu unverzüglichem Handeln ansehen würden.

Um in der alltäglichen Praxis glaubwürdig und erfolgreich zu sein, müßten alle politischen Entscheidungen allerdings von einigen weiteren, sehr grundsätzlichen Maßnahmen begleitet sein:

- eine wirksame Bekämpfung von Korruption, Mißwirtschaft und Verschwendung innerhalb und außerhalb der eigenen Reihen
- eine Verbesserung der allgemeinen Grundkenntnisse und der Urteilsfähigkeit über ökologische Zusammenhänge
- eine ideologiefreie und sachbezogene, den Maßnahmen

und ihren angestrebten Zielen angemessene Information
der Öffentlichkeit
● die Anerkennung und Wertschätzung unterschiedlicher
Traditionen, kultureller Wertvorstellungen und Schwer-
punktsetzungen.

Die scheinbare Utopie dieser Forderungen unterstreicht die
Größe der Aufgabe. Doch nicht nur die universell gültige
Menschenwürde, sondern ebenso das ureigene Interesse der
Industrieländer an einer stabilen und nachhaltig gesicherten
Weltlage sollte den Herausforderungen an Politik und Gesell-
schaft den notwendigen Nachdruck verleihen. Wichtigen An-
teil daran muß die Neubestimmung auch der staatlichen Ent-
wicklungshilfe als Hilfe zur Selbsthilfe haben.

Hilfe zur Selbsthilfe

Der häufig verwendete Ausdruck »Hilfe zur Selbsthilfe« bezeichnet zwei Seiten derselben Medaille: einerseits den Verzicht auf die Entscheidungsdominanz des Gebers über die Art
der Mittelverwendung (und Gegenleistung) des Empfängers,
andererseits die erstrebte Umwandlung von Abhängigkeit in
eigenständiges und selbstbestimmtes Handeln mit dem Ziel
einer beidseitig gewinnbringenden Partnerschaft.
Die Hilfe besteht aus mehreren, weitgehend voneinander
unabhängigen Komponenten. Besonders umfangreiche Hilfs-
maßnahmen sind die staatliche, mittel- oder langfristig ge-
währte Entwicklungshilfe, die ebenfalls von staatlicher Seite
ad hoc geleistete Hilfe in plötzlich auftretenden Notsituatio-
nen und die private, teilweise weniger bürokratisch und deshalb besonders flexibel organisierte Hilfe der vielen regie-
rungsunabhängigen, oft internationalen Hilfsorganisationen.

Vor allem letztere sind eindrucksvolle Beispiele für selbstlose und um so wirkungsvollere Hilfe zur Selbsthilfe.

Im Zusammenhang mit der Verbesserung der Ernährungslage in den Entwicklungsländern besteht darüber hinaus in den Bereichen Ausbildung, Forschung und Anwendung eine weitere, äußerst wirksame und intensive Form der partnerschaftlichen Hilfe zur Selbsthilfe. Zahllose, zum Teil langfristig angelegte Entwicklungshilfeprojekte werden in individueller Zusammenarbeit zwischen Wissenschaftlern aus Industrie- und Entwicklungsländern geplant und durchgeführt, oft mit Unterstützung privater Stiftungen.

Die tragende Rolle der Rockefeller- und der Ford-Stiftung bei der Züchtung neuer Mais-, Weizen- und Reissorten als Voraussetzung für die Grüne Revolution hatte ich bereits betont (Seite 253 ff.), ebenso die entscheidende Mitwirkung beider Stiftungen sowie der Gates-Stiftung bei der Entwicklung von Goldenem Reis und ProVitaMinRice (Seite 194). Außer diesen großen und weithin bekannten gibt es jedoch zahlreiche weitere Stiftungen, die sich die Förderung von Forschungsprojekten zur Verbesserung der Ernährungslage in den Entwicklungsländern zum Ziel gesetzt haben.

Ein konkretes Beispiel für Deutschland ist die »Vater und Sohn Eiselen Stiftung« in Ulm. Diese rein private Stiftung unterstützt seit mehr als 20 Jahren Forschungsprojekte, Fachtagungen und Ausbildungsstipendien zur »Generierung von Wissen und dessen Anwendung, um Hunger und Armut in der Welt zu verringern«. Als größter Einzelbeitrag wurde der Forschungsschwerpunkt »Biotechnologie und Pflanzenzüchtung – angewandte Genetik im Dienste der Welternährung« gefördert, der eine langjährige Zusammenarbeit der Universität Hohenheim mit zahlreichen Forschergruppen in Entwicklungsländern begründete.

Die Bedeutung derartiger Stiftungen geht weit über die finanzielle Hilfe hinaus. Sie machen die Gesellschaft auf Probleme aufmerksam, bereiten Lösungsansätze vor, geben Projekt- und Finanzierungsanstöße, vermitteln Erfahrungsaustausch und Partnerschaften. Darüber hinaus stellen sie Verbindungen zwischen Wissenschaft, Wirtschaft, Politik, Medien und Öffentlichkeit her. Wichtiger noch: Stiftungen sind Vorbild und Sinnbild dafür, daß Wesentliches am ehesten dann geschieht, wenn die Verbindungen von privater Initiative, materiellem Verzicht und persönlicher Verantwortung den Weg weisen.

Fortschritt durch Verzicht

Eine maßlose Bevölkerungsvermehrung und ein maßloser Umgang mit nahezu allen erreichbaren Ressourcen kennzeichnen unser bisheriges Verhalten. Masse macht maßlos. Wenn das Maß fehlt, wird Fortschritt fälschlich mit Wachstum und Vermehrung gleichgesetzt, deren Ausbleiben dann sogar noch als Verlust gewertet wird.

Wirtschaftswachstum, Kapitalvermehrung, Steigerung von Produktion, Umsatz, sportlichen Leistungen und persönlichen Bestleistungen jeglicher Art sind die öffentlichen und privaten Ziele in fast allen Bereichen – mit entsprechenden Konsequenzen für denjenigen, der sie nicht erreicht. Bevölkerungswachstum, Gebiets- und Machterweiterung als jahrtausendealte Gruppen-, Volks- und Staatsziele waren Anlaß und Vorbild für den einzelnen. Jetzt sind sie Beispiele für die prinzipielle Unmöglichkeit fortgesetzten Wachstums und unbegrenzter Vermehrung.

Zu wirksamen Gegenmaßnahmen zwingt uns die Unausweichlichkeit des Fortschritts (im Sinne von Fortschreiten: Seite 40). Wenn Quantität und Wachstum nicht mehr das Ziel sein können, müssen sie durch Qualität und innovative Verbesserungen ersetzt werden. Damit wird Verzicht zum Qualitätsmerkmal: Wenn wir unsere zukunftentscheidenden Prioritäten zum Maßstab des Fortschritts machen und um unserer Umwelt, unserer Ernährung und unserer Gesundheit willen auf alles verzichten, was dem zuwiderläuft, dann ergibt sich zwangsläufig, wo die verantwortbaren Chancen neuer Entwicklungen liegen und auf welche unverantwortbaren Risiken wir verzichten müssen.

Zusammenfassung

Die nachhaltige Sicherung der menschlichen Ernährung verlangt eine drastische Wende im Umgang mit den natürlichen Ressourcen sowie die Beseitigung von Hunger und Armut als Hauptursache des andauernden Bevölkerungswachstums. Die landwirtschaftliche Produktivität kann vor allem in den Entwicklungsländern durch züchterische Verbesserungen, durch Verbesserungen der Anbaumethoden und durch sozialpolitische und infrastrukturelle Maßnahmen noch erheblich gesteigert werden. Andererseits ist sie durch Klimaerwärmung, Artenverlust, Wüstenbildung und schwindende Wasserressourcen zunehmend bedroht. Erhebliche Nahrungsreserven liegen in der Reduktion der Massentierhaltung zugunsten von Getreide-, Obst- und Gemüseanbau unmittelbar für den menschlichen Verzehr.

Alle anstehenden Maßnahmen erfordern durchgreifende und wirksame politische Entscheidungen auf nationaler und internationaler Ebene. Voraussetzungen sind ein verbesserter allgemeiner Wissensstand und eine vorurteilsfreie Sachinformation über die globalen ökologischen und ökonomischen Folgen von Artenverlust und Klimaerwärmung sowie deren Zusammenhänge mit Nahrungsproduktion, Ressourcennutzung und Bevölkerungswachstum.

Die Entwicklungshilfe der Industrieländer dient den langfristigen gemeinsamen Interessen von Industrie- und Entwicklungsländern am besten, wenn sie als Hilfe zur Selbsthilfe die Eigeninitiative, das Ausbildungsniveau und die partnerschaftliche Zusammenarbeit fördert. Wertvolle Ergänzung erfährt sie durch regierungsunabhängige Hilfsorganisationen, private Stiftungen, persönliches Engagement und individuelle Kontakte. Übergeordnetes Ziel ist der Ersatz von quantitativem Wachstum und Übernutzung der natürlichen Ressourcen durch qualitativen Fortschritt in allen Lebensbereichen.

9. Schlußfolgerungen für die Praxis

Naturgemäß konnte die bisherige Darstellung eines äußerst komplexen Themas im vorgegebenen Rahmen nicht mehr als ein Herausheben von Schwerpunkten sein. Das gilt erst recht für die praktischen Schlußfolgerungen. Sie orientieren sich an allgemeingültigen Anforderungen: Sie müssen unsere existentiellen Grundbedürfnisse berücksichtigen, unseren ethischen Wertmaßstäben entsprechen, mit den wissenschaftlichen Ergebnissen übereinstimmen und unter den gegebenen Umständen durchführbar sein. Das bedeutet eine Orientierung an sowohl ethisch als auch praktisch begründeten Prioritäten.

Orientierung an vorrangigen Zielen

Eine Prioritätenreihung selbst der wichtigsten Orientierungskriterien kann nicht in jeder Hinsicht völlig eindeutig sein. Sie wird beispielsweise davon abhängen, ob jemand als Individuum im Ernstfall seine eigene Existenz höher einstuft als die der Menschheit mitsamt der Biosphäre.

Da der Ausgang einer solchen Entscheidung zumindest unsicher wäre, muß sie nach Möglichkeit vermieden werden. Das erlaubt, die Würde – und damit auch die Überlebensmöglichkeit – des einzelnen Menschen um der Menschheit insgesamt willen nicht an die erste Stelle zu setzen und sie dennoch unangetastet zu lassen. Dann lautet die Prioritätenreihung, die auch die praktische Einordnung der Gentechnik berücksichtigt:

---

1. *Erhaltung einer lebensfähigen Biosphäre – um ihrer selbst und um des Menschen willen –, einschließlich der erforderlichen Qualität von Luft, Wasser und Böden sowie ausreichend gesunden Siedlungsraums für den Menschen;*
2. *menschliche Ernährung (Quantität und Qualität);*
3. *menschliche Gesundheit im übrigen (Vorsorge und Heilung);*
4. *Achtung der Menschenwürde in jeder weiteren Hinsicht;*
5. *Artenschutz (einschließlich Verbesserungen im Tierschutz sowie Festlegung von Züchtungszielen und -grenzen).*

Prioritätenreihung bedeutet, daß jedes vorausgehende Ziel den nachfolgenden übergeordnet und auch umgekehrt jedes nachfolgende den vorausgehenden untergeordnet sein muß. Dennoch hat jedes Ziel eine herausragende – wenn auch relativierte – Bedeutung und sollte nach Möglichkeit auch durch ein ihm übergeordnetes Ziel nicht außer Kraft gesetzt werden. Daß dies nicht immer durchführbar ist und zu erheblichen Problemen führen kann, machen die vielen Konfliktfälle zwischen moderner medizinischer Versorgung und Menschenwürde ebenso deutlich wie das Dilemma zwischen Umweltschutz und menschlicher Ernährung.

Natürlich kann diese Ambivalenz kein Grund dafür sein, gebotenes Handeln zu unterlassen. Für jeden, dem diese Unausweichlichkeit bewußt ist, muß die Lösung darin bestehen, die verfügbaren Möglichkeiten vergleichend zu analysieren

und daraus praxisorientierte Entscheidungen sowie entsprechendes Handeln abzuleiten.

Nach allem bisher Ausgeführten müßten die ersten vier
Kriterien in ihrer relativen Bedeutung ausreichend begründet
sein. Dagegen ist das letzte Kriterium (Artenschutz in einem
sehr weiten Sinne) weder klar definiert noch biologisch oder
gar ethisch leicht faßbar, zumal es stark von dem übergeordneten Ziel der menschlichen Ernährung eingeschränkt wird.
Auch hier wird der Konflikt zwischen Artenschutz und
menschlicher Überbevölkerung und Ernährung besonders
deutlich. Artenschutz ist nicht nur eigenständiges Teilziel
(Schutz von Artenvielfalt und Populationsgrößen), sondern
auch Bestandteil des wichtigsten, allem übergeordneten Ziels:
der Erhaltung einer lebensfähigen Biosphäre.

Hier soll mit Artenschutz, soweit er nicht ohnehin unter
den Schutz der Biosphäre als Ganzes fällt, vor allem zweierlei
gemeint sein: möglichst weitgehender Schutz von Arten vor
absichtlicher oder unabsichtlicher genetischer Veränderung
durch den Menschen sowie ein verbesserter Tierschutz unter
ethischen Gesichtspunkten. Beides hat direkt oder indirekt
auch mit Gentechnik zu tun. Deshalb sollte der Umfang dieses
Schutzes geklärt werden, bevor in den betroffenen Bereichen
eine längerfristig gültige Entscheidung über den Einsatz von
Gentechnik gefällt wird. Da Gentechnik in der Nutzpflanzenzüchtung jedoch weniger davon berührt ist, werde ich mich
hier auf folgenden kurzen Hinweis beschränken.

Erweiterter Artenschutz

Mit Ausnahme der Großtierzucht (Rinder, Pferde, Schweine, Schafe), die durch das Tierzuchtgesetz geregelt wird, steht jedem die Züchtung von Tieren, Pflanzen oder Mikroorganismen mit herkömmlichen Methoden frei, sofern bei der Haltung die einschlägigen Bestimmungen, vor allem des Tierschutzes und des Umgangs mit Krankheitserregern, beachtet werden. Die allgemein bekannten Züchtungsergebnisse sind nicht nur alle land- und gartenwirtschaftlichen Nutztiere und -pflanzen sowie alle biotechnologisch genutzten Mikroorganismen, sondern außerdem die meisten Haustiere und Zierpflanzen. Beispiele für die Beliebigkeit der Grenzen sind zahlreiche Hunderassen mit extremen Eigenschaften, von fast völliger Haarlosigkeit, Blindheit oder Bewegungsunfähigkeit bis zu aggressiver Kampfbereitschaft.

In der Fleisch-, Milch- und Eierproduktion haben die Massentierhaltung und entsprechende Züchtungen vielfältige Kritik von Tier- und Naturschutzverbänden, aber auch von vielen einzelnen in weniger organisierter Form hervorgerufen. Wie in anderen Bereichen, so hat jedoch auch hier das Verbraucherverhalten erheblichen Einfluß auf die bestehende Praxis.

Hundezüchtung und Massentierhaltung mit entsprechender Züchtung sind nur zwei Hinweise darauf, daß die Ziele und Grenzen jeglicher Züchtung auch unabhängig von der Tierhaltung neu bewertet und verbindlich festgelegt werden sollten. Erst dann wird es sinnvoll möglich sein, die verschiedenen *Züchtungsmethoden* (konventionelle Kreuzung, künstliche Befruchtung, Klonieren von Mehrlingen, Gentechnik) in ihren Ergebnissen miteinander zu vergleichen und feste Grenzen bis hin zum völligen Verbot für einzelne *Züchtungspro-*

dukte festzusetzen. Auch die sachlich falsche Gleichsetzung von Gentechnik mit künstlicher Befruchtung durch »Embryotechnik« oder mit Klonieren in »tierischen Leihmüttern« wird so lange als emotional aufreizendes Argument benutzt werden, wie ethisch fragwürdige Tierzüchtung und -haltung die Diskussionen beherrschen und belasten.

Selbst wenn die ethische Komponente in der traditionellen Pflanzenzüchtung keine wesentliche Bedeutung hat, so wird doch durch die Möglichkeiten der Gentechnik auch hier eine ethisch begründete Frage aufgeworfen. Es ist die im 7. Kapitel offengelassene Frage nach der Berechtigung des Menschen, irgendein Erbgut jenseits der Kreuzungs- und Bastardierungssperren zu verändern. Zwar gibt es bereits zahlreiche legale Präzedenzfälle ohne (Seite 149) und mit Gentechnik (Seite 174 ff.), doch können sie allein nicht die Rechtfertigung für das weitere Vorgehen sein.

Ich meine, wenn wir Umwelt- und Naturschutz ernst nehmen wollen, müssen wir klare Grenzen für den menschlichen Eingriff in die Evolution der Arten festlegen. Insoweit ist Artenschutz in einem umfassenden Sinn unerläßlich. Für Gentechnik muß deshalb gelten:

Die praktische Nutzung der Gentechnik – nicht aber die molekularbiologische Grundlagenforschung – sollte auf Organismen beschränkt bleiben, die auch mit anderen Methoden gezüchtet werden. Ob Gentechnik tatsächlich angewendet wird, sollte nach den zuvor genannten übergeordneten Kriterien entschieden werden.

Grüne Gentechnik

Wenn für Nahrungspflanzen die Ziele und Grenzen der Züchtung grundsätzlich festgelegt oder ausdrücklich nicht festgelegt werden, dann sollte die Anwendung von Gentechnik als Möglichkeit weiterhin offenstehen. Nach der vorgeschlagenen Prioritätenreihung sollten für die menschliche Ernährung alle verfügbaren Mittel eingesetzt werden, die gleichzeitig dem Schutz der Biosphäre insgesamt dienen oder ihr zumindest nicht schaden. Dazu gehört jedes Züchtungsziel, mit dem direkt oder indirekt

- die weitere Ausdehnung der Landwirtschaft verhindert bzw. in ökologisch sensiblen Bereichen zugunsten des Umweltschutzes zurückgenommen wird;
- die Belastung von Luft, Gewässern und Böden mit Schadstoffen (für Mensch und Umwelt) verringert oder beseitigt wird;
- die Nahrungsmittelproduktion dennoch erhöht wird;
- die Qualität der Ernährung verbessert wird.

Vor- und Nachteile jeder Maßnahme, mit der eines dieser Ziele erreicht werden soll, müssen im Einzelfall unter Berücksichtigung der Prioritätskriterien gegeneinander abgewogen werden. Dabei sollten so weit wie möglich auch nachgeordnete Ziele in der Reihenfolge ihrer relativen Wichtigkeit berücksichtigt werden.

Daß jede Entscheidung unabhängig von ihrer Tragweite wegen des Fehlens absoluter Maßstäbe unausweichlich eine Ermessensentscheidung sein muß, ist nicht neu. Allerdings wird uns dies immer dann besonders bewußt, wenn neue technische Möglichkeiten ein entsprechend höheres Maß an Verantwortung einfordern.

Damit ist auch klar, daß die Anwendung oder Nichtanwendung unterschiedlich weitreichender Möglichkeiten der Gentechnik ebenfalls nur eine Ermessensentscheidung auf der Basis einer Güterabwägung sein kann. Immerhin reicht das Spektrum der Möglichkeiten von der Übertragung eines einzelnen arteigenen Gens, die formal lediglich einem genetisch und zeitlich stark eingeschränkten konventionellen Züchtungsverfahren entspricht, bis zu einer neuartigen, von dem betreffenden Organismus bisher nicht verwirklichten Genkombination. Wer eine andere Prioritätenreihung für richtig hält, wird unter Umständen auch zu einer anderen Entscheidung über die Anwendung oder Nichtanwendung von Gentechnik kommen. Die meines Erachtens einzig mögliche Reihenfolge der fünf wichtigsten Kriterien (Seite 294) ergibt eine eindeutige Schlußfolgerung:

Zur Züchtung von Nahrungspflanzen soll Gentechnik ohne methodische Einschränkung dann angewendet werden, wenn damit der Schutz der Biosphäre oder eine ausreichende menschliche Ernährung besser erreicht werden kann als mit anderen verfügbaren und vertretbaren Mitteln. Dabei muß der Schutz anderer Arten (Wildformen) vor genetischer Veränderung auch unabhängig von der Erhaltung einer lebensfähigen Biosphäre so weit beachtet werden, wie die übergeordneten Ziele dies zulassen. Grundsätzlich soll das Produkt und nicht die Züchtungsmethode bewertet werden.

Wenn diese Schlußfolgerung und ihre Begründung die Grundlage für eine allgemein gültige Verfahrensweise sein sollen, müssen sie sich auch auf alle übrigen Bereiche der möglichen Anwendung von Gentechnik erstrecken. Sie verlangen deshalb außerdem, daß

- Gentechnik beim Menschen mit dem Ziel erblicher genetischer Veränderungen (über die Keimbahn) zumindest vorläufig nicht angewendet wird (Seite 227);
- Gentechnik für die menschliche Gesundheit, vor allem an Labororganismen, nur insoweit angewendet wird, als übergeordnete Kriterien nicht beeinträchtigt werden;
- Gentechnik – außer bei Nahrungspflanzen – bei allen gezüchteten Nutz- und Zierorganismen, einschließlich Haustieren, falls überhaupt, nur insoweit angewendet wird, als die Prioritätenreihung dies zuläßt (eine Einordnung wurde hier nicht vorgenommen, da im Zusammenhang mit dem Thema dieses Buches keine Notwendigkeit besteht);
- Gentechnik bei allen übrigen Organismen nicht angewendet wird, es sei denn zu Forschungszwecken unter Beachtung der relevanten Vorschriften oder in Sonderfällen, in denen übergeordnete Ziele dies wünschenswert machen.

Richtlinien und Gesetze

Molekularbiologie und Gentechnik unterliegen genauso spezifischen Richtlinien, Vorschriften, Gesetzen und Rechtsverordnungen, wie dies im Umgang mit anderen Materialien und Techniken der Fall ist: Chemikalien, brennbares Material, biologische Organismen, radioaktive Substanzen, Röntgengeräte, Elektrizität, Funkfrequenzen usw. In Deutschland und in den meisten anderen Ländern sind die Regelungen im Zusammenhang mit Gentechnik aus den selbstauferlegten Regeln der Molekularbiologen hervorgegangen (Seite 235). Sie unterscheiden sich deshalb zumindest in den vergleichbaren Forschungs- und Industrieländern im Grundsatz nur unwesentlich, sind jedoch im Hinblick auf Freilandversuche und landwirtschaftliche Nutzung unterschiedlich streng abgefaßt.

Ungelöst sind bisher (2005) vor allem die Einheitlichkeit der Gentechnikgesetze und -vorschriften und ihrer praktischen Durchführung im Bereich der Europäischen Union. Die »Freisetzung« und der kommerzielle Anbau transgener Pflanzen werden nicht nur unterschiedlich liberal gehandhabt, sondern auch von der Öffentlichkeit unterschiedlich gewertet. Bestimmende Faktoren der kompromißgetragenen EU-Politik sind neben der öffentlichen Meinung offenbar die europäischen Handelsinteressen, vor allem in den Entwicklungsländern.

Während im Sommer 1990 in Deutschland das erste kontrollierte Freilandexperiment mit einer gentechnisch veränderten Petunie von Protesten der Öffentlichkeit begleitet wurde, hatten weltweit bereits mehr als hundert ähnliche Versuche im Freiland stattgefunden, die meisten davon in den USA, Frankreich, Kanada und Belgien. Bald darauf wurden in mehreren außereuropäischen Ländern transgene Pflanzen als Sorten zugelassen und in rasch zunehmendem Umfang angebaut (Seite 48).

Die molekularbiologische Pflanzenforschung dient zwar einerseits den beiden vorrangigen Zielen Umweltschutz und menschliche Ernährung, soll aber andererseits auch dem ebenfalls sehr hohen Ziel eines erweiterten Artenschutzes möglichst nicht zuwiderlaufen. Deshalb sollten freilebende Arten vor einer unbeabsichtigten Übertragung gentechnisch veränderten Erbguts im Sinne der Prioritätenreihung möglichst weitgehend geschützt werden. Diese »biologische Sicherheit« und ihre Einhaltung ist ein besonders heftig umstrittenes und wissenschaftlich nicht eindeutig gelöstes Problem, das nur durch weitere, unvoreingenommene und zielorientierte Forschung geklärt werden kann.

Allerdings war das Ausmaß der natürlichen Übertragung von Genen auf andere Arten bisher nicht direkt nachweisbar und konnte nur indirekt aus sexuellen Kreuzungs- oder Bastardierungsmöglichkeiten geschlossen werden. Schlüssig beantworten läßt sich die Frage nur mit molekularbiologischen Methoden. Deshalb wird es wertvoll sein, weitere Versuche dieser Art im Zusammenhang mit der gründlichen Beobachtung von transgenen Pflanzen anzustellen. Erst wenn wissenschaftlich abgesicherte Ergebnisse einer derartigen »biologischen Sicherheitsforschung« vorliegen, wird es möglich sein, direkte Aussagen darüber zu machen. Und erst dann können entsprechende Schlußfolgerungen für die Praxis gezogen werden.

Wir dürfen erwarten, daß die meisten unserer Hauptnahrungspflanzen, die nur bei intensiver menschlicher Pflege lebensfähig sind, sich nicht unkontrolliert ausbreiten. Ihre züchterische Optimierung mit gentechnischen Mitteln sollte ausschließlich den drei wichtigsten Kriterien dienen. Das schließt – im Gegensatz zur Grundlagenforschung – den Anbau außerhalb biologischer Sicherheitszonen ausdrücklich ein. Dem muß deshalb ein stufenweiser Übergang von kontrollierten Labor-, Gewächshaus- und Freilandbedingungen vorausgehen, wobei jeweils die Chancen und Risiken der nächsten Stufe auf der vorausgehenden bewertet bzw. abgeschätzt werden müssen.

Jede neu gezüchtete Sorte einer Nahrungspflanze, ob mit konventionellen oder gentechnischen Mitteln hergestellt, wird nur bei erfolgreicher, staatlich kontrollierter Prüfung für den Markt zugelassen. Dazu gehört eine gründliche Überprüfung der Nahrungsqualität und weiterer für den Verbraucher wichtiger Eigenschaften. Die Kombination dieses Prüfverfahrens mit einer stufenweisen Entscheidung über die Züchtung mit gentechnischen Mitteln würde eine *produktorientierte* Anwendung der Gentechnik unter folgenden Bedingungen erlauben:

Über die Zulassung eines gentechnischen Verfahrens zur Züchtung von Nahrungspflanzen wird im Einzelfall entschieden. Voraussetzung für die stufenweise Fortführung ist jeweils eine positive Einschätzung der absehbaren Erfolgsaussichten unter Berücksichtigung der Prioritätenreihung. Über die Marktfreigabe entscheidet die Bewertung des Produktes nach einem vorgeschriebenen Prüfkatalog.

Maßnahmen in anderen Bereichen

Qualitative Fortschritte in der Züchtung von Nahrungspflanzen sollen helfen, den Konflikt zwischen Umweltzerstörung und menschlicher Ernährung zu lösen. Der Grund, eine Lösung vorrangig im Bereich der Landwirtschaft zu suchen, liegt nicht etwa darin, daß die Umweltproblematik damit beseitigt wäre. Die menschliche Ernährung sicherzustellen hat jedoch die höchste Priorität nach dem Schutz der Biosphäre. Beides ist unverzichtbar, verlangt aber viele weitere Anstrengungen, die den Bemühungen im Bereich der Pflanzenzüchtung entsprechen müssen.

Die Pflanzenzüchtung allein kann die bedrohte Umwelt nicht retten.

Jede weitere Maßnahme zur Rettung einer lebensfähigen Biosphäre wirft eine ähnliche Fülle zusammengehörender Fragen auf wie die Züchtung landwirtschaftlicher Nutzpflanzen. Deshalb muß ich mich hier auf wesentliche Kernforderungen beschränken.

Die wichtigsten Maßnahmen sind die Beendigung des Bevölkerungswachstums, ein wirkungsvoller Umweltschutz und der soziale und wirtschaftliche Ausgleich zwischen Arm und Reich.

Ein wirkungsvoller Umweltschutz verlangt, daß die Natur nicht nur um unserer eigenen Lebensmöglichkeiten willen, sondern auch und vor allem um ihrer selbst willen geschützt wird. Das verlangt mehr, als die Biosphäre lediglich an der Grenze ihrer Lebensfähigkeit zu halten und sogenannte Naturschutzgebiete so lange zu parzellieren und durch Kompromisse zum Schutz von Nutzungsinteressen zu entwerten, bis sie durch falschen Anschein eher schaden als nützen.

Wirkungsvoller Umwelt- und Naturschutz erfordert eine entsprechende mehrheitliche Grundeinstellung. Die Umwelt beginnt bei jedem von uns in unserer unmittelbaren Umgebung. Wer anderen zeigt, wie ernst er selbst den Naturschutz nimmt, erreicht wesentlich mehr als derjenige, der ein Leben lang besorgt nach »denen da oben« ruft und am Ende feststellt, daß er dabei alles verloren hat, sogar die wertvolle Zeit, in der er selbst etwas hätte tun können. Denn »die da oben« sind wir, wenn auch mittelbar (Seite 214). Und auch hier gilt das Wort: Wer einen Menschen zu bessern sucht, indem er ihm ein gutes Beispiel gibt, bessert zwei.

Auf die Notwendigkeit einer möglichst weitgehenden Extensivierung der Landwirtschaft und eine Reihe weiterer Maßnahmen habe ich bereits im 1. Kapitel hingewiesen. Im politischen, wirtschaftlichen und sozialen Bereich wird die größte Herausforderung der Ausgleich des »Nord-Süd-Gefälles« sein, ohne den auch eine Lösung des Bevölkerungs- und Umweltproblems nicht denkbar ist. Ein Ausgleich zwischen Umweltbelastung und Ressourcenübernutzung in den Industrieländern wird im Vergleich dazu eine leichte Vorübung sein.

Es gibt wohl kaum einen Bereich, in dem nicht die zunehmend fragwürdigen quantitativen Errungenschaften Wachstum und Vermehrung, Ressourceneroberung und -verschwendung durch qualitativen Fortschritt ersetzt werden müssen. Dazu gehört jegliche Form des ungezügelten Konsums, von den modischen »Bedarfsgütern« und Naturzerstörungen durch Freizeittourismus bis zu den täglichen Sensationsnachrichten und ideologischen Verführungen.

»Es gibt drei Arten von Verzauberung«, heißt es in dem modernen Märchen *Im Reiche des Mescal*, »den blendenden Glanz, das Wünschewecken auf dem Traummarkt und das mit leeren Worten Angstmachen.« Frust und *»no future«* sind noch milde Antworten darauf.

Brot und Spiele

Das »tägliche Brot« steht für unsere Ernährung, also für ein unausweichliches Bedürfnis der menschlichen Natur. Wie wir dieses Bedürfnis in bestmögliche Übereinstimmung mit den Bedürfnissen der uns umgebenden Natur bringen, ist das Thema dieses Buches. Dabei wird deutlich, wie sehr wir Teil dieser Natur sind, unter deren Bedingungen und Anforderungen unsere biologische und kulturelle Evolution im Wechselspiel mit allen übrigen Bestandteilen stattgefunden hat.

Brot ist nicht das einzige Bedürfnis der menschlichen Natur. *Panem et circenses* (Brot und Spiele) versprachen die römischen Kaiser ihrem Volk. Sie wußten, daß sie sich die Gunst des Volkes nur durch die Befriedigung beider Bedürfnisse erhalten konnten. So wie Brot unsere körperlichen Bedürfnisse symbolisiert, stehen Spiele für die emotionalen.

Auch die emotionalen Bedürfnisse sollten wir in ihrer fordernden Kraft nicht unterschätzen. Sie treten in so verschiedenartigen Formen in Erscheinung wie im lernenden Spiel des Kindes, im geistigen Spiel des Wissenschaftlers, im »Spiel mit dem Glück« oder im Spiel als Erholung und Entspannung zum Ausgleich von zweckorientierter Arbeit. In jeder Form ist es eine Bedürfnisbefriedigung, die als »freies Spiel der Kräfte« zumindest subjektiv zweckfrei empfunden wird. Der Mensch ist nicht nur werktätiger *homo faber,* er ist auch spieltätiger *homo ludens.*

Der Spieltrieb des Kindes ist sein instinktiver Antrieb zum Lernen, zu seiner persönlichen Entwicklung und zur Eroberung seines Lebensraumes bis zum Erkennen und Respektieren der Grenzen. Das ist die nahezu perfekte Analogie zur Spezies *Homo sapiens* insgesamt. Deren Spieltrieb diente von jeher, neben der Erholung und Entspannung, als Antrieb zur Kulturentwicklung und zur räumlichen Ausdehnung, ebenfalls bis zum Erkennen und, so steht zu hoffen, bis zum Respektieren der Grenzen.

Das ist ein anderer wichtiger Aspekt des Wendepunktes, an dem wir stehen. Brot war der eine, Spiele sind der andere Aspekt. Beides hat natürliche Grenzen erreicht, beides verlangt einen Kurswechsel von der Quantität zur Qualität. Auch unser Spiel mit der Natur muß sich ändern. Wir haben den Punkt erreicht, von dem aus wir nicht mehr im alten Spiel ihre Grenzen, sondern in einem neuen Spiel ihr Wesen – als

Voraussetzung für wirksame Schutzmaßnahmen – erkunden
sollten. Uns und die Natur als eine uneingeschränkte, aber
verwundbare Einheit besser zu begreifen entspricht genau
dem Stand unserer Kulturentwicklung im Zeitalter von Wissenschaft und Technik.

Wie jede frühere Generation, so sind auch wir, die jetzt Lebenden, die Erben der bisherigen Entwicklung. Wir verantworten nicht den Zustand, in dem wir das Erbe übernommen

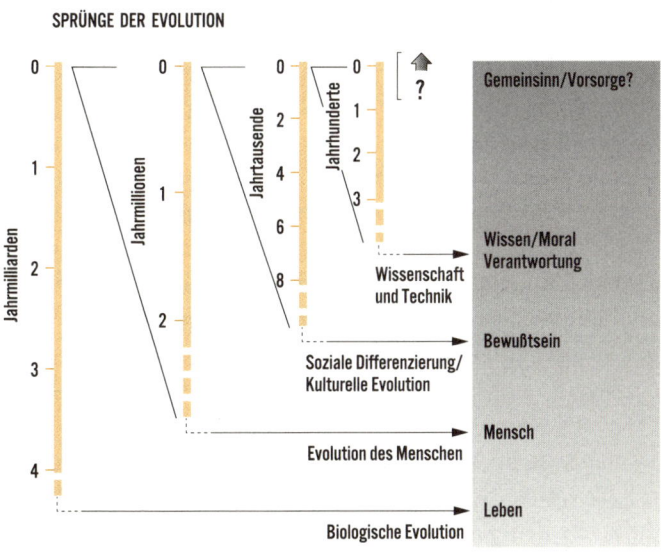

Abb. 39 Schematische Darstellung der sich ständig verkürzenden Zeiträume, in denen die verschiedenen Phasen der menschlichen Evolution
stattgefunden haben. Der Pfeil rechts oben bezeichnet die derzeitige
kritische Phase, innerhalb derer der Konflikt zwischen Bevölkerungsexplosion und Tragfähigkeit der irdischen Biosphäre gelöst werden
muß. Das Fragezeichen deutet die Unsicherheit der weiteren Entwicklung an.

haben. Aber wir tragen die volle Verantwortung dafür, wie wir es verwalten und in welcher Form wir es weitervererben. Und hier liegt das Ungewöhnliche unseres Erbes: Zum ersten Mal in der Entwicklungsgeschichte des Menschen konzentriert sich der Zeitraum für einen unausweichlichen Kurswechsel auf nur eine, unsere eigene Lebenszeit (Abb. 39).

Der bisherige Kurs war das Erkunden der Grenzen von Wachstum, Macht und Genuß. Der neue Kurs muß bestimmt sein von Gemeinsinn und Vorsorge.

Zusammenfassung

Die technische Nutzung wissenschaftlicher Erkenntnisse muß sich nach den Prioritäten gültiger ethischer Wertmaßstäbe richten. Absolute Priorität muß die Existenzsicherung des Menschen und seiner Umwelt haben. Das erfordert eine fundamentale Wende in der Nutzung natürlicher Ressourcen, einschließlich einer hochproduktiven und gleichzeitig ökologisch verträglichen Landwirtschaft.

Soweit Gentechnik als Hilfsmittel der Pflanzenzüchtung dazu beitragen kann, sollte sie dann angewendet werden, wenn damit ein Vorteil nach mindestens einem von fünf vorrangigen Kriterien, aber kein Nachteil für die jeweils übergeordneten Kriterien verbunden ist: 1. Erhaltung einer lebensfähigen Biosphäre, 2. ausreichende Menge und Qualität der menschlichen Ernährung, 3. Vorsorge und Erhaltung der menschlichen Gesundheit, 4. Achtung der Menschenwürde in jeder weiteren Hinsicht und 5. erweiterter Artenschutz.

Ohne ergänzende Maßnahmen auf anderen Gebieten wird auch eine weitere Ertrags- und Qualitätsverbesserung von Nahrungspflanzen den Konflikt zwischen menschlicher Ernährung und der bedrohten Biosphäre nicht lösen können. Sie muß von einem umfassenden qualitativen Fortschritt unserer Lebensweise begleitet sein, vor allem von einem nachhaltig wirksamen Umweltschutz, einer raschen Beendigung des Bevölkerungswachstums und einem dauerhaften sozialen und wirtschaftlichen Ausgleich zwischen Reichtum und Armut, Macht und Ohnmacht, Verfügung und mangelnder Verfügbarkeit.

Nachwort

Die Herausforderung ist ebenso groß wie neuartig. Aufbauen ist immer leichter als Haushalten und Verzicht auf Erreichbares. Bisher war eine lange Menschheitsgeschichte geprägt von Wachstum durch Eroberung von Lebensraum, Vermehrung und Beseitigung äußerer Bedrohungen. Wichtigere Ziele gab es nicht. Nun haben sich dieselben Ziele innerhalb weniger Jahrzehnte in ihr Gegenteil verkehrt. Plötzlich gibt es keine dringlicheren Aufgaben als die Beendigung des Bevölkerungswachstums und die Abkehr von der Bedrohung eines eng begrenzten Lebensraumes, dessen gesunde Teile vor unseren Augen schrumpfen.

Eines der globalen Schlüsselprobleme ist die Verbindung einer hochproduktiven Landwirtschaft mit einem nachhaltigen Umweltschutz. Inwieweit Gentechnik zur Lösung dieser besonders drängenden und um so schwierigeren Aufgabe beitragen kann, ist offen. Meine in Grenzen optimistische Grundeinstellung ist sicher erkennbar geworden. Doch vorerst müssen wir uns entscheiden, mit welchen Zielen und Grenzen wir das Potential der Gentechnik nutzen wollen. Je fundierter unsere Meinung dazu ist, um so verantwortungsvoller handeln wir. Wer Gentechnik befürwortet, muß wissen, was er tut – wer sie ablehnt, ebenfalls.

Gentechnik hat aufgrund ihrer Neuartigkeit und ihrer revolutionierenden Möglichkeiten in diesem Buch eine prominente Rolle gespielt. Es war jedoch nicht meine Absicht, für

Gentechnik zu werben. Gentechnik braucht keine Werbung.
Sie ist kein kommerzielles Fertigungsprodukt, sondern eine
Technik, die bei Bedarf zur Verfügung steht. Was Gentechnik
braucht, ist Unvoreingenommenheit bei der Bewertung ihrer
Vor- und Nachteile. Dazu kann jeder durch eigenes Bemühen
beitragen. Dennoch ist dieses Buch auch als Werbung gedacht.
Es möchte werben für einen bewußteren und verantwortungsvolleren Umgang mit der Natur und mit uns selbst. Anstatt die Natur verschwenderisch mit technischen Mitteln zu
zerstören, sollten wir maßvoll alle brauchbaren Techniken dafür einsetzen, sie zu erhalten. Die Frage lautet längst nicht
mehr, ob es uns erlaubt ist, in die natürliche Evolution der Arten – in die Schöpfung – einzugreifen. Das tun wir seit langem
sehr wirkungsvoll. Die entscheidende Frage lautet: Wie bewahren wir eine lebensfähige und lebenswerte Vielfalt der
Geschöpfe – uns eingeschlossen?

Der Biß in den Apfel vom Baum der Erkenntnis liegt weit
zurück. Der große Durchbruch zur individuellen Selbsterkenntnis des Menschen im klassischen Altertum gipfelte in
der berühmten Tempelinschrift: »Erkenne dich selbst.« Die
Vollendung dieser Erkenntnis zur über das Selbst hinausge-
henden Mitmenschlichkeit war die Aufforderung: »Liebe dei-
nen Nächsten wie dich selbst.« Inzwischen hat sich auch diese
umfassendere Selbsterkenntnis um unsere Umwelt vertieft
und erweitert. Wir erkennen, daß der Kreis der Nächsten alles
Leben einschließt.

Unsere Kulturentwicklung ist unaufhaltsam und unumkehrbar wie die Zeit, in der sie abläuft. Mit der Erkenntnis
wächst die Verantwortung, mit den Handlungsmöglichkeiten
die persönliche Entscheidungsfreiheit. Wir werden immer
freier, uns für unser eigenes verantwortungsvolles Handeln
zu entscheiden.

Indem wir die Frage stellen, ob und wie lange unsere Erde die Menschen noch ernähren kann, erkennen wir unsere Verantwortung.

Wir haben viel zu verspielen und viel zu gewinnen.

Glossar

Aminosäuresequenz: Abfolge der Aminosäuren, aus denen die *Proteine* (Aminosäure-Polymere) aller Organismen bestehen

Bakterizid: bakterientötendes Mittel

Bastard: Ergebnis einer Kreuzung von verschiedenen Arten. Fortpflanzungsfähige Bastarde sind bei Tieren selten, bei Pflanzen häufiger. Die Bildung von Bastarden wird weitgehend durch Bastardierungssperren verhindert.

Bastardierung: Bildung von Bastarden

Biosphäre: Gesamtheit aller belebten Teile der Erde

Biotop: Lebensraum

Biozönose: Lebensgemeinschaft

Chromosom: Riesenmolekül, das bis zu mehrere tausend Gene enthält. Die Gesamtheit aller Gene (das Erbgut oder *Genom*) ist auf eine für jeden Organismus charakteristische Anzahl von Chromosomen verteilt (Mensch: 2×23).

DNA: Desoxyribonukleinsäure (engl. **D**esoxyribo**n**ucleic **a**cid), lineares Kettenmolekül aus vier verschiedenen Arten von Grundbausteinen *(Desoxyribonukleotiden);* Träger der gesamten genetischen Information eines Organismus

Domestikation: Umwandlung von Wildformen in Kulturpflanzen bzw. Haus- oder Nutztiere durch zielgerichtete Züchtung

Eiweiß: s. *Protein*

Enzym: Katalysator (Reaktionsbeschleuniger) einer spezifischen Reaktion des Zellstoffwechsels

Fungizid: pilztötendes Mittel

Gen: einzelne Erbanlage, die ein charakteristisches Merkmal bestimmt oder mitbestimmt

Genbank: Sammlung von Samenmustern für Wild- und Kulturvarietäten züchterisch interessanter Pflanzenarten

Genom: Gesamtheit aller Gene eines Organismus

Genotyp: Gesamtheit aller genetisch bedingten Eigenschaften eines
Organismus

Gewebekultur: in flüssigem oder auf festem Nährmedium keimfrei
kultiviertes Gewebe

Habitat: Standort einer Pflanzen- oder Tierart

Herbizid: pflanzentötendes Mittel

Hybridsorte: Ergebnis einer Kreuzung von Inzuchtlinien zu ertragreichen, meistens sterilen *Hybriden* in der *Hybridzüchtung*

Insektizid: insektentötendes Mittel

Kallus: Wund- oder sonstiges Wuchergewebe

Keimzelle: Geschlechtszelle (Eizelle, Samenzelle bzw. Pollen)

Klon: genetisch identischer Abkömmling einer Zelle, eines Gewebe-
stücks oder eines Organismus

Körperzelle: jede Zelle eines Organismus mit Ausnahme der *Keimzellen*

Kultivar, Kulturvarietät: Kultursorte

monogen: durch ein Gen bedingt

Monogermsaatgut: Saatgut mit nur einer Samenanlage je Frucht

Mutagen: Mutationsauslöser, z. B. Chemikalie oder Strahlung

Mutante: durch Mutation genetisch verändertes Individuum

Mutation: genetische Veränderung

Mykorrhiza: symbiotische Vereinigung von Pilz und Pflanzenwur-
zel

Mykotoxin: Pilzgift

Pathogen: Krankheitserreger, krankheitserregend

Phänotyp: äußeres Erscheinungsbild eines Individuums, bedingt
durch den *Genotyp* sowie alle Umwelteinflüsse

Photosynthese: Bildung von organischen Substanzen aus Kohlendioxid und Wasser mit Hilfe von Lichtenergie

Plastizität: Anpassungsfähigkeit eines Organismus an die jeweiligen
Umweltbedingungen, gleichbedeutend mit adaptiver Modifikation

polygen: durch mehrere Gene bedingt

Protein (= Eiweiß): lineares Kettenmolekül aus 20 verschiedenen Arten von Aminosäuren, die in jeweils charakteristischer Reihenfolge *(Aminosäuresequenz)* miteinander verknüpft sind

Promotor: Steuereinheit, mit der jedes Gen durch zelleigene Faktoren in seiner Aktivität reguliert wird

Protoplast: wandlose, im übrigen vollständige, membranumgebene Zelle

Resistenz: Widerstandsfähigkeit gegen einen biologischen Stressor, z. B. Krankheitserreger oder Schadinsekt

Restriktionsenzym: zur spezifischen Durchtrennung von Genen an bestimmten Erkennungsstellen verwendetes Enzym

Sorte: s. *Varietät*

Stickstofffixierung: Umwandlung von Luftstickstoff in biologisch verwertbare Form

Strukturgen: Teil des Gens, der für die Ausprägung eines bestimmten Merkmals verantwortlich ist

Toleranz: Widerstandsfähigkeit gegen einen nichtbiologischen Stressor, z. B. ein Herbizid oder Mineralsalz

Transgen: mit gentechnischen Mitteln übertragenes (transferiertes) Gen

Variabilität: Veränderlichkeit der genetischen Konstitution von Individuen derselben Art; Fähigkeit zum Abweichen vom Durchschnitts*genotyp* einer Art

Variationsbreite: Spannweite der *Variabilität*

Varietät: bestimmter *Genotyp* einer Art, bei Zuchtformen von Kulturpflanzen auch *Sorte* oder *Kulturvarietät*

virulent: als Krankheitserreger aktiv

Virus: Krankheitserreger, der im Gegensatz zu Bakterien und Pilzen kein eigenständiger Organismus, sondern zur Vermehrung auf einen lebenden Wirtsorganismus angewiesen ist

Zellsuspensionskultur: in flüssigem Nährmedium als Suspension (Aufschwemmung) kultivierte Einzelzellen oder Zellaggregate

Literaturhinweise

Durch **Fettdruck** sind diejenigen Abhandlungen hervorgehoben, die als Ergänzungen zu den wichtigsten Themenbereichen dieses Buches besonders empfohlen werden

Al-Babili, Salim und Peter Beyer: *Golden Rice – five years on the road – five years to go?* TRENDS in Plant Science 10, 2005, S. 565 bis 573.

Becker, Heiko: *Pflanzenzüchtung*, Ulmer, Stuttgart, 1993.

Braun, Joachim von: *The World Food Situation. An Overview,* International Food Policy Institute (www.ifpri.org), Washington, 2005.

ASSINSEL (Hrsg.): *Nahrung für 5000 Millionen,* Internationale Vereinigung der Pflanzenzüchter, Nyon, Schweiz, 2000.

Brown, Lester R.: *Outgrowing the Earth. The food security challenge in an age of falling water tables and rising temperatures*, Norton & Co, New York, 2004.

Buber, Martin: *Zwiesprache: Traktat vom dialogischen Leben*, Lambert Schneider, Heidelberg, 1978, S. 37.

Cohen, Joel I.: *Poorer nations turn to publicly developed GM crops,* Nature Biotechnology 23, 2005, S. 27 – 33.

Conway, Gordon: *The Doubly Green Revolution. Food for all in the 21st century*, Penguin Books, London, 1997.

Deutsche Gesellschaft für die Vereinten Nationen (Hrsg.): *Kurzfassung des Berichts über die menschliche Entwicklung 2005,* Berlin, 2005.

Diamond, Jared: *Arm und Reich*, Fischer Taschenbuch Verlag, Frankfurt, 2006.

Evans, Lloyd T.: *Feeding the Ten Billion. Plants and population growth,* **Cambridge University Press, Cambridge, 1998.**

Food and Agricultural Organization (FAO), Rom, www.fao.org.

Gonsalves, Dennis: *Transgenic Papaya in Hawaii and Beyond.* AgBioForum 7 (1 & 2), 2004, S. 36–40

International Food Policy Research Institute (IFPRI), Washington, www.ifpri.org.

James, Clive: *Preview: Global Status of Commercialized Biotech / GM Crops: 2004,* ISAAA Briefs No. 32. International Service for the Acquisition of Agri-biotech Applications, Ithaca, NY, USA, 2004.

Jonas, Hans: *Technik, Medizin und Ethik,* Insel, Frankfurt, 1985.

Kaufmann, Stefan H. E.: *Wie sehr bedrohen uns Seuchen?,* Fischer Taschenbuch Verlag, Frankfurt, im Erscheinen.

Küster, Hansjörg: *Das ist Ökologie. Die biologischen Grundlagen unserer Existenz,* **C. H. Beck, München, 2005.**

Latif, Mojib: *Bringen wir das Klima aus dem Takt? Hintergründe und Prognosen,* **Fischer Taschenbuch Verlag, Frankfurt, 2007.**

Meyers Großes Taschenlexikon, B. I. – Taschenbuchverlag Mannheim / Wien / Zürich, 1987.

Nietzsche, Friedrich: *Also sprach Zarathustra,* Goldmann, München o. J., S. 12.

Ortega y Gasset, José: *Der Aufstand der Massen,* DVA, München, 2002.

Qaim, Matin und Ira Matuschke: *Impacts of genetically modified crops in developing countries: a survey,* Quarterly Journal of International Agriculture 44, 2005, pp. 207–227.

Reichholf, Josef H.: *Der Tanz um das goldene Kalb. Der Ökokolonialismus Europas,* **Wagenbach, Berlin 2006.**

Schäfer, Georg und Nan Cuz: *Im Reiche des Mescal,* Schünemann, Bremen, 1968.

Vergil, Publius Maro: *Georgica,* Artemis, Zürich 1961, S. 171–185.

Wambugu, Florence: *Why Africa needs agricultural biotech,* Nature 400, 1999, S. 15–16.

Weltbank: http://www.worldbank.org

Wilson, Edward O.: *Der Wert der Vielfalt,* **Piper, München, 1997.**

Wilson, Edward O.: *Die Zukunft des Lebens,* **Goldmann, München, 2004.**

Abbildungsnachweise

Alle Grafiken und Karten: Peter Palm, Berlin; Abb. 2: Regierungspräsidium Münster; Abb. 4: Archiv für Kunst und Geschichte, Berlin; Abb. 5: Archäologisches Museum, Teheran; Abb. 7 u. 8: Irak-Museum, Bagdad; Abb. 9: *Das alte Ägypten,* Holle-Verlag, Baden-Baden; Abb. 10: Albertinum, Dresden; Abb. 11: Mainfränkisches Museum, Würzburg; Abb. 13: Camille Flammarion: *Meteorologie populaire,* Paris 1888; Abb. 14: Munch-Museum, Oslo; Abb. 15: Musée de Poche, Paris; Abb. 16, 17, 24, 25: Frauke Furkert, Köln; Abb. 18, 21: ASSINSEL, Amsterdam; Abb. 20, 22, 26, 27, 29, 30: Max-Planck-Institut für Züchtungsforschung, Köln; Abb. 23: Kleinwanzlebener Saatzucht, Einbeck; Abb. 28: Peter Beyer, Freiburg; Abb. 31: Dennis Gonsalves, Hawaii; Abb. 32: Bericht über menschliche Entwicklung 2005; Abb. 33, 34, 36, 38: Yann Arthur-Bertrand; Abb. 35: Myers et al.: *Nature* 403, S. 853–858, 2000. Da mehrere Rechteinhaber trotz aller Bemühungen nicht feststellbar oder erreichbar waren, verpflichtet sich der Verlag, nachträglich geltend gemachte rechtmäßige Ansprüche nach den üblichen Honorarsätzen zu vergüten.